Le bonheur de séduire
L'art de réussir

Le savoir-vivre du XXIe siècle

DU MÊME AUTEUR

Aux éditions Jean-Claude Lattès

La Baronne rentre à cinq heures, 1984.
Heureuse, et pas fâchée de l'être, 1987.

Aux éditions Fixot

Parlez-moi d'amour, 1989.
Natara, 1994.

Aux éditions Robert Laffont

Femme un jour, femme toujours, 1997
L'Amour est affaire de Femmes, 2001

Nadine de Rothschild

Le bonheur de séduire L'art de réussir

Le savoir-vivre du XXIe siècle

Édition revue et augmentée

LE GRAND LIVRE DU MOIS

Un livre présenté par
Jacqueline Raoul-Duval

À ma sœur

Si tu veux réussir ta vie,
accroche tes rêves à une étoile.

Comme toutes les jeunes filles, j'ai commencé par rêver ma vie. Des images de beauté et de luxe m'emportaient loin, très loin... des palais somptueux, des gens élégants et raffinés... Et j'attendais qu'une fée m'introduisît dans ce monde enchanté. La fée se présenta sous un aspect si étrange que je ne la reconnus pas. Dans la loge du ravissant théâtre des Variétés où j'interprétais, dans une pièce de Sacha Guitry, le rôle d'une petite Parisienne un peu légère, je trouvai au fond d'un placard un vieux livre poussiéreux qu'avait sans doute oublié une comédienne. Je le pris et l'emportai. Je ne savais pas qu'il allait transformer ma vie, me donner les moyens de m'élever plus haut que mes rêves.

Ce livre, je l'ai lu et relu comme un roman dont j'étais l'héroïne. Je présidais des dîners somptueux, des hommes en habit s'inclinaient jusqu'à terre, je vivais entourée de lys et de roses.

Mais, dès que j'ouvrais les yeux, je retombais dans ma vie quotidienne et retrouvais des gens n'ayant rien de commun avec les personnages qui peuplaient mon livre. Ils n'en avaient ni le langage, ni les manières, ni l'exquise politesse.

Je me posais des questions : ces personnages existent-ils vraiment ? Me sera-t-il donné de les rencontrer un jour ? Saurai-je leur plaire ?

Non, ils possédaient un savoir que je n'avais pas. Il me fallait donc l'acquérir si je voulais me comporter comme il se doit en tous lieux et en toutes circonstances.

Dix ans plus tard...

Je suis invitée à déjeuner chez ma future belle-mère. Je remarque qu'à table elle m'observe avec insistance. Je comprends que je passe l'examen le plus périlleux de ma vie. Sous l'œil de cette grande dame au maintien sévère, j'ai à plusieurs reprises le vertige, l'impression de frôler un précipice. Je n'oublierai jamais ce moment. Tout au long de ce déjeuner, accompagnant la conversation comme un fond musical, s'élevaient les accords que depuis des années je répétais inlassablement. Les accords que m'avait enseignés le livre, *Le Savoir-vivre*, de ma bienfaitrice, la marquise Louise d'Alq. Grâce à elle, j'allais accéder à un art de vivre encore plus beau que celui entrevu dans mes rêves les plus fous.

Que seraient la circulation routière, la circulation fluviale, aérienne sans les codes qui les réglementent ?

Que serait la vie en société sans le code des bonnes manières ?

Lorsque, en mer, deux bateaux se croisent, ils se saluent. Lorsque dans la rue deux personnes se rencontrent, elles se saluent. À chaque moment de notre vie, nous devons nous soumettre à un code de conduite avec ses signalisations particulières, ses feux verts, ses feux rouges, ses stops et ses dangers. Si nous ne les respectons pas, nous risquons des accidents qui peuvent nous coûter notre carrière ou notre bonheur.

Vous pouvez accumuler une somme considérable de connaissances, les diplômes les plus prestigieux, visiter tous les continents et rester un voyageur clandestin si vous n'emportez pas dans vos bagages le seul passeport qui ouvre toutes les frontières et tous les cœurs, le Savoir-Vivre.

Ce sont les mères qui, de génération en génération, transmettaient le savoir-vivre à leurs enfants. C'est donc d'abord aux jeunes filles et aux femmes que je m'adresse en particulier dans la première partie de cet ouvrage.

Il est impossible de répertorier toutes les règles qui constitueraient le code idéal des bonnes manières. Mais, si l'on y réfléchit, il repose sur deux fondements essentiels dont tous les autres découlent. Les connaître, c'est avoir la clé qui vous permettra en tous lieux, en toutes circonstances, de trouver presque d'instinct la réponse à une situation nouvelle.

Le premier point est, ce me semble, le respect de l'autre, le second est la loi d'échange ou de réciprocité. Personne ne peut toujours donner ni toujours recevoir ; ce sens unique mènerait vite à une impasse.

Chaque livre, même un ouvrage de savoir-vivre, reflète la personnalité de son auteur. En le lisant, vous vous apercevrez que j'aime les gens de tradition, mais que je n'aime pas les tartufes. Aussi ai-je abordé comme l'aurait fait Madame Sans-Gêne des situations susceptibles de choquer la décence, mais qui existent et sont devenues courantes.

En écrivant pour vous ce manuel, je formule un vœu : puisse-t-il être l'étincelle qui donne à vos rêves, à vos ambitions l'intensité et les couleurs de la vie.

I

SAVOIR VIVRE AVEC SOI-MÊME

La première politesse, à qui la devez-vous ?

Vous ne devinez pas ?

À vous – à vous, bien sûr. Plus vous avez de respect envers votre personne, mieux vous saurez respecter les autres. Je crois même qu'il ne peut y avoir respect de l'autre s'il n'y a pas, d'abord, respect de soi-même.

Construisez de vous l'image la plus positive qui soit ; cette exigence peut changer votre vie.

Comment vous respecter ?

De toutes les manières possibles.

Commençons par la plus simple : considérez votre personne comme digne de toutes les marques d'attention.

Jugez-vous digne du meilleur et ne vous contentez pas de l'à-peu-près, du « Ça ira comme ça ». Non, cela n'ira pas ! Prenez soin de vous, faites-vous plaisir, offrez-vous des bonheurs simples. J'ai souvent remarqué que, à la différence des hommes, très attentifs à leurs plaisirs, les femmes sont dures envers elles-mêmes, elles se punissent, se privent, se restreignent. Plus elles donnent aux autres, plus elles se retirent à elles-mêmes.

Devant vos amis, vous ne vous présentez pas dans une robe tachée ou froissée, le cheveu en broussaille. Car, vous l'avez maintes fois remarqué, quand on est mal fagotée, on glisse vite vers un certain scepticisme, l'éternel « À quoi bon ? » : À quoi bon s'habiller ? À quoi bon sortir ? À quoi bon voyager ? À quoi bon vivre ?

Or, une entorse aux règles de l'élégance ou simplement de l'hygiène (qui dira l'excellence d'une douche quotidienne, et ses incommensurables mérites ?), cette petite entorse en entraîne vite d'autres : moins de rigueur dans la sélection de vos vêtements ou de vos chaussures et voilà moins de rigueur dans le déroulement de votre pensée, moins de rigueur dans le choix de vos loisirs, dans celui de vos amis et surtout moins de rigueur dans votre moralité...

Et plus il y a de *moins*, moins il y a de raisons d'être content de soi.

Je n'offre pas à l'un de mes invités du thé dans une tasse ébréchée. Ce que je ne fais pas pour un étranger, je ne le fais pas pour moi-même.

Ce soir, si vous dînez seule, achetez-vous avant de rentrer une fleur, un bon petit dessert, quelque chose qui vous plaise. Et, si vous n'avez plus de parfum, n'attendez pas la date de votre anniversaire sous prétexte que, ce jour-là, quelqu'un vous en offrira.

N'attendez pas, la vie coule trop vite. Soyez une femme comblée et rayonnante même si vous ne dépendez que de vous. (Dépendre d'un autre, c'est tellement risqué !) Prenez-vous en charge, vous en êtes parfaitement capable : vous avez déjà pris en charge vos enfants, votre mari, vos parents. Ayez à votre égard la sollicitude que vous leur témoignez.

Et, surtout, ne vous apitoyez pas sur vous. Ne vous complaisez pas dans le récit de vos ennuis de santé, ou de travail, ou de famille. Vous n'y gagnerez rien et vous y perdrez votre courage. Une difficulté, un échec se surmontent si on a la volonté de les assumer.

Si vous commettez une erreur – et qui n'en commet pas ? –, ne soyez pas un juge trop sévère, ne vous accusez pas d'incompétence, d'incapacité. Souvenez-vous de Spinoza : « Le repentir, disait-il, est une seconde faute. » Acceptez-vous comme vous êtes, comme vous ont faite votre naissance, votre éducation, l'histoire de votre vie.

Savoir vivre avec soi-même peut se résumer en un seul commandement : « Aime-toi toi-même. »

L'élégance féminine

Un soir, lors d'un dîner, je demandai à mes amis ce qu'ils souhaitaient que le savoir-vivre changeât en premier.

Serge, écrivain et esthète, me répondit : « Nadine, si votre livre sur le savoir-vivre apprenait aux gens à être propres et correctement vêtus, si leur vue n'était plus une offense au bon goût, vous feriez œuvre de salut public ! »

Me voilà donc chargée d'une mission impossible. Bien sûr, je n'ai pas l'intention de changer le monde, de réformer les mœurs. Qui pourrait l'avoir ?

Simplement, je joins ma voix à celle de tous mes prédécesseurs avec l'espoir de gagner quelques-uns d'entre vous à ce que l'on appelle d'un mot si beau qu'il est devenu international : *l'élégance.*

Le théâtre classique obéissait à trois règles : l'unité de temps, l'unité d'action, l'unité de lieu. L'élégance obéit à la règle de l'âge, la règle de l'heure, la règle de la circonstance.

La mode est-elle l'élégance ?

Prenez une robe. Sur cette jeune fille vous la trouvez sublime, sur cette femme de quarante ans, ridicule. Un vêtement n'existe pas par lui-même. Il suit la loi des liquides, c'est-à-dire qu'il prend la forme du corps qu'il contient.

Le soir, si on n'a plus vingt ans, on ne sort ni en jean ni en blouson, et à un mariage, même s'il a lieu à midi, on porte une robe habillée.

Suivre aveuglément la mode conduit à des excès, et dénote un manque d'imagination.

Le président de la République reste à Paris jusqu'au 14 juillet pour assister au défilé de notre armée sur les Champs-Élysées. Les pasionaria de la mode reviennent du bout du monde à Paris le 23 juillet pour assister, non loin des Champs-Élysées, aux défilés de nos grands couturiers.

À chacun sa parade !

Quant à moi, je suis la mode mais à petits pas. Envers certains tailleurs et robes de Pierre Cardin, je fais preuve d'une exemplaire fidélité ; je les fais refaire, à peine modifiés, depuis des années, dans des couleurs et des tissus différents.

Que porter ?

En relisant ce livre, écrit il y a onze ans, j'ai mesuré à quel point la mode avait changé. La petite robe chemisier que je recommandais comme l'élément indispensable d'une garde-robe s'est transformée en tailleur pantalon, devenu presque un uniforme. Je cherche en vain parmi nos nombreuses femmes au gouvernement celle qui montrerait le galbe d'un mollet. Quel dommage !

La mode va si vite que les conseils que je me hasarde à donner risquent d'être... démodés dans quelques mois. Je me limiterai donc aux règles essentielles et aux grands basiques.

Je ne parlerai ni des pulls, ni des tee-shirts, ni des jupes, à peine des chemisiers et des accessoires. Je laisse aux magazines féminins, qui l'assument si bien, la charge et le plaisir de vous guider à l'approche de chaque saison.

Robes

Préférez toujours la qualité à la quantité. Il vaut mieux avoir une seule robe d'une coupe et d'une qualité irréprochables plutôt que trois médiocres. Quand vous êtes sûre du vêtement que vous portez, vous montrez plus d'aisance et de naturel dans votre démarche et votre comportement. Si votre garde-robe est limitée, choisissez des teintes sombres pour l'hiver : noir, gris ou vert foncé, bleu marine, rouge, des teintes blanc ou pastel et même des demi-teintes : rose, bleu ciel, vert pâle. En été, toutes les teintes et tous les imprimés, sans oublier le blanc et le noir.

La robe noire

Depuis quarante ans, la robe noire est indétrônable, on dirait aujourd'hui *incontournable* ; elle habille la jeune fille de dix-huit ans comme la femme de quatre-vingts. C'est la plus élégante des robes, celle que l'on porte en étant sûre de ne pas se tromper. Le noir est la seule couleur qui supporte tous les bijoux, qui les mette en valeur, quelles que soient leur couleur, leur matière, leur forme. Une robe noire s'assortit à n'importe quel accessoire : ceinture, chaussures, sacs, foulards rouges, bleus, marron, verts, roses, jaunes, violets, blancs, turquoise..

Avec le noir, il n'y a pas de couleur à exclure.

À quelle heure porter une robe noire ? À partir de 9 heures du matin sauf si elle est en satin, en soie, en crêpe ou en velours. Mais il n'y a pas d'heure pour le jersey, le lainage, la gabardine, le tricot, le cachemire, le coton, la popeline, la toile, le lin...

Tailleurs (pantalons ou jupes)

La base d'une garde-robe, c'est le tailleur. Pas un tailleur mais trois : un tailleur sport, un plus habillé pour le déjeuner et un pour le soir, noir de préférence. Classiques pour la journée, ils peuvent être en tweed, en jersey, en lainage chez Armani, en serge ou en tricot, uni, pied-de-poule, écossais, prince-de-galles.

La robe du soir

Si la robe noire courte a du chic et de l'allure, la robe du soir noire en velours ou en dentelle fait cette année chez Saint Laurent une entrée éblouissante. Mais en été une robe du soir doit être une fête de couleurs, un feu d'artifice.

Chemisiers

Des popelines, des foulards, des jerseys, des soies pour la journée. Du lin, du coton, de la viscose en été. Des satins, des soies imprimées à un déjeuner et, à un dîner habillé, des crêpes de soie, des mousselines, des damas. des brocarts, du broché.

Pantalons

Désormais toutes les femmes en portent. Seules les femmes de 1,70 mètre et aussi minces qu'une liane sont élégantes en pantalon. Mais le confort qu'il procure est tel que toutes succombent, moi comprise.

Jean

C'est une institution à l'égal du réfrigérateur ou de la télévision. Les hommes, les femmes, les enfants, les bébés, les vieillards, les clochards et les milliardaires en ont porté, en portent ou en porteront. On ne s'élève pas contre une institution, on la subit.

Manteaux

Le mot et la chose ont disparu chez les très jeunes, remplacés par la doudoune.

Une femme élégante possède plusieurs manteaux :

• manteau sport, ceinturé ou pas, poil de chameau, marron, vert foncé, rouge ou beige

• manteau habillé, noir profond, gris anthracite ou rouge flamboyant

• imperméable, style Burberry's

• pelisse en gabardine beige, marron, vert olive. Elle peut être doublée de presque toutes les fourrures depuis le lapin jusqu'à la zibeline.

Cape

En laine ou en cachemire, douce, chaude, légère, elle est l'élément le plus féminin de la toilette.

Fourrure

La veste, le trois-quarts et le manteau sport peuvent se porter dès le matin ; on réservera pour les fins d'après-midi les fourrures somptueuses aux coupes plus sophistiquées.

Petits conseils et bons usages

• Il serait incorrect de relever votre robe ou votre manteau en vous asseyant.

• Lorsque vous allez acheter un vêtement, faites-vous accompagner de votre mari dont les conseils sont discrets et sûrs ; les femmes ont trop tendance à s'habiller selon le goût des femmes alors que c'est aux hommes qu'elles veulent plaire.

• Dans une boutique, retirez vos chaussures avant d'essayer un vêtement si vous l'enfilez par le bas ; vous éviterez ainsi d'accrocher l'ourlet à votre talon ou de le salir. De même, avant d'essayer une blouse ou une robe, pour ne pas y laisser une trace de rouge à lèvres ou de maquillage, demandez à la vendeuse une mousseline dont vous recouvrirez votre visage. Vous vous épargnerez ainsi tout litige.

Accessoires

J'accorde une grande importance aux accessoires, chaussures et sacs. Romantique, je salue le retour du chapeau, j'adore les voilettes et les toques de fourrure, les écharpes et les capes. Les seules fantaisies que je me permette sont dans le choix des bijoux (j'en porte à toutes les heures de la journée) vrais et faux.

Chapeaux

J'adore les chapeaux, j'en porte en hiver comme en été, j'en achète partout sauf à Londres où je les trouve d'une laideur sans pareille.

En hiver, la toque de fourrure embellit même un visage ingrat et lui confère quelque chose du charme slave d'Anna Karénine. La toque noire reste pour moi l'un des symboles les plus sensuels de la féminité. Le borsalino n'accompagne qu'une tenue sport. En été, je drape sur des chapeaux de paille un foulard en coton torsadé. Ce cache-misère m'évite le brushing quotidien.

Chaussures

Le pied, dit-on, a un pouvoir érotique. Peut-être. Mais il est sûr que la chaussure joue un rôle primordial dans l'élégance : un talon éculé, une pointe éraflée et c'est l'harmonie d'une silhouette qui s'écroule.

Une chaussure doit être impeccable et impeccablement cirée, ni trop serrée ni trop large, ni trop plate, ni trop haute pour ne pas déstabiliser votre démarche ni la rendre ridicule.

J'aime que mes escarpins, à la différence de mon sac, soient de la même couleur que ma robe ou mon tailleur. L'escarpin Chanel, beige et noir, a le mérite de s'assortir à presque toutes les toilettes.

Le mocassin ou l'escarpin bottier accompagnent une toilette sport.

Les chaussures du soir (strass, perles, paillettes) comme leur nom l'indique ne se portent que le soir.

En été, la ballerine, la sandale, l'escarpin découpé autorisent davantage de fantaisie que la chaussure classique.

Baskets

Les Américaines, plus soucieuses de confort que d'élégance, nous ont transmis le virus de la basket, désormais universelle. Pour le sport, pour la marche, pour les courses, pour l'équilibre du dos, les baskets font merveille. Nulle jeune femme ne saurait s'en passer. En cuir, en daim, en couleurs, elles en deviennent presque élégantes. Les grands bottiers comme Hermès ou Gucci, après des années de résistance, se sont sentis obligés d'en proposer à leurs clientes.

Sacs de ville

Ceux que vous porterez seront généralement de la même matière que vos chaussures (vous n'assortirez pas des chaussures en cuir avec un sac en daim, ou des chaussures en lézard avec un sac en crocodile même s'ils sont de la même teinte). Mais vous porterez des chaussures en chevreau noir avec un sac en chevreau rouge, bleu, vert, violet.

Les maroquiniers les plus traditionnels et de réputation internationale ont dû suivre la mode et évoluer vers plus de fantaisie.

Sacs du soir

De petit format, ils sont en satin, en velours, en lamé, en strass, en perles, en tapisserie. Mes préférences vont à la pochette en velours, en satin ou en daim dans les couleurs les plus vives.

Ceintures

Elles peuvent être l'élément architectural d'une robe, d'une jupe ou d'un pantalon.

À la différence de la ceinture d'homme qui, elle, n'a qu'une seule fonction, retenir le pantalon, la ceinture de femme retient le regard, surtout si la taille qu'elle enserre est fine. Mais qui penserait à souligner une taille épaisse ?

Une bonne garde-robe devrait contenir plusieurs ceintures classiques et fantaisie. Certaines aujourd'hui sont de véritables œuvres d'art.

Gants

Que sont devenus les jolis petits gants blancs en dentelle, en piqué, en chevreau, qui revenaient avec le printemps ? N'existeraient-ils plus que dans nos mémoires ? Est-ce la pratique des sports et du bronzage qui a relégué le gant au musée du costume ? Seul résiste le gant d'hiver en chevreau, en daim, en laine, doublé souvent de soie ou de cachemire.

Les gants doivent-ils être de la même couleur que le sac ou que les chaussures ?

Réponse : de la même couleur que les chaussures.

Foulards

Ils traversent tranquillement les années et s'accumulent dans nos armoires. Nous les conservons tous, même ceux que nous ne portons plus, car à chacun s'attache un souvenir sentimental ; celui-ci vous a été offert par votre mari, celui-là par votre mère ou votre fille ou votre fils, ou un ami aimé... Impossible de s'en défaire !

Où les porter ? À la ville, à la campagne, à la plage, à la montagne, partout. Ils égaient une toilette foncée ou un rien sévère.

Écharpes

Elles détrônent le foulard. En laine, en cachemire, en chatouche, elles sont devenues l'accessoire numéro 1. De plus en plus larges et longues, elles s'enroulent autour du cou. Les hommes eux-mêmes en demandent pour leur anniversaire.

Pochettes

Elles donnent du panache à un tailleur. J'avais l'habitude de subtiliser celles de mon mari que je trouvais plus chatoyantes que les miennes. Mais celles en dentelles ont un charme qui comble mon goût de la féminité.

Quant aux mouchoirs, de grâce, gardez les Kleenex dans votre salle de bains, pas dans vos sacs. Reprenez les petits carrés en batiste et en dentelle de vos grand-mères ; à vos moments perdus, brodez-y vos initiales et, au moment de les glisser dans votre sac, n'oubliez pas d'y verser deux petites larmes de parfum.

Les décorations

Les hommes ne sont plus les seuls à être décorés. Les femmes reçoivent elles aussi la Légion d'honneur, les palmes académiques, le mérite agricole, ou des ordres étrangers. Elles portent, à gauche, un petit ruban à la boutonnière d'un tailleur ou accroché sur l'épaule de la robe.

Parfums et eaux de toilette

Imaginez une toile de maître sans son cadre ; vous la trouvez superbe cependant vous convenez qu'il lui manque quelque chose, elle est incomplète. Il en est de même d'une élégante sans parfum. Le parfum exalte tous les sens, dialogue avec l'imagination, courtise la sensualité, appelle le baiser, éveille l'émotion, imprègne le souvenir.

Mais il n'est pas tout de se parfumer, encore faut-il trouver le parfum qui se marie à la nature de votre peau, à votre personnalité, à votre profession. Si vous êtes une brune capiteuse et sensuelle, vous ne porterez pas le même parfum qu'une blonde nordique ou une rousse irlandaise. Si vous êtes médecin, votre eau de toilette ne sera pas la même que celle d'une cover-girl. Il vous faut donc en essayer plusieurs avant de trouver *votre* parfum, celui auquel on vous identifiera. À moins que, comme moi, vous ne soyez une infidèle ; oui, j'en change régulièrement, je passe de l'un à l'autre, vite lassée, vite reprise.

Seuls les hommes mariés craignent les femmes parfumées, car leurs épouses flairent à la trace, sur leur col de chemise, un souvenir de *L'Heure bleue* de Guerlain ou de l'*Eau* d'Issey Miyaké.

Immoralité de l'histoire : messieurs, offrez à votre petite amie le même parfum qu'à votre femme.

Je ne suis pas Sherlock Holmes mais j'ai un nez. Il m'est arrivé de deviner à une trace de parfum qu'une liaison s'était nouée sous mon toit durant un week-end. En pénétrant dans la chambre d'un célibataire après son départ, j'ai trouvé la preuve flagrante du délit : le parfum de la dame en noir. Si vous ne voulez pas qu'on trouve l'assassin, faites disparaître, mesdames, l'arme du crime.

Et, si discret que soit votre parfum de femme fidèle, utilisez-le avec modération : il ne doit ni vous annoncer, ni, entêté, demeurer après votre départ, mais vous suivre comme une ombre.

Où se parfumer ? Derrière l'oreille, au poignet, au creux des seins.

Quand se parfumer ? Dès le matin, mais en choisissant une eau de toilette, le parfum étant réservé au soir et à la ville. (À la campagne, usez très modérément de votre eau de toilette ; et n'en portez pas du tout à la chasse.)

Savoir vivre avec ses bijoux

Une femme, au cours de son existence, accumule des bijoux ; elle se défait, sans un regret, d'une bague ou d'un collier fantaisie, mais conserve toute sa vie ceux qui sont précieux. Plus elle avance en âge, plus ses bijoux sont importants. À quarante ans, elle ne pourra plus porter la petite broche en or ornée de trois perles fines que lui avait offerte son jeune mari pour leur premier anniversaire de mariage, ou le mince anneau blanc surmonté d'un minuscule saphir, acheté au cours d'un voyage à Bali. Elle les gardera au fond de son coffret, comme un souvenir nostalgique, ou les offrira à ses filles dès qu'elles seront en âge de les porter. Ainsi se constitue de mère en fille ou en belle-fille la chaîne des bijoux.

On choisit les bijoux que l'on porte en fonction de l'heure et de la circonstance : peu de bijoux le matin, quelques bijoux sport (montre, gourmette, chaîne) à la campagne et en voyage ; et pas de bijoux clinquants dans un lieu sportif, un lieu de culte ou un hôpital.

Si vous avez de très beaux bijoux, vrais ou faux, ayez comme règle de n'en jamais porter beaucoup à la fois. Une femme chargée de bagues, de colliers et de bracelets manque de distinction. De même, quand vous recevez, soyez discrète dans le choix de vos bijoux pour ne pas éclipser vos invitées. Peut-on mélanger vrais et faux bijoux ? Il y a deux écoles, celle des puristes et celle de Coco Chanel qui prit un malin plaisir à mêler des perles de la plus belle eau à des chaînes de pacotille. À vous de choisir votre clan.

Quels bijoux porter au cours de la journée ?

• **À un déjeuner « bistrot » :** si vous portez un gros collier d'or ou d'argent, des chaînes enchâssées de pierreries et des boucles d'oreilles assorties, n'ajoutez ni bracelet ni bague.

• **À un déjeuner « élégant » :** vous choisirez soit plusieurs rangs de grosses perles (vraies ou fausses) blanches ou de couleurs, soit un collier de différentes petites pierres (corail, blanc, rose, rouge, turquoise, lapis) ou une torsade de tourmalines. Les boucles d'oreilles seront assorties à la couleur dominante du collier porté. Ajoutez des bagues, mais pas de bracelets. Vous pouvez également remplacer le collier par une jolie broche de pierres dures piquée sur le revers de votre tailleur ou sur l'épaule de votre robe.

• **À un cocktail et à un dîner :** sur une robe unie noire, vous vous autorisez davantage de bijoux ; sur une robe imprimée ou aux coloris vifs, limitez-vous à quelques bijoux de couleur ou d'or de taille raisonnable. Dans le doute, mieux vaut en porter moins que trop.

• **Le soir :** sur une robe du soir longue, on ne porte jamais de montre, serait-elle de diamants (le temps s'arrête l'espace d'une fête). Sur une robe unie, dépouillée, choisissez plutôt quelques gros bijoux.

Les bagues

Elles méritent une mention particulière. Au risque de déplaire à beaucoup, je ne conseillerai d'en porter qu'à celles qui ont des mains fines, des doigts longs et déliés.

Aujourd'hui, les pierres semi-précieuses et les pierres précieuses sont montées sur de l'or jaune. Le diamant, lui, garde son éclat aussi bien serti d'or que de platine.

Les alliances

En or jaune ou blanc, simples ou à triples anneaux entrelacés, elles se portent à la main droite dans le nord de la France et les pays anglo-saxons, à la main gauche dans le Midi et les pays latins.

À CHACUNE SA PIERRE,
À CHAQUE PIERRE SON SYMBOLE

- Le grenat signifie : amour et constance et appartient au mois de janvier.
- L'améthyste, symbole de sincérité, est échue au mois de février.
- Le rubis, présage de passion et d'orage, s'offre en mars.
- Le saphir et le diamant se partagent le mois d'avril, le premier comme garantie d'amitié, le second d'amour éternel.
- L'émeraude est l'emblème de mai et de l'amour heureux.
- L'agate et le corail apportent à celle qui naît en juin une longue vie et une carrière brillante.
- La cornaline préside au mois de juillet et offre la félicité.
- Août est sous l'influence du lapis lazuli, emblème de la fidélité conjugale.
- La chrysolite préserve de la folle passion celles qui naissent en septembre.
- Le mois d'octobre est sous l'influence de l'aigue-marine, pierre de l'espérance.
- La topaze promet à celles nées en novembre la prospérité... mais l'infidélité.
- Et enfin, la turquoise, symbole d'amitié, et la malachite prédisent en décembre des succès à tout ce que l'on entreprend.
- Mais sachez qu'il n'est plus belle parure que votre sourire.

L'alliance en diamant, autrefois réservée aux cocktails et dîners, se porte toute la journée.

Conseils à une jeune fille

Vous en voulez à votre mère de s'être battue pour acquérir une égalité dont vous ne voyez pas les avantages ; depuis la victoire du MLF, les hommes, dites-vous, ont cessé d'être galants. Mais vous, peut-être par réaction, n'avez-vous pas oublié d'être féminine ? Par votre allure garçonnière, ne les avez-vous pas encouragés à être de moins en moins prévenants ?

Je crois qu'il n'est pas trop tard pour faire marche arrière et restaurer le rituel de la séduction.

Être une femme doit redevenir un privilège. Mais être une femme, c'est s'interdire la familiarité, la trivialité, le négligé et toute trace de vulgarité.

Cultivez le mystère, le secret, la fausse indifférence et même une certaine frivolité. Ne vous livrez pas aveuglément au premier battement de cœur, apprenez à vous faire désirer. Puisque Marilyn Monroe reste toujours l'une de vos idoles, essayez d'imiter son inimitable féminité.

Et, si vous m'en croyez, suivez dès aujourd'hui les conseils que voici :

– Vous ne vous levez pas lorsqu'un jeune homme vient vous saluer et vous lui tendez la main la première.

En revanche, vous attendez qu'une personne plus âgée vous tende la main avant de lui tendre la vôtre.

– Vous ne devriez pas fumer dans la rue et ne jamais garder une cigarette aux lèvres lorsque vous parlez, saluez, dansez ; à table, vous ne fumerez pas en mangeant, mais seulement au moment du café.

– Vous ne vous asseyez pas la première dans un salon, patientez jusqu'à ce que toutes les femmes soient assises.

De même, à la table familiale, attendez que vos parents et grands-parents soient assis avant de prendre place.

– Vous ne vous vautrez pas au fond d'un fauteuil ou d'un canapé, les pieds sur la table. Gardez le dos droit, ne croisez pas les jambes (votre dos s'en portera mieux), ne les gardez pas écartées, même si vous êtes en pantalon, mais l'une près de l'autre, les pieds légèrement croisés.

– Vous vous levez pour prendre le verre ou l'assiette que vous tend une personne plus âgée que vous. Vous aidez la maîtresse de maison qui vous reçoit, ou votre mère, à servir le thé, à préparer la table et à la desservir.

– Lorsqu'un jeune homme vous aide à enfiler ou retirer votre manteau, vous le remerciez et d'un sourire et d'un aimable : « Merci, Jean-Philippe. »

– Si vous faites de l'auto-stop, ne montez que dans une voiture conduite par une femme.

– Pour pénétrer avec élégance dans une voiture, il vous suffit de vous asseoir d'abord de trois quarts sur la banquette, puis de ramener vos jambes restées dehors en faisant pivoter vos hanches. Pour en descendre, sortez en premier vos jambes, genoux serrés puis, une fois vos pieds par terre, le reste du corps suivra. Une femme en pantalons a parfois tendance à adopter des gestes masculins, à s'asseoir jambes écartées ou l'une en équerre sur l'autre, ou jambes sur la table. Attitudes fort regrettables.

– Les femmes conduisent plus prudemment que les hommes mais elles oublient souvent que la plus belle mécanique s'entretient et que la plus belle voiture se nettoie. Ne laissez pas traîner sur les banquettes vêtements, livres, raquettes, sacs vides, plastiques ni sur les tapis une ballerine, des papiers de bonbons, des paquets de cigarettes vides.

– Votre voiture doit être aussi nette que votre salle de bains ou votre cuisine. N'obligez pas la personne qui monte à côté de vous à faire le ménage avant de pouvoir s'asseoir.

Savoir vivre sa féminité

Cet été, sur la plage de Biarritz, j'ai observé pendant un long moment un jeune couple, ils avaient à peine vingt-cinq ans ; je les voyais de dos, ils se déshabillaient sur le sable avec le naturel de bons sauvages.

Ils enlevèrent leurs tee-shirts gris, identiques, ils enlevèrent leurs jeans délavés identiques, leurs baskets fatiguées, leurs chaussettes rouges chez l'un, vertes chez l'autre. Ils avaient la même coupe de cheveux très courts, chez l'un plus clairs que chez l'autre. Ils étaient tous deux si minces, presque androgynes, que nus, vus de dos, je n'arrivais pas à savoir lequel était l'homme, lequel la femme. Je me suis même demandé si je n'avais pas en face de moi deux garçons ou deux filles. L'un à son bras portait un tatouage, deux ailes sortant d'un cœur ; « C'est l'homme », me dis-je. Eh bien, non ! Ève sortant des flots, c'était elle ! Où étaient les charmes de la féminité ? Où était le jeu de la séduction ? Sur quelles ailes du désir s'étaient envolés les fantasmes de l'amour ?

La féminité, j'en conviens, est un prisme aux facettes infinies. Elle prend pour séduire mille formes, qui vont de la pudeur extrême à l'extrême impudeur. Certains hommes vous diront qu'une nonne sous sa grande coiffe et son ample robe peut être irrésistible, surtout si elle résiste. Grace Kelly, qui a fait battre des millions de cœurs, n'a jamais montré le bout de son sein. Et l'impudeur de Brigitte Bardot dans *Et Dieu créa la femme* a été un si bouleversant scandale qu'il a marqué toute une génération. Mais l'impudeur d'une femme qui n'a plus vingt ans peut être ressentie comme une insolence, une agression qui rebute, parfois même, qui effraie. Si séduire reste un mystère, le mystère, je crois, constitue l'un des atouts majeurs de la séduction. Salomé, pour réduire à sa merci le tétrarque Hérode, s'était enveloppée de sept voiles. Parmi toutes les femmes que j'ai rencontrées celles dont la vie fut un triomphe n'étaient pas spécialement belles. La beauté provoque une émotion très forte mais, comme toutes les émotions, elle s'émousse plus ou moins vite, mais elle s'émousse. L'émerveillement du premier jour se dissipe comme une brume au soleil. Si le charme ne soutient pas la beauté, elle n'agit plus. On n'est pas responsable de sa beauté, c'est un don que l'on reçoit ou que l'on ne reçoit pas, mais on est en partie responsable de son charme, car il se cultive, se développe, s'épanouit.

L’élégance masculine

Londres reste la capitale de l’élégance masculine. Les couturiers italiens et français ont du chic, de l’idée, du brio. Les Anglais ont quelque chose de plus. La tradition. C’est-à-dire des tissus secs ou moelleux *high quality* et la classe, entendez *Fashion* prononcé avec une moue un rien hautaine. Madame, si vous voulez donner à votre mari l’allure d’un gentleman de la City, habillez-le à Londres.

Que devrait contenir sa garde-robe ?

Que porter ?

Costumes de ville

- costume de flanelle gris foncé
- costume prince-de-galles
- Harris Tweed gris
- costume de gabardine beige ou tabac
- blazer bleu marine croisé sur un pantalon de flanelle grise

• costume bleu marine très foncé

Un costume de ville ne peut jamais être marron. Cette couleur est réservée aux tenues sport.

Le costume trois-pièces se fait de moins en moins.

Le gilet est remplacé par un gilet de laine ou de cachemire de couleur : marine, bordeaux, gris, bleu ciel, jaune.

Chemises

Toutes les chemises de popeline rayée ou unie à poignets mousquetaire sont à porter avec des boutons de manchettes. Le poignet ne doit dépasser la manche de la veste que de deux ou trois centimètres maximum. Un homme dont les poignets de chemise recouvrent la moitié des mains a l'air ridicule.

La chemise à col boutonné est réservée aux tenues sport. Il est vivement recommandé, surtout en hiver, de ne pas porter de chemises à manches courtes sous une veste.

Pardessus

• pardessus bleu marine

• pardessus gris

• pardessus poil de chameau (pour les hommes de plus d'un mètre quatre-vingts)

• Loden

• imperméable

• pas de manteaux de fourrure, à la rigueur une pelisse

• À ne pas oublier : l'indispensable parka

Costumes de sport

- vestes de tweed, pantalons de velours côtelé
- costumes de lin
- costumes de toile
- jean, jusqu'à quel âge ? Tant que l'on est mince avec un ventre plat.

Smoking

En Angleterre, à l'issue d'un dîner, au moment où les femmes quittaient la salle à manger, les hommes retiraient leur frac qu'ils remettaient au valet de pied et revêtaient une veste *for smoking*. Le dernier cigare éteint, ils retiraient ce vêtement, réenfilaient leur habit et rejoignaient les dames au salon sans risque ainsi de les incommoder par la fumée du tabac.

Le smoking le plus élégant est en grain de poudre, en Barratea (laine et mohair) ou en laine super cent, noir, les revers en satin mat ou en ottoman. En été, la veste peut être en soie blanche et le pantalon noir en gabardine de laine légère ; il se porte avec une chemise de voile blanc simple ou finement plissée à poignets mousquetaire, et un nœud de cravate noir, une ceinture noire à plis en soie ou en gros-grain ; des chaussettes en fil noires (de préférence non transparentes) et des chaussures à lacets en vernis noir. Pochette blanche ou fantaisie. Discrètes parures de plastron en perle pour l'habit ; pour le smoking, en perle ou en émail. Jamais de montre sport. Montre de gousset pour l'habit.

Accessoires

Cravates

Saviez-vous que le mot cravate est la forme francisée de croata ? Originaire de Croatie, elle était autrefois le foulard que portaient les cavaliers. Devenue un accessoire universel, elle reflète aujourd'hui le goût et la personnalité de celui qui l'arbore : originalité ou tradition, coquetterie ou indifférence, audace ou timidité... L'un des plus célèbres fabricants de cravates est Croate. Sa marque ? Croata.

Celles que vous offrez, madame, à l'homme de votre vie, seront en soie, en tricot, en foulard, en cachemire, en laine et soie.

Votre goût et votre responsabilité sont en jeu, alors soyez prudente et acceptez que votre mari puisse aller les échanger. Et vous, monsieur, ne portez une cravate club que si vous êtes membre de ce club. En été, remplacez la cravate par un foulard.

Nœuds papillons

Ils doivent être les plus classiques possible. Il est rare de voir des hommes jeunes en porter, sauf à la télévision.

Pochettes

Elles sont le seul élément fantaisiste d'une tenue masculine et, aujourd'hui, ne s'assortissent plus à la cravate.

Le mouchoir de batiste blanche se porte toujours en pochette mais plié horizontalement.

Boutons de manchettes

Ils seront classiques. Ni grosses pièces de monnaie, ni pierres ostentatoires. Pour les chemises de couleur, ils peuvent être en passementerie unie ou bicolore.

Chaussettes

Je juge l'élégance d'un homme à ses chaussettes. Si elles sont trop courtes, le plus bel homme du monde l'est déjà beaucoup moins. La chaussette doit obligatoirement monter jusqu'au genou. Elle ne sera jamais blanche (sauf sur un court de tennis ou sur un bateau), ni transparente, ni en nylon ; mais en fil d'Écosse, en fine laine ou en cachemire.

Les chaussettes seront de la couleur des chaussures ou du pantalon.

Chaussures

- chaussures à boucle ou à lacets
- mocassins

Les chaussures seront en cuir, en daim, en box, noir, marron, gold. À éviter : le crocodile, le serpent, l'autruche.

Ceintures

Pour les costumes de ville, elles seront en box noir, marron, havane. La boucle dorée ou chromée ne devrait pas porter le nom ou les initiales d'un grand maroquinier ou d'un célèbre couturier.

Chapeaux

- un feutre pour les admirateurs de Humphrey Bogart
- une casquette pour les chasseurs
- une chapka en fourrure pour les frileux

Bijoux

- une alliance (ce n'est pas un bijou, mais un symbole, que l'on ne devrait jamais quitter)
- une chevalière (si l'on a des armoiries)
- une épingle de cravate
- une montre de gousset (j'ai vu récemment des jeunes gens en porter).

Parfums

Après l'*after-shave*, une eau de toilette très discrète et virile (lavande, vétiver), pas de fragrances fleuries. Quelques gouttes sur le mouchoir.

À ne pas porter, surtout lorsqu'on n'est plus un tout jeune homme

- le tricot de corps ou le tee-shirt que l'on voit toujours sous la chemise, et qui font *Monsieur Frileux*
- les chemises à manches courtes sous une veste
- les gourmettes
- les chaînes autour du cou
- les bagues (sauf la chevalière)
- la chemise ouverte sur une veste, sans foulard, après soixante ans.
- une chemise de smoking à jabot de dentelle

• ses armoiries brodées sur le mouchoir, le caleçon ou la sortie de bain. Les armoiries se brodent sur les draps, les nappes et les serviettes; sur son mouchoir et sa chemise on peut faire broder ses initiales.

Conseils à un jeune homme

Si vous êtes un garçon timide – tous les garçons le sont –, raison de plus pour vous armer de toutes les règles du savoir-vivre en société. Ainsi vous n'aurez plus la pénible impression, en entrant dans un salon où vous ne connaissez pas grand monde, de vous sentir perdu, paralysé, ignorant de ce qu'il vous faut dire ou faire. Plus votre savoir-vivre sera grand, plus vite vous vaincrez votre timidité.

– En entrant dans un salon, faites-vous présenter à la maîtresse et au maître de maison ou alors, présentez-vous vous-même en déclinant vos nom et prénom. Vous pouvez baiser la main de la maîtresse de maison en vous inclinant cérémonieusement.

– Vous ne tendez jamais la main le premier à une jeune fille ou à un adulte, homme ou femme. Et inclinez-vous légèrement en prenant la main que l'on vous tend. De grâce, retirez la main gauche de votre poche.

– Dans un salon, vous ne vous asseyez pas le premier mais attendez que toutes les femmes soient assises. Vous vous levez chaque fois qu'une femme entre dans la pièce où vous vous trouvez ou quitte la table à laquelle vous êtes assis. Levez-vous lorsqu'elle vient se rasseoir.

De même, à la table familiale vous ne vous assiérez pas avant vos parents et vos grands-parents.

Quand une jeune fille ou une femme prend place à votre table, vous l'aidez à tirer sa chaise et à la rapprocher au moment où elle s'assied.

– Si dans un salon vous faites la connaissance d'une jeune femme, vous n'échangez jamais vos cartes de visite mais chacun de vous inscrit dans son agenda le nom et l'adresse de l'autre.

En revanche, dans la rue, dans un lieu public ou au cours d'une réunion professionnelle, l'échange de cartes de visite est autorisé. Dans tous les cas, ce n'est jamais à la jeune femme de prendre l'initiative d'appeler la première. C'est à vous, Monsieur, qu'il revient d'écrire ou de décrocher votre téléphone.

– Si vous êtes assis lorsqu'une jeune fille vient vous saluer, vous vous levez aussitôt, et vous serrez la main qu'elle vous tend (jamais de baisemain à une jeune fille). Devant une porte, vous vous effacez pour la laisser passer sauf à l'entrée d'un restaurant où vous pénétrez le premier. Et, lorsque vous marchez avec elle dans la rue, c'est vous qui longez le bord du trottoir. Vous laissez à votre amie le « haut du pavé ».

Quand vous montez un escalier, accompagné d'une jeune fille ou d'une dame, vous la précédez car autrefois il eût été inconvenant d'apercevoir la cheville d'une femme. Aujourd'hui, la jupe a presque disparu mais la règle est restée. Et vous descendrez en premier l'escalier pour recevoir dans vos bras la belle qui pourrait chuter.

– Vous aidez une jeune fille à retirer ou enfiler son blouson, sa veste ou son manteau.

– Vous ne dansez pas, ne parlez pas, ne saluez pas, une cigarette aux lèvres ; ne mangez pas, une cigarette à la main. Vous n'écrasez pas votre mégot dans votre assiette ni par terre ni sur le gazon surtout si vous avez un cendrier à portée de main.

Ne fumez pas dans la chambre d'un malade.

– Vous vous levez pour prendre le verre ou l'assiette que vous tend une personne plus âgée que vous et aidez la maîtresse de maison qui vous reçoit (ou votre mère) à servir et desservir. La vaisselle n'est plus réservée aux seules femmes.

– Si vous invitez une jeune fille à danser, vous la raccompagnez jusqu'à sa table ; si vous l'invitez à sortir, vous la raccompagnez jusque chez elle.

– Invité à la campagne, proposez de tondre le gazon, ou tailler la haie, faire les courses, laver la voiture, sortir et ranger les meubles de jardin.

Soyez un invité non seulement aimable mais utile.

– Lorsque vous pratiquez un sport, conformez-vous aux règles de votre professeur ou de votre club, suivez les consignes de sécurité et portez la tenue réglementaire. Mais il ne suffit pas d'être *bon joueur*, encore faut-il être *beau joueur.* On a plus de considération pour ceux qui savent perdre que pour ceux qui ne savent que gagner.

II

SAVOIR VIVRE ET FÊTER
LES GRANDS ÉVÉNEMENTS DE LA VIE

Les fiançailles

Que sont les fiançailles devenues ? Y a-t-il encore des pères qui, en pantalon rayé et des gants beurre frais à la main, vont demander la main de la jeune fille que leur fils a choisie ?

J'ai interrogé l'un de mes amis, grand bourgeois s'il en est : se plierait-il à cette tradition ?

– Aller moi-même chez les parents de la jeune fille ? Et déguisé ? Tu n'y penses pas ! J'enverrai un fax ou un e-mail.

Sa réponse m'a amusée et navrée, cependant je continue à croire que dans nos bonnes provinces les grandes familles perpétuent la tradition des fiançailles. Quoi qu'il en soit, il est admis aujourd'hui que le jeune homme entreprenne lui-même cette démarche. L'entrevue avec son futur beau-père se déroule le plus souvent au bureau du futur beau-père, et non pas au domicile de la jeune fille.

La réception

Lorsque les parents accordent la main de leur fille à leur futur gendre, il est de règle que les deux familles, surtout si elles ne se connaissent pas, se rencontrent à l'occasion d'un déjeuner ou d'un dîner. S'il est intime, ce sont les parents de la jeune fille qui l'organisent. Mais si c'est une réception mondaine, les deux familles en partagent les frais. Le fiancé enverra dès le matin sa corbeille de fleurs (blanches ou pastel); ses parents et ses amis feront de même.

Et avant le déjeuner, en tête à tête, il offrira à sa fiancée la bague qu'elle portera, nous le lui souhaitons, toute sa vie.

Au déjeuner ou au dîner de fiançailles assistent, outre les parents, les grands-parents, les frères et les sœurs des fiancés (avec leurs conjoints s'ils sont mariés).

Les grands-parents sont aux places d'honneur, les fiancés assis l'un près de l'autre, en bout de table. Les parents du jeune homme rendent ce dîner dans le mois qui suit.

À une réception de fiançailles, c'est le fiancé ou sa mère qui présente la fiancée à ses amis, et c'est la belle-mère qui présente son futur gendre.

Envoie-t-on un faire-part de fiançailles ?

Oui. Sur une même carte les deux familles en font l'annonce :

Monsieur et Madame Philippe Poiré
Monsieur et Madame Jacques Bonan
sont heureux de vous annoncer
les fiançailles de leurs enfants
Sophie et Marco
Janvier 2002

116, rue La Boétie
75008 PARIS

Villa Marina
56, rue des Maltais
Carthage

Les parents de la jeune fille et le prénom de celle-ci apparaissent en premier (on inscrira toujours Sophie et Marco et non pas Marco et Sophie).

Si les familles reçoivent, la carte d'invitation est ainsi rédigée :

Monsieur et Madame Philippe Poiré
Monsieur et Madame Jacques Bonan
recevront
à l'occasion des fiançailles de leurs enfants
Sophie et Marco
le dimanche 7 avril 2002 à partir de 15 heures.

R.S.V.P.

116, rue La Boétie
75008 PARIS

(L'adresse est celle de la famille qui reçoit.)

Si c'est la famille de la jeune fille, la carte portera un seul nom :

> *Monsieur et Madame Philippe Poiré*
> *recevront*
> *le dimanche 7 avril 2002*
> *à l'occasion des fiançailles de leur fille Sophie*
> *avec Monsieur Marco Bonan,*
> *à partir de 15 h 30*
>
> *R.S.V.P.*
> *116, rue La Boétie*
> *75008 PARIS*

On peut également insérer une annonce dans le carnet mondain d'un journal.

On a souvent raconté à Londres (je vous livre cette anecdote pour ce qu'elle vaut) que le célèbre écrivain Barbara Cartland avait organisé un dîner dans un club pour fêter les dix-huit ans de sa petite-fille ; elle avait convié les jeunes gens les plus brillants de la gentry britannique. La soirée fut un grand succès, chacun se demandait lequel de ces prétendants serait l'élu.

À l'aube, au moment où la reine de la soirée quittait ses amis, elle trébucha sur une marche de l'escalier et se rattrapa... se rattrapa à qui ? À son tragique destin. Le Prince de Galles, *himself*, l'héritier du trône.

La rupture

Il arrive que des fiançailles se rompent, parfois à quelques jours du mariage. Les fiancés font part eux-mêmes de leur décision : ils l'annoncent à leurs parents et à leurs proches de vive voix. Si les invitations de mariage ont déjà été lancées, un avis est inséré dans un ou plusieurs journaux pour informer les personnes invitées que le mariage est « remis à une date ultérieure ». Tout le monde comprendra.

Les fiancés n'ont pas à motiver leur rupture, ils invoquent généralement des « raisons de convenance personnelle ». La jeune fille rend à son fiancé sa bague et les présents de valeur qu'il lui aura offerts. Chacun des deux retourne à leurs destinataires les cadeaux de mariage déjà reçus.

Le mariage

Voici venu le plus beau jour de votre vie. Si le mariage n'a plus le faste et la solennité d'autrefois, il reste un jour unique, une frontière symbolique au-delà de laquelle vous ne serez plus la même. Faites de votre mariage (de votre premier mariage) votre meilleur souvenir, votre plus belle fête.

Tout savoir sur le mariage

À quel âge peut-on se marier?

Une jeune fille dès quinze ans si elle a obtenu l'autorisation de ses parents. Sinon, comme le jeune homme, à dix-huit ans révolus, âge de la majorité. Il est possible de demander pour une raison grave une dispense d'âge au président de la République.

La publication des bans a lieu à la mairie du domicile des futurs époux, dix jours avant la date du mariage. Sont affichés les noms, prénoms, professions, domiciles et résidences des futurs époux. L'officier d'état civil ne peut procéder à la publication du mariage que lorsque chacun des fiancés lui a remis :

1) un certificat médical datant de moins de deux mois (examens radiologique et sérologique sont obligatoires)

2) un acte de naissance datant de moins de trois mois

3) le guide des futurs époux remis par la mairie, dûment rempli.

Une jeune veuve ou une divorcée ne peut en principe contracter une nouvelle union qu'une fois écoulé le délai de viduité (trois cents jours après la date de décès du conjoint ou la dissolution du premier mariage).

Le mariage civil précède obligatoirement le mariage religieux (bien évidemment facultatif). Ils peuvent être célébrés le même jour ou à des dates différentes

Le contrat de mariage

La dot et le trousseau ont disparu. Mais il arrive que les parents lèguent à leurs enfants au moment de leur mariage un bien immobilier ou mobilier dont ils gardent la propriété et la gestion. Le contrat de mariage, établi devant notaire, permet de préciser ce que les époux mettent en commun et ce qui reste personnel à chacun d'eux. Votre notaire vous conseillera en fonction de votre métier et de votre fortune.

Si vous n'établissez pas de contrat, vous êtes automatiquement soumis au régime en vigueur depuis le 1er janvier 1966, celui de la communauté réduite aux acquêts : chaque époux conserve la pleine propriété des biens qu'il possédait avant son mariage ainsi que celle des biens qu'il pourra recevoir ultérieurement à titre de donation, de legs ou d'héritage. Lorsque les époux ont chacun une fortune personnelle, les notaires conseillent le régime de la séparation des biens qui évite, s'il y a divorce, contestations et chicanes.

Les faire-part

En général, ce sont les parents des fiancés qui les envoient au moins un mois à l'avance.

Comment dresser la liste des invités ?

Les parents, les beaux-parents, le fiancé et la fiancée établissent chacun leur liste. Le mieux serait ensuite de se réunir au cours d'une soirée ou d'un week-end pour, à partir de ces quatre listes, en dresser une finale. Il s'agit de n'oublier personne ni parmi sa famille ni parmi ses amis ou ses relations. Une fois définie cette liste unique, il vous reste à la partager en deux parties : la première, la plus longue, comporte les noms de toutes les personnes à qui vous voulez annoncer votre mariage. Sur la seconde, plus courte, ne seront inscrits que ceux des personnes qui seront conviées à la réception qui suivra le mariage civil ou la cérémonie religieuse.

Le faire-part comporte soit deux feuillets doubles de vélin imprimés ou gravés (un pour chaque famille), soit un seul grand feuillet dans un format à l'italienne : l'intérieur gauche est réservé à la famille de la fiancée, celui de droite à celle du fiancé.

Le papier est blanc ou mieux encore ivoire, le caractère simple, en italique.

*Monsieur et Madame André Champigny**
ont l'honneur de vous faire part du mariage de
Mademoiselle Sophie Champigny,
leur fille, avec
Monsieur Julien Sorel.
Et vous prient d'assister à la messe de mariage
qui sera célébrée le vendredi 28 juin 2002 à 15 h 30,
en l'église Notre-Dame-de-l'Assomption
à Villeneuve-le-Comte
116, rue La Boétie
75008 PARIS

Dans le second feuillet les parents du jeune homme annonceront le mariage de leur fils de la même façon et inscriront leur adresse. On mentionne les titres nobiliaires, honorifiques, officiels tant pour les parents que pour les enfants, les décorations (françaises seulement), les titres et les grades universitaires.

S'il n'y a pas de mariage religieux, le faire-part se terminera par la formule :

et vous prient d'assister à la cérémonie du mariage
qui aura lieu à la mairie du IIIe arrondissement,
2, rue Eugène-Spuller, le jeudi 31 janvier 2002
à 15 heures

Le carton d'invitation

Ce bristol porte les noms de la mère de la jeune fille et de celle du jeune homme :

* On peut commencer par le nom des grands-parents s'ils sont vivants.

Madame André Champigny *Madame Paul Sorel* *recevront dans les salons* *du Cercle de l'Union Interalliée* *33, rue du Faubourg-Saint-Honoré* *75008 PARIS de 17 à 20 heures* *Réponse souhaitée avant le 15 mai 2002* *116, rue La Boétie* *75008 PARIS*

Si une seule belle-mère organise la réception, le carton ne portera que son nom.

Si les parents de l'un des fiancés sont divorcés, le faire-part portera le nom de chacun des deux, celui de la mère venant en premier :

Madame Jeanne Darsonval
Monsieur Edouard Lenormand
Monsieur et Madame Lacombe

Chaque famille envoie séparément ses invitations et place en premier le feuillet qui la concerne. Le bristol d'invitation est glissé à l'intérieur du premier faire-part. Bien évidemment, les faire-part sont commandés chez le même imprimeur, le papier et le format sont identiques. Les frais de mariage (envoi des faire-part, réception) sont partagés en deux entre les deux familles, plutôt qu'au prorata. Mais si une famille est plus fortunée que l'autre elle peut prendre entièrement à sa charge les frais de réception.

L'annonce dans les journaux

On peut insérer le même texte de faire-part dans un quotidien quelques jours avant la date du mariage. Vos relations les plus éloignées seront ainsi conviées à la cérémonie religieuse.

Réponse au faire-part

Dès la réception d'un faire-part vous envoyez une lettre de félicitations aux parents ou aux fiancés. À une invitation où est inscrite la mention « RSVP » ou « Réponse souhaitée avant le... », il vous faut envoyer soit vos félicitations et vos remerciements, soit vos félicitations et vos regrets, si vous ne pouvez assister à la cérémonie.

Évitez la carte de visite, une lettre personnalisée est toujours plus appréciée.

Le faire-part envoyé après le mariage

Ce sont les époux qui rédigent leur faire-part :

> *Monsieur Jacques Darsonval*
> *et Madame née Mathilde Bernardeau*
> *sont heureux de vous faire part de leur*
> *mariage qui a été célébré dans l'intimité*
> *le vendredi 19 avril 2002 à Nevers.*
> *16, rue du Parc*
> *58000 NEVERS*

Les alliances

Les futurs époux les choisissent ensemble mais c'est toujours le jeune homme qui se charge de leur achat. Toutes les fantaisies sont permises, le triple anneau, l'alliance ronde, tressée, guillochée, sertie de diamants...

Mais le simple anneau d'or traditionnel a toujours des adeptes.

Les cadeaux

On les envoie soit durant la période des fiançailles, soit après avoir reçu le faire-part du mariage. Il est conseillé de demander aux fiancés s'ils ont déposé une liste de mariage et dans quelles boutiques. S'il s'agit d'un parent, on peut se grouper à plusieurs pour l'achat d'un cadeau important. Seuls les parents et les grands-parents sont autorisés à remettre un chèque. Les appareils électroménagers ne peuvent être offerts que par les intimes. Il est parfaitement incorrect d'apporter son cadeau le jour de la cérémonie.

Sur la carte de visite qui accompagne votre présent, vous adressez vos félicitations et vos vœux de bonheur.

Pas de carte muette.

Si l'on choisit des fleurs, on les envoie le matin de la cérémonie soit chez la fiancée, soit à l'endroit où se déroule la réception.

Chaque fois que je trouve un bel objet dans une boutique ou dans une vente aux enchères, je l'achète et je le range dans un placard « Mariages ». Chaque année, j'envoie environ une centaine de cadeaux de mariage, aux enfants de mes amis ou à ceux de relations professionnelles. Il me faut donc une certaine organisation et j'ai mis au point quatre formules :

– Comme tout le monde, je consulte la liste que les futurs époux ont déposée dans des boutiques, c'est la plus simple.

– J'ai choisi un modèle de tête-à-tête en porcelaine pour le petit déjeuner et j'en commande plusieurs exemplaires.

– À ceux dont je sais le goût pour le vin, j'envoie un coffret que j'ai fait réaliser contenant un magnum de Bordeaux, une carafe et deux verres en cristal.

– Et puis, il y a les objets du placard « Mariages » ! Lorsque je connais l'un des mariés, j'ajoute à mon envoi une petite note personnalisée, un cendrier en pierre dure, un verre en cristal de Bohême, une gravure ancienne, un cadre en argent pour lui témoigner une attention particulière.

De grands bourgeois parisiens offrirent à leur fille à l'occasion de son mariage une superbe argenterie XVIIIe siècle, signée Germain. Conviés à dîner chez le jeune couple, ils remarquèrent, bien en vue sur la cheminée, un nouvel objet. Par politesse, ils demandèrent de qui était cette création.

– C'est une compression, répondit triomphalement le gendre. Et c'est à vous que nous la devons. De votre simple argenterie, de ce tas de cuillères, César a fait une grande œuvre d'art.

Les remerciements

Les fiancés remercient par une carte ou une lettre chacune des personnes qui leur a envoyé un cadeau, quelle que soit sa valeur. Pour ceux reçus quelques jours avant leur mariage, ils pourront envoyer leurs remerciements à leur retour de voyage de noces, mais ils ne devront jamais remercier par téléphone. Dans leur lettre, ils auront le bon goût de mentionner le présent qui leur a été fait et de s'en montrer particulièrement satisfaits. Pas de lettre type envoyée à des dizaines d'exemplaires comme l'a fait le fils de l'une de mes amies. Ses oncles et tantes ont eu la désagréable surprise de recevoir une lettre commençant par « *Cher Monsieur* » ou « *Chère Madame* ».

Le mariage civil

Il a lieu à la mairie de l'un ou de l'autre des futurs époux ; il est public (les portes de la salle des mariages doivent rester ouvertes). Y assistent les parents, les proches parents, les amis intimes, les parrains et marraines et les témoins : un ou deux pour chacun des mariés. On ne refuse jamais l'honneur d'être témoin. La fiancée entre au bras de son père, suivie par son fiancé qui donne le bras à sa mère. La mère de la fiancée est accompagnée par le père de son futur gendre. Après le consentement des époux, le maire les déclare mari et femme. La jeune fiancée qui se tient à la droite de son époux signe la première le registre de l'état civil de son nom de jeune fille qu'elle peut désormais conserver. Puis, signent son mari et les deux ou quatre témoins. Le maire leur remet alors le livret de famille. Les mariages civils ont souvent lieu en groupe ; pour être marié « en particulier », il faut en faire la demande assez tôt à la mairie À Paris, le vendredi est le jour « chic ».

S'il n'y a pas de mariage religieux, les alliances sont remises à l'un des témoins (assis au premier rang juste derrière les époux, à côté des parents) qui les présente au maire après le fatidique et émouvant : « Je vous déclare unis par les liens du mariage. »

Une quête est faite parmi l'assistance au bénéfice du bureau de bienfaisance de la commune. À la sortie de la mairie, les poignées de riz éclatent en gerbe au passage des mariés.

Si le mariage civil est immédiatement suivi par la cérémonie religieuse à l'église, au temple ou à la synagogue, la mariée arrive à la mairie dans sa grande robe nuptiale avec son voile, sa traîne et le petit bouquet rond envoyé par son fiancé. Sinon, elle portera une robe ou un tailleur courts, habillés, un chapeau (obligatoire) et des gants. Sa toilette sera blanche ou de couleur claire.

Le marié est en costume sombre et tous les invités auront une tenue très élégante (surtout si un déjeuner ou un cocktail est prévu après la cérémonie).

Le mariage religieux

Le mariage a lieu tous les jours sauf le dimanche et le vendredi saint à l'église, et sauf le samedi à la synagogue.

Les invités arrivent les premiers, puis les membres de la famille. En principe, la mariée entre la dernière au bras droit de son père (ou de l'un de ses parents si elle est orpheline). Elle regarde droit devant elle, sans saluer personne. Le marié a sa mère à son bras gauche et se place devant l'autel, sur le prie-Dieu de droite.

Chaque marié a deux ou même trois témoins; ils prennent place près de l'autel. En général, ce ne sont pas les témoins du mariage civil. Après la bénédiction, le marié retire les alliances de la poche de son gilet et les dépose sur un plateau que lui présente le prêtre. C'est le mari qui passe l'alliance à l'annulaire gauche de sa femme (elle ne porte aucune bague, même pas sa bague de fiançailles qu'elle ne remettra qu'après la cérémonie).

La quête est effectuée par les petites filles et les garçons d'honneur ou les enfants de la famille.

La signature du registre a lieu dans la sacristie ou dans le chœur ; c'est la mariée qui inscrit la première son nom, suivie par son mari et les témoins.

Les félicitations

Les mariés et leurs parents reçoivent les félicitations soit devant l'autel, soit devant la chapelle ou à l'extérieur de l'église, sur le parvis. La mariée a relevé son voile pour embrasser ceux qui se pressent autour d'elle pour la féliciter. (Jamais de baisemain à la mariée, une poignée de main, une inclination du buste, et quelques mots rapides surtout si le cortège des invités est long.)

À la sortie

Le marié donnant le bras gauche à sa femme sort le premier suivi de sa mère au bras de son beau-père et de sa belle-mère au bras de son père.

Si le marié est un militaire ou un cavalier, il est parfois d'usage que ses camarades forment une haie d'honneur en brandissant leur sabre ou leur cravache.

Le voile

Après la cérémonie religieuse, la mariée coupe, selon la tradition, un bout de son voile (s'il est en tulle) en longs rubans qu'elle distribue à ses amies (célibataires) pour qu'elles se marient dans l'année. Et à son amie intime, elle donne son bouquet.

À la campagne, la jarretière de la mariée est parfois mise aux enchères, et plus les prix montent, plus l'assistance s'échauffe.

À la synagogue, on distribue des cornets de dragées ; à l'église, la traditionnelle pluie de riz a lieu à la sortie des mariés, sur le parvis.

La toilette

Le cortège et les demoiselles d'honneur ont pratiquement disparu, sauf dans les mariages princiers.

Les demoiselles en robes longues, gants blancs, coiffures de fleurs constituaient autrefois un beau tableau romantique. Les garçons portaient un costume sombre, une chemise blanche, une cravate unie. Jamais de smoking le jour, cette tenue ne peut se porter que le soir.

La robe de la mariée est en dentelle, en damas, en moire, en satin broché, uni, en zibeline, en taffetas. Le voile en tulle ou en dentelle, aussi long qu'un rêve.

L'escarpin fermé sera toujours en satin blanc (jamais en chevreau ni découpé) ; les bas, couleur chair. De petits gants courts ou trois quarts en peau d'ange.

Bijoux : collier et boucles d'oreilles en perles, pas de bagues et jamais de montre. Le temps, ce jour-là... n'existe pas.

La robe peut être longue, à traîne ou courte (avec voile court).

La mariée peut également choisir de porter un tailleur blanc avec petit chapeau blanc à voilette. Escarpins et gants blancs.

Jamais de sac à main ni de minaudière mais un petit mouchoir de dentelle blanc glissé dans le gant.

Et à la main le romantique bouquet rond, blanc ou pastel. (Pas de gerbe couchée sur le bras.)

Le maquillage d'une mariée est celui d'une vierge, tout en douceur et en nuances. Rouge à lèvres clair, jamais vermillon. Parfum discret.

Le marié sera en jaquette ou en habit pour un grand mariage.

La jaquette est une veste à pans d'un gris plus ou moins foncé qui s'accompagne obligatoirement de gants et d'un haut-de-forme gris assorti au vêtement et de chaussures noires en vernis.

L'habit comporte un nœud papillon blanc, une chemise empesée à col dur et cassé, un gilet blanc. Et une montre gousset (la montre-bracelet ne se porte pas avec l'habit).

Plus simplement : le costume bleu marine ou gris très foncé. Chemise blanche, cravate grise en soie, chaussures noires (surtout pas vernies), chaussettes noires montantes et non transparentes.

Dans tous les cas, l'œillet blanc à la boutonnière.

Les polytechniciens, les militaires, les préfets, les académiciens (encore jeunes) se marient en uniforme et portent leurs décorations.

Le photographe

Il est le témoin indispensable de tout mariage, c'est lui qui fixera à jamais les détails qui ont marqué ce grand jour, le chapeau fleuri de la tante Jeanne, le sourire inquiet des petits pages, l'instant où l'alliance s'est glissée à votre doigt, le regard que vous avez échangé avant le baiser.

Que seraient notre mémoire et nos souvenirs si nous n'avions pas ces photos ?

Certains mariés envoient à leurs parents et à leurs intimes des photos de la cérémonie soit dans une enveloppe et accompagnées d'un petit mot, soit dans un album constitué de quelques pages.

Le voyage de noces

Il dépend des ressources et du temps dont disposent les jeunes mariés.

Qu'ils aillent à Bali ou à Nogent, leur lune de miel devrait avoir toutes les couleurs et les promesses de l'arc-en-ciel.

À leur retour, parents, témoins et amis les invitent à tour de rôle pour les remercier de leur réception.

L'union libre

Votre fille, votre neveu, votre petit-fils vit en couple sans s'être marié. Aujourd'hui, les couples qui vivent maritalement sans être passés par la mairie sont de plus en plus nombreux. En 1968, ils ne représentaient que 3 % de la population et se recrutaient souvent chez les vieux anarchistes. Ils sont aujourd'hui plus de 13 %. Ils ont généralement moins de trente-cinq ans et font partie de toutes les classes sociales.

Autrefois, les couples non mariés légalisaient leur union dès la naissance du premier enfant. Ce n'est plus le cas aujourd'hui : 40 % de ceux qui ont choisi le concubinage ont des enfants. Il est vrai que, depuis la loi du 3 janvier 1972, un enfant naturel a exactement les mêmes droits qu'un enfant légitime s'il est reconnu par les deux parents. C'est sans doute ce qui explique que l'union libre concurrence de plus en plus l'institution du mariage. En outre, l'augmentation constante du nombre de divorces (un couple sur trois) conduit les jeunes gens à choisir l'union libre afin de s'épargner, disent-ils, chicaneries et procès. Ceux d'entre eux qui ont une fois divorcé choisissent également l'union libre pour ne pas revivre l'expérience pénible du divorce ou de la séparation.

La vie d'un couple de concubins est en tous points comparable à celle d'un couple légitimement marié. Les concubins achètent un appartement en commun, chacun a procuration sur le compte bancaire de l'autre et, lorsqu'ils se séparent, la garde des enfants et le versement d'une pension alimentaire donnent lieu aux mêmes difficultés.

De même, le savoir-vivre des couples non légitimes diffère peu de celui des couples mariés. Certes, chacun fait imprimer des cartes de visite à son seul nom, mais les invitations qu'ils lancent et les faire-part qu'ils envoient portent leurs deux noms : « Sophie Brandy et Marco Chasles ont le plaisir de vous annoncer la naissance de leur fils Ulysse ». À un faire-part de ce type, vous répondrez par une seule carte de félicitations adressée aux deux parents et, sur l'enveloppe, vous inscrirez les deux noms.

En revanche, s'ils viennent de se mettre en ménage sans en faire l'annonce, envoyez-leur, si vous les invitez à dîner par exemple, deux cartes individuelles, même si leur adresse est identique. Ils devront y répondre chacun séparément.

Savoir vivre avec son concubin

Vit-on mieux mariés ou en concubinage ? J'ai posé cette question à des épouses et à des femmes vivant maritalement.

Aucune n'était vraiment satisfaite de sa situation.

Les premières se plaignaient d'une privation de libertés ; les secondes, après un certain temps de vie commune, d'une absence de sécurité. Mais elles ajoutaient que le fait de vivre en couple sans avoir d'obligation donnait à leur engagement une valeur plus grande : ils étaient chaque jour ensemble, parce que chaque jour ils choisissaient de l'être.

Ce n'est peut-être pas tout à fait exact : la routine, l'habitude pèsent aussi fort sur un couple marié que concubin. Mais il est vrai que dans une union libre les protagonistes n'ont aucun droit l'un sur l'autre, ni aucun devoir, autre que moral. Ce qui les oblige à un grand respect l'un de l'autre.

Ceux qui vivent ensemble sans contrat social font peut-être preuve de plus de qualités que ceux que la loi protège et leur union est souvent plus solide. « L'amour, comme dit le poète, ne chante bien qu'en liberté. » Certains couples célèbres, Jean-Paul Sartre et Simone de Beauvoir, André Malraux et Louise de Vilmorin, Elsa Triolet et Aragon ont, malgré des orages, suivi ensemble le long chemin de leur existence, mettant à réussir leur vie le même talent et les mêmes efforts qu'à réussir leur œuvre.

Savoir vivre avec son concubin c'est donc, avant tout, avoir le goût du risque et respecter le difficile engagement de n'exiger aucun engagement. C'est, tous les jours, mettre en pratique l'idée de liberté, la sienne et celle de l'autre, sans qu'elles entrent en conflit.

C'est vivre l'amour dans l'instant présent et sans filet.

Attendre un enfant

L'événement que vous attendiez depuis des mois, autour duquel se cristallisaient vos rêves et vos espoirs, s'est réalisé. Les tests et votre médecin sont formels. Vous attendez votre premier enfant. Et rien d'autre ne compte que cette joie qui coule en vous. C'est à votre mari que vous courez annoncer cette nouvelle, elle le concerne presque autant que vous. Pendant quelques jours, vous aurez peut-être envie d'être seuls à partager cette promesse d'un bonheur nouveau.

Dans les jours qui suivront, vous souhaiterez en faire part à vos parents, beaux-parents et grands-parents ; s'ils habitent dans la même ville que vous, vous ne leur ferez pas l'annonce de cette future naissance par téléphone, ni même par lettre. Vous leur rendrez visite ou vous les inviterez chez vous pour donner à l'événement l'importance qu'il mérite.

Au fil des jours, vous l'annoncerez à vos amis intimes puis proches. Si vous avez déjà un enfant, il sera le seul à ne pas se réjouir de la venue d'un petit frère ou d'une petite sœur avec qui il devra désormais vous partager. Il faut donc redoubler de tendresse à son égard, l'assurer qu'il sera toujours votre premier enfant. Et l'amener peu à peu à avoir des sentiments positifs envers celui qu'il considère à bon droit comme un usurpateur. Si vous avez plusieurs enfants, ils auront sans doute déjà pris l'habitude de ne plus vous avoir chacun à lui seul.

Votre mari, vos parents vont vous fêter, vous entourer de mille attentions. N'abusez pas des privilèges que vous confère votre état ; restez gaie, active, alerte.

La naissance

Si votre amie intime vient d'avoir un enfant, vous ne lui rendrez visite à la clinique qu'après lui en avoir demandé l'autorisation et avoir fixé avec elle le jour et l'heure.

Ne restez pas trop longtemps dans sa chambre, n'y fumez pas, n'embrassez pas le bébé et surtout ne racontez pas à votre amie votre propre accouchement ou une naissance difficile. Vous lui remettrez vous-même votre cadeau (sans votre carte de visite). Les fleurs n'étant plus autorisées dans les cliniques et hôpitaux, vous n'enverrez votre bouquet que lorsque la maman et son bébé seront de retour chez eux.

Des roses blanches ou roses, des fleurs de couleur pastel et peu parfumées. (Évitez le lys, le mimosa et les fleurs au parfum entêtant.)

Le choix du prénom

Il revient aux parents, mais vous aurez à cœur de consulter vos parents et grands-parents et de donner à votre bébé parmi ses trois prénoms celui de l'un de vos ascendants. En règle générale, vous donnerez le prénom du père ou du grand-père de votre mari à votre premier fils. À votre second fils, celui de votre père ou grand-père. De même, votre première fille pourra avoir, parmi ses prénoms, celui de votre mère ou grand-mère. Votre seconde fille, celui de la mère ou de la grand-mère de votre mari. Dans vos choix de prénoms, n'oubliez pas ceux du parrain et de la marraine de votre enfant.

Enfin, n'affublez pas votre enfant d'un prénom trop excentrique ou qui risquerait, à l'école, de lui attirer les railleries de ses camarades ou des sobriquets. Évitez également les prénoms trop lourd à porter : Vénus ou Adonis.

Le faire-part

Une naissance est une si heureuse nouvelle qu'on voudrait l'annoncer sur-le-champ à tous. C'est par téléphone que l'on prévient sa famille et ses amis.

Le faire-part (imprimé ou gravé, de préférence sur un bristol blanc, sans fioriture : ni cœur, ni ruban, ni petit oiseau dans un nid) est destiné au large cercle de ses connaissances ; d'un format plus grand que celui d'une carte de visite, et assorti à l'enveloppe, il s'envoie dans les dix jours qui suivent la naissance du bébé. Et ceux qui le recevront devront y répondre par une lettre manuscrite dans la semaine.

On peut insérer dans le carnet mondain d'un journal une annonce ainsi libellée :

Monsieur Jacques Darley et Madame, née Gélane, sont heureux de vous annoncer la naissance de...

Alors que dans un faire-part on ne pourra inscrire que :

Monsieur et Madame Jacques Darley sont heureux de...

Parrain et marraine

Dans les familles chrétiennes, il est d'usage, avant la naissance de l'enfant, de lui choisir un parrain et une marraine. Les personnes à qui vous faites cette proposition y verront, bien sûr, une grande marque de confiance mais aussi une responsabilité qu'ils devront assumer toute leur vie. Car accepter d'avoir un filleul, c'est s'engager à l'élever si ses parents et grands-parents venaient à disparaître, c'est s'engager sa vie durant à l'entourer d'attentions, de conseils et de tendresse. Ne vous formalisez pas si certaines personnes, fatiguées ou trop occupées, refusaient l'offre que vous leur faites. Choisissez des parrains et marraines qui soient de votre milieu, de votre religion et de même éducation que vous, qui soient surtout adultes et responsables.

Si le parrain et la marraine de votre bébé ne se connaissent pas, invitez-les à dîner chez vous pour les présenter l'un à l'autre car, à travers votre enfant, compère et commère vont nouer des liens.

Le jour du baptême, le parrain offrira à son filleul un objet en argent (timbale, assiette, couverts) ou une gourmette en or (avec le prénom gravé). De plus, il n'oubliera pas sa commère : écharpe, bibelot seront appréciés. Enfin, c'est à lui que revient l'achat des boîtes de dragées qu'il remettra aux parents et aux grands-parents tandis que les cornets de dragées distribués aux invités seront à la charge des parents.

La marraine offre la robe de baptême, une pièce d'argenterie ou une chaîne en or.

Savoir vivre les célébrations religieuses

Le baptême

Il a lieu généralement dans les quelques mois qui suivent la naissance, ou plus tard. Il est célébré dans la paroisse où est né l'enfant ou dans celle de ses parents. Les femmes porteront une toilette élégante et sobre (ni décolleté profond, ni bras nus, sauf en été à la campagne); les hommes, un costume foncé. C'est aujourd'hui la mère – ou encore, mais plus rarement, la marraine – qui présente l'enfant sur les fonts baptismaux et, à l'issue de la cérémonie, le père ou le parrain remet sous enveloppe une offrande au prêtre.

Si le bébé est de constitution fragile, l'Église autorise l'ondoiement, c'est-à-dire le baptême à la clinique, à l'hôpital ou au domicile des parents.

Dans les églises réformée, adventiste et luthérienne, le baptême n'est pas une cérémonie particulière; il a lieu durant le culte dominical. Les protestants ne considèrent pas le baptême comme un sacrement mais comme un acte liturgique qui ne vise pas au salut. Seuls les baptistes administrent le baptême à l'âge adulte, c'est une décision qui relève du fidèle lui-même et non de ses parents.

La réception

Elle peut ne comporter qu'un déjeuner auquel assisteront tous les parents et les amis intimes. Si le prêtre est un familier de la famille, il sera invité et occupera à tablela place d'honneur. Mais ce sont le père et la mère qui présideront.

Le nouveau-né n'apparaîtra que quelques instants au moment du toast. (On n'humectera pas ses lèvres de champagne sous prétexte que cela lui portera chance.) On aura disposé au salon et sur la table de la salle à manger des coupes de dragées. (On en offrira également aux voisins et au personnel de la maison.) Si l'assistance est nombreuse, on pourra dresser un ou deux buffets et prévoir des tables et des chaises pour les personnes âgées. Il est également possible de recevoir ses invités pour un beau goûter qui se terminera au champagne.

La circoncision

Dans les familles juives, le septième jour de la naissance d'un garçon est fêté avec un éclat particulier. Une cérémonie, le « Brith » (l'Alliance), marque dans sa chair l'appartenance du mâle à la religion d'Abraham. La circoncision, c'est-à-dire l'ablation du prépuce, effectuée autrefois par le « Mohel », est aujourd'hui souvent pratiquée à la clinique par un chirurgien. Elle est suivie d'une grande réception où orchestre et chanteurs invitent l'assistance à se réjouir. Tous les invités venus en grande toilette auront envoyé un présent au nouveau-né, la veille ou le jour de la cérémonie.

La confirmation

Chez les protestants, la confirmation intervient lorsque l'adolescent a quatorze ans révolus. De même que la communion, ce n'est pas un sacrement mais un acte liturgique. Il est dit : « Que le Seigneur te confirme dans l'alliance de ton baptême. »

La communion ou profession de foi

La communion existe dans les deux religions juive et chrétienne, mais la signification et les rites sont différents. Pour les catholiques et les protestants, cette cérémonie religieuse est accomplie très simplement et garde un caractère privé. Garçons et filles portent l'aube, tenue imposée par la paroisse. Après la messe, ils offrent au prêtre, à leurs parents, professeurs et amis des images saintes au dos desquelles sont inscrits leur nom, celui de leur paroisse et la date de leur communion. À la fin de la cérémonie, un déjeuner intime, sans aucun caractère mondain, réunit la famille et les proches. À table, le communiant est placé entre son parrain et sa marraine, mais ce sont les parents qui président, entourés des grands-parents. Une jolie corbeille de fleurs blanches orne la table car ce jour n'est pas semblable aux autres.

Certaines familles préfèrent, après les vêpres, réunir enfants, parents et professeurs pour un goûter. D'autres aiment mieux inviter leurs relations à un lunch le dimanche qui suit la profession de foi; c'est la mère du communiant qui envoie ses invitations par lettre ou sur ses cartes de visite.

Les cadeaux

Il est d'usage que les grands-parents offrent à leur petit-fils ou à leur petite-fille une montre tandis que le parrain et la marraine choisissent le Missel, le chapelet ou le crucifix. Les amis envoient, durant les deux semaines qui précèdent la cérémonie, des CD, des DVD, un appareil photo, un caméscope, des boutons de manchettes, des livres... ou des fleurs blanches le jour du lunch.

Seule la profession de foi donne lieu à une réception. La confirmation se fait dans l'intimité.

La bar-mitzva

Chez le peuple juif, la bar-mitzva marque une étape décisive dans la vie du jeune garçon; à partir de ce jour, il est désormais responsable de ses actes devant Dieu. Cette cérémonie symbolise donc son accession à l'âge adulte (alors qu'il n'a que treize ans) et son appartenance à la communauté des hommes. Durant les mois qui ont précédé cette fête, le jeune garçon a appris l'hébreu et peut ainsi, à la synagogue, monter au « Sefer » pour lire la Thora, un rouleau de parchemin enroulé autour de deux baguettes, sur lequel sont copiés à la main les cinq livres qui constituent le Pentateuque : la Genèse, l'Exode, le Lévitique, les Nombres, le Deutéronome. Il est un moment particulièrement émouvant : à la fin de la cérémonie, l'adolescent a l'immense privilège de prendre entre ses bras le rouleau de la Thora et, chargé de son précieux fardeau, il se dirige vers l'assistance ; chacun à son passage pose la main sur le rouleau sacré. Après les prières à la synagogue, ont lieu un déjeuner qui réunit la famille élargie et, le soir, une réception brillante où se pressent des dizaines de personnes, qui dansent au son d'un orchestre.

Les communautés séfarades (originaires d'Espagne et d'Afrique du Nord) organisent souvent des festins inoubliables. Parents et amis font assaut d'élégance et le jeune communiant reçoit plus de cadeaux qu'il n'en aura probablement le jour de son mariage.

Savoir vivre les fêtes de l'année

Noël

Le sapin de Noël entre désormais dans presque tous les foyers, car Noël est devenu la fête de tous et, en particulier, celle des enfants. L'espace d'un soir, on croit en un même Père Noël, chargé de tous les présents.

Comment préparer Noël ?

Dès les premiers jours de décembre, il est prudent d'établir la liste de tous ceux à qui on destine un cadeau (on se donne ainsi le temps de n'oublier personne). Puis viennent les difficiles questions : « Qu'acheter à chacun ? Qu'est-ce qui lui ferait le plus plaisir ? » Trouver un beau cadeau est un art qui exige du temps, de l'attention, de la réflexion et... de l'argent. Mais pas seulement de l'argent. Si à l'une de vos amies qui, il y a plusieurs semaines, vous a incidemment parlé de son intention de refaire ses penderies, vous envoyez douze ou vingt-quatre cintres en velours elle sera très certainement touchée de votre attention.

À vos enfants et à vos jeunes filleuls, vous offrirez ce qu'ils attendent : des jouets, encore des jouets et, de préférence pas de cadeaux utilitaires, pas de vêtements, pas de cartable, pas de lampe... En revanche, s'il s'agit de vos parents, de vos amis, proches et lointains, les présents utilitaires (le dernier presse-légumes, un mobile ou un agenda électronique) sont les bienvenus.

Après la longue recherche des cadeaux vient l'achat des papiers et des rubans. Un papier doré ou scintillant, un gros nœud en ruban, une jolie carte de vœux complètent le plaisir d'offrir et de recevoir.

Le jour du réveillon au pied de l'arbre surchargé de boules, de guirlandes, d'étoiles, de bougies, de fils d'or et d'argent, on dépose les paquets.

À la porte d'entrée de l'appartement on a accroché une couronne faite de petites branches de sapin piquées de fleurs séchées, de pommes de pin et de rubans rouges et verts. À la porte du salon, pend une grosse brassée de gui et sur la table court une guirlande de houx.

Le dîner du 24 décembre

La table est aux couleurs du houx : nappe rouge ou verte, bougies rouges (ce soir-là pas de bougies blanches), petits bouquets d'anémones et de roses de Noël, gros nœuds de ruban autour des serviettes, et sur toute la table petits Pères Noël en plâtre peint.

Le dîner a lieu chez les parents ou les grands-parents. Il se compose, traditionnellement, d'huîtres, d'une dinde aux marrons entourée de petits boudins blancs et noirs, d'une bûche de Noël ou d'un pudding.

Toute cette soirée doit être consacrée aux enfants, tout doit concourir à leur joie. Les parents divorcés devraient passer Noël ensemble, autour de leurs enfants, dans une paix retrouvée, le temps d'une trêve.

La messe de Noël, surtout à la campagne ou à la montagne, est à la fois si pleine de mystères, de recueillement et d'émotions, qu'elle brille, dans la mémoire, d'un éclat particulier.

Le jour de l'An

C'est une fête laïque qui se célèbre plus bruyamment que Noël, entouré de ses amis plutôt que de ses parents et plus souvent au restaurant, dans un cabaret ou sur une plage des Caraïbes que chez soi. Soirée de rêves et de nostalgie, frontière fragile entre ce qui a été et qui s'enfuit, et ce qui s'annonce et qui peut-être sera.

Pour le réveillon du jour de l'An, on choisit généralement une décoration dorée, comme ses rêves. Tout est brillant, voire clinquant : nappes et serviettes dorées, houx et pommes de pin dorées. Argenterie étincelante et porcelaine blanche. Robe du soir ou de cocktail décolletée, bijoux, coiffure sophistiquée. Et un grain de folie : des cotillons, des masques, des ballons. Et pour chacun des invités un petit cadeau, un rien : pochettes, petites broches, bols, horoscopes, livres, cassettes, alcools, thés rares...

On peut prévoir un dîner ou, si l'on est nombreux, un buffet avec comme entrée saumon, tarama, anguilles et truites fumées, cornichons à la russe, crème fraîche, blinis (bien chauds) zakouskis, pain noir, pain au cumin, au seigle et vodka glacée... à flots. L'atmosphère se réchauffe plus vite à la vodka.

Si l'on désire toute une nuit russe, on peut continuer avec un bœuf Strogonoff (préparé la veille) relevé de piment rouge et de paprika. Finir sur un sorbet au gingembre et des entremets divers.

Aux douze coups de minuit, champagne !

Et bons baisers à tous, mais d'abord à son conjoint.

Si l'on est chez soi, on téléphone aux parents et aux amis chers, absents. Et que la musique commence ! Tsigane ou autre, qu'importe pourvu que l'on ait l'ivresse et la promesse d'un avenir radieux !

Si la soirée se termine au petit matin, il vous faudra peut-être prévoir d'héberger ceux de vos amis trop gais pour rentrer chez eux !

Avez-vous pensé à prévenir les voisins de votre immeuble que vous fêterez chez vous le nouvel An en musique ? Présentez-leur, en même temps que vos meilleurs vœux, vos excuses pour le bruit que vous occasionnerez. Après une heure du matin, il vaudrait mieux baisser le volume de votre chaîne et modérer votre enthousiasme.

Pâque et Pâques

La Pâque juive ou *Pessah* commémore la sortie d'Égypte des esclaves hébreux et la renaissance de la nation juive. Pendant les sept jours que dure cette fête, on ne goûte pas à la farine de blé, on ne mange pas de pain contenant du levain mais du pain azyme *(matsah)*.

Bien avant que commence la Pâque, chaque maison juive où se perpétue la tradition est nettoyée de fond en comble, souvent repeinte, les ustensiles de cuisine sont renouvelés ou ébouillantés. Le grand ménage printanier prépare les membres du foyer au Renouveau.

Le premier soir de la Pâque, la famille élargie prend place autour du patriarche et commence alors un repas rituel, le *seder*, au cours duquel, tout en lisant aux enfants la *Haggada* (récit de la sortie d'Égypte), le chef de famille distribue des herbes amères (le *maror*) dont l'amertume rappelle les siècles d'esclavage et le pain azyme, « pain de l'humilité » (le levain, *l'enflure*, étant le signe de l'orgueil).

En absorbant chacun des aliments qui composent le plateau du *seder*, c'est l'histoire du peuple juif que l'on absorbe, sa culture et sa symbolique.

Le premier commandement dit : « Je suis Yahvé ton Dieu qui t'a fait sortir d'Égypte, du pays de la servitude. » L'écrivain Gérard Haddad voit dans cette sortie d'Égypte non seulement le symbole de la naissance biologique, « l'expulsion du corps meurtri de l'Égypte d'un petit corps, radicalement différent d'elle » ; mais également celui de la naissance de notre individualité, de notre propre désir.

Si durant la semaine de la Pâque vous êtes invité à dîner chez un ami pratiquant, ne lui apportez surtout pas de pâtisseries, la farine de blé ne devant pas franchir le seuil de sa maison ; et ne vous étonnez pas de n'avoir à table que des *matsah*. On vous servira des mets délicieux, particuliers à cette fête, à base d'agneau et de légumes.

Pâques est pour les catholiques l'une des plus grandes fêtes religieuses. « Christ est vivant », proclament les cloches de Rome et de la chrétienté qui ce jour-là sonnent à toute volée. Ceux qui ne vont qu'une fois par an à la messe choisissent celle de Pâques. On s'offre des œufs en chocolat ou des œufs en bois peints, décorés de dessins (spécialités de l'Europe centrale et de la Russie) et pour les enfants, à la campagne, on cache dans le jardin des œufs qu'ils s'amusent à découvrir.

Le premier mai

C'est au mari d'offrir à sa femme le brin de muguet traditionnel, au fils de l'offrir à sa mère. Ce petit porte-bonheur est un témoignage de tendresse ou d'amitié que les femmes attendent de vous, Monsieur. N'oubliez pas de fleurir également votre collaboratrice, votre secrétaire. Et si vous êtes absent, Interflora peut le faire pour vous.

La fête des mères et des pères

Aucun enfant n'oublie la fête des mères. Et aucune maman ne devrait oublier d'accrocher dans sa chambre ou de poser sur sa table de chevet ce que son enfant a réalisé à l'école, avec toute l'application dont il est capable, pour lui exprimer son immense tendresse. J'ai toujours dans ma salle de bains le premier dessin que m'a offert mon fils à l'âge de trois ans.

La fête des pères devient elle aussi une institution et l'on découvre que les papas qui n'avaient pourtant pas l'air de papas gâteaux sont infiniment sensibles à l'attention dont ils sont l'objet.

La fête des grand-mères

Les auteurs qui ont brossé de leur mère un portrait négatif ne manquent pas. La « Folcoche » du roman d'Hervé Bazin, *Vipère au poing*, en est peut-être le plus terrifiant. Mais j'ai eu beau chercher, je n'ai pas trouvé un seul écrivain qui n'ait pas aimé sa grand-mère. Pourquoi gardons-nous de nos grand-mères un souvenir ému, un souvenir exquis ? Parce que, à la différence des jeunes mamans, elles ne connaissent plus ni l'impatience ni la hâte. Et elles ne se lassent jamais de relire ou raconter l'histoire que votre enfant ne se lasse pas d'entendre. Leur indulgence est sans limite. La joie d'une grand-mère, c'est le sourire de son petit-fils, de sa petite-fille, c'est leur tête blottie contre son épaule.

Entre eux existent des liens privilégiés, car une vraie « mamie » ignore la punition, elle ne connaît que la récompense. C'est celle qui dit toujours oui.

Chaque fois que ma mère me grondait, justement ou injustement, je courais me réfugier dans les bras de grand-mère qui avait toujours pour sécher mes larmes des baisers, un mot doux, un bonbon.

Le savoir-vivre d'une grand-mère est de toujours faire preuve de discrétion, de n'accaparer aucun de ses chers petits et de ne jamais détourner à son profit l'affection que porte un enfant à sa mère.

Chaque enfant a au moins deux mamies ; elles ne devraient jamais rivaliser entre elles pour se croire la préférée.

Les fleuristes qui sont gens délicats ont eu bien raison d'instituer au mois de mars la fête des grand-mères. À elles toutes : « Bonne fête, mamies. »

À quand la fête des grands-pères ?

Fêtes et anniversaires

Vous savez l'importance qu'attachent vos enfants à leur anniversaire, ils vous en parlent des semaines à l'avance, ils ne pensent qu'aux cadeaux qu'ils vont recevoir, au gâteau avec ses bougies. Vous ne pouvez donc, même si cela vous est difficile, les priver de cette fête, de la joie qu'ils ont à recevoir leurs amis de classe et leurs cousins.

Pour chaque anniversaire, prenez des photos et conservez-les. Plus tard, vous vous attendrirez en les revoyant. Chaque famille devrait constituer sa photothèque et sa filmothèque, son histoire en images. La mémoire est si trompeuse qu'il est prudent de se référer à ses archives.

Les anniversaires de votre mari sont aussi sacrés que les vôtres. Petit dîner aux chandelles, sortie au restaurant, cadeau inattendu, il y a tant de façons de faire plaisir et il faut si peu de chose, du champagne, une jolie nappe, deux bougies et un sourire, pour transformer un simple dîner en une dînette d'amoureux.

Pour les cinquante ans de votre mari, que diriez-vous d'un peu de flonflons ? Cinquante ans, un demi-siècle c'est une pilule qu'il faut l'aider à faire passer. Accepter l'idée de n'être plus un jeune homme lui donne des cheveux blancs. Alors rassurez-le, dites-lui qu'il n'a jamais été si beau (et c'est sans doute vrai), que la maturité est le plus bel âge. Si vous l'aimez, ne lui apprenez pas la résignation, ne lui dites jamais : « C'est la vie, tout le monde vieillit »... parce qu'il veut croire que tout le monde vieillit... sauf lui !

Les femmes ont un avantage sur les hommes ; on ne leur demande jamais leur âge (à moins de n'avoir aucune éducation) et, de toute façon, elles le fêtent toujours mais ne l'avouent jamais. À la différence des hommes, elles mentent avec une assurance, un aplomb époustouflants. Et chaque année elles rajeunissent leurs enfants, puis cachent leurs petits-enfants. Quelle santé !

À un anniversaire d'enfant auquel j'assistais on demanda son âge à la jeune femme qui recevait. « Trente-six », répondit-elle sans l'ombre d'une hésitation. Une petite voix claire protesta dans son dos : « Mais maman, ce n'est pas possible, ça fait plusieurs fois que tu as trente-six ans »... Ah, on ne se méfie jamais assez des siens !

Les anniversaires à ne jamais oublier :

Ceux de vos grands-parents, de vos parents et beaux-parents. Celui de votre mari, ceux de vos enfants et beaux-enfants, de vos frères et sœurs, de vos beaux-frères et belles-sœurs. Ceux de vos filleuls, celui de votre meilleure amie, de vos amis intimes et de vos proches collaborateurs et collaboratrices.

Au début de l'année, lorsque vous changez d'agenda, inscrivez les dates de chacun afin de ne commettre aucun impair. Votre agenda électronique vous rappelle automatiquement, le jour dit, l'anniversaire ou la fête des parents, des amis, des proches.

Savoir vivre les événements malheureux de la vie

Savoir vivre le divorce et la séparation

« N'est-ce pas une affliction qui touche à la mort, quand un compagnon identique à toi-même se change en ennemi ? » (L'Ecclésiaste)

Je considère que le divorce est un fléau. Avec la libération sexuelle, la généralisation d'une morale permissive et la réforme visant à créer un droit au divorce, il est devenu un phénomène de société, une mode. Quitte à vous choquer, je dirais qu'il fait autant de ravages sur les enfants que la drogue. Des ravages d'autant plus pernicieux qu'ils ne sont pas immédiatement visibles.

Je me souviens d'avoir entendu mon neveu Cédric se plaindre à sa mère :

– Maman, mes copains à l'école ont deux papas, pourquoi moi, je n'en ai qu'un seul ?

Le couple normal est devenu anormal.

Bien des couples, à un moment de leur vie, envisagent de se séparer. Mais à l'idée de voir le patrimoine divisé, ils choisissent de ne pas briser les liens conjugaux et font l'effort de rétablir l'harmonie, tant bien que mal.

D'autres, en revanche, courent vers le divorce, à peine mariés, sans un regard en arrière, sans vraiment se soucier des conséquences d'une rupture sur les enfants. On prend tout à la légère, on se quitte ami-amie.

Il n'y a pas de divorce élégant, les hommes de loi le savent. L'expérience a montré qu'il ne faut en aucun cas prendre le même avocat que son conjoint, même si aucune contestation ne s'élève entre les époux.

Quand quelqu'un me dit qu'il est en train de se séparer à l'amiable, je sais qu'il se fait des illusions, que les conflits ne vont pas tarder à surgir à propos de la garde des enfants, du montant de la pension alimentaire, de la répartition des biens. Il est sûr que le couple va se déchirer même s'il n'y a rien à partager !

Une fois divorcés, les ex-conjoints, surtout s'ils ont eu des enfants, gardent des liens et des obligations que le divorce ne détruira pas.

En aucune circonstance, on ne devra :

• critiquer son ex-conjoint ou lui attribuer tous les torts ;

• parler des années de vie commune comme d'années perdues, considérer son mariage comme un échec.

Dans un divorce, tout le monde souffre, vous, vos enfants, votre famille, vos amis. Aussi est-il impératif de ne pas mettre votre entourage dans l'obligation de prendre parti pour vous ou contre vous.

Ne partagez pas les vôtres en deux camps : les alliés, qui se sont groupés sous votre drapeau, et les ennemis, qui sont passés du côté de l'adversaire. Les personnes qui vous ont aimés quand vous étiez un couple continuent à vous aimer maintenant que vous ne l'êtes plus. Permettez donc qu'ils vous reçoivent à tour de rôle, vous et votre ex-conjoint.

J'ai vu tant de couples divorcer puis se remarier et revivre ensemble leurs plus belles années, que je vous recommande la prudence. Sait-on jamais ?

Les enfants du divorce

Dès qu'une famille se scinde en deux, les enfants sont déchirés entre leur père et leur mère ; le passage en fin de semaine de la maison de la mère à celle du père les perturbe profondément ; leurs mauvais résultats scolaires sont le premier signe de leur désarroi.

Que faire ? Les entourer, pendant toute la période d'adaptation, d'une attention et d'une tendresse redoublées de part et d'autre. Le père comme la mère doivent les rassurer et ne jamais rien laisser percer de leurs angoisses, elles seraient insupportables pour l'enfant qui a besoin d'avoir une image forte de chacun de ses parents.

Une mère supporte mal que ses enfants puissent aimer la nouvelle épouse de leur père. Qu'elle se rassure. On donnera peut-être à un enfant une nouvelle famille, de nouveaux frères et sœurs, une nouvelle maison mais l'affection qu'il pourra porter à sa belle-mère n'aura jamais rien à voir avec l'amour qu'il a pour sa mère.

La fin de la vie

Le cimetière en hébreu se dit : *Beit Haïm*, « la chambre des vivants ». Est-ce pour conjurer l'angoisse de la mort ? Pour annoncer l'arrivée du Messie, la résurrection et la vie éternelle ? Il est vrai que ceux qui ont la foi regardent la mort avec sérénité. Elle n'est, pour eux, qu'un passage qui mène vers la lumière.

Mais la perte d'un être cher est l'événement le plus difficile à vivre, celui qui nous plonge dans une affliction que le temps lui-même n'émousse que très lentement.

Les malades aujourd'hui meurent le plus souvent à l'hôpital. Raison de plus pour les assister jusqu'à leur dernier moment, les entourer de votre présence et de votre affection. S'ils sont catholiques pratiquants, il vous appartient de respecter leurs vœux et de prévenir un prêtre pour que leur soient administrés les derniers sacrements.

La toilette mortuaire est effectuée soit par la famille, soit par une religieuse, soit le plus souvent par les services funèbres.

Dans la religion chrétienne, les morts sont habillés de leurs plus beaux vêtements alors que chez les juifs et les musulmans, ils sont nus sous leur linceul. « De la terre tu es venu, à la terre tu retourneras », dit la Bible.

La famille, quelle que soit sa religion, veille jour et nuit le défunt.

Les décorations du défunt épinglées sur un coussin seront placées sur son cercueil et l'accompagneront jusqu'au cimetière.

Les formalités

On déclare un décès à la mairie dans les vingt-quatre heures qui le suivent. Pour obtenir le permis d'inhumer, on présente le certificat de décès du médecin légiste, les papiers d'identité du défunt et son livret de famille.

Le faire-part

On n'envoie plus de faire-part individuel. On informe les parents et les amis par téléphone et on insère une annonce ainsi rédigée dans le carnet nécrologique d'un quotidien.

Madame Roger Bourdin,
née Roselyne Meret-Dufour,
Monsieur et Madame Jean-Paul Vannier et leurs enfants *
ont la douleur de vous faire part du décès de
Monsieur Roger Bourdin
Professeur au Collège de France
survenu le 2 décembre 2002 à l'âge de 52 ans.
La cérémonie religieuse sera célébrée
en l'église Saint-Ferdinand-des-Ternes,
27, rue d'Armaillé 75017 PARIS,
le vendredi 4 décembre à 15 heures.
L'inhumation aura lieu au cimetière du Père Lachaise le même jour
à 16 heures 30.

Les condoléances

Dès que le décès est annoncé, avant même que les obsèques n'aient lieu, les membres de la famille et les amis intimes viennent présenter leurs condoléances à la famille soit au domicile, soit dans la chambre mortuaire de l'hôpital.

Un membre de la famille accueille les visiteurs.

Les personnes très sensibles peuvent ne pas aller s'incliner devant le corps mais saluer les parents réunis

* On peut ajouter le nom de chacun des membres de la famille par ordre de parenté.

généralement au salon. On se contente de quelques mots et on s'abstient de toute manifestation de chagrin excessive, comme du moindre signe de désinvolture. Le silence et le recueillement sont de rigueur. Il serait malséant d'interroger les personnes en deuil sur les « derniers instants » de celui qu'ils pleurent ou sur les détails de sa maladie. On ne s'attarde pas et on se retire sans bruit, raccompagné à la porte par quelqu'un de la famille.

Le fait d'assister à la cérémonie religieuse et à l'inhumation ne dispense pas des condoléances écrites. La lettre, toujours manuscrite, s'envoie dans les deux ou trois jours qui suivent l'annonce du décès. On n'utilisera pas une carte de visite mais un papier à lettres.

Si vous vous trouvez à l'étranger, vous pouvez envoyer un télégramme, mais si ce deuil touche des personnes qui vous sont proches, vous leur écrirez une lettre dans les jours qui suivront.

Les obsèques

Les vêtements de deuil ne se portent pratiquement plus. Les veuves au grand voile ne se voient guère que dans les films américains. Mais tous doivent avoir une tenue sombre et sobre. Pas de couleurs vives, pas de bijoux clinquants, pas de maquillage appuyé. Les amis feront également preuve d'une élégance aussi discrète. Confiez l'organisation des funérailles et de la cérémonie aux entrepreneurs des pompes funèbres. Ils connaissent mieux que personne les moindres convenances et les marques de respect que l'on doit aux défunts.

Pour une personne qui ne vous est pas très proche, vous pouvez vous contenter de présenter vos condoléances à la famille au domicile du défunt pour les religions juive et musulmane, au temple ou à l'église pour les cultes chrétiens. Dans ces deux derniers cas, la famille se range alors près de la sacristie pour recevoir les condoléances. Ce sont les hommes qui conduisent le deuil. Il convient d'être bref, d'embrasser ou de serrer la main des membres de la famille sans chercher à exprimer sa sympathie car ce défilé est très éprouvant pour ceux qui le subissent. S'il n'y a pas de condoléances, vous trouverez à l'entrée de l'église un registre sur lequel vous inscrirez votre nom et votre adresse.

Le savoir-vivre est d'attendre sur le parvis de l'église le départ du convoi avant de s'éloigner.

Si le défunt vous est proche, vous l'accompagnerez jusqu'au cimetière. Après l'inhumation, vous présenterez vos condoléances à la famille.

Les fleurs

Si le défunt a exprimé avant sa mort son désir de n'avoir pour ses funérailles ni fleurs ni couronne, respectez sa décision.

Sinon, le savoir-vivre est d'envoyer à l'endroit de la levée du corps un bouquet, un coussin ou une couronne accompagné de quelques mots de sympathie rédigés sur une carte de visite.

L'incinération

De plus en plus pratiquée, elle est admise par les Églises catholique et protestante. C'est une cérémonie longue et éprouvante, la famille attend dans une chapelle située près du columbarium la fin de l'incinération. On lui remet alors les cendres dans une urne.

Si le défunt a exprimé le souhait qu'elles soient répandues dans un endroit qui lui est cher, on se pliera à sa dernière volonté. Sinon, on scellera l'urne dans une niche du columbarium sur laquelle on fera inscrire le nom du disparu ainsi que ses dates de naissance et de décès.

Réponses aux condoléances

Publier un communiqué de remerciements dans la presse pour s'éviter de répondre aux condoléances ne se fait pas. Vous devez écrire une lettre à chacun de ceux qui vous en ont envoyé une. Si vous avez reçu un courrier abondant, il vous est possible d'échelonner vos réponses sur quelques semaines.

Vous pouvez utiliser un papier à lettres ou des cartes-lettres blanches avec un fin liséré noir. Les enveloppes sont désormais blanches.

Les sorties

Un deuil n'interrompt plus une vie professionnelle ou sportive, la vie reprend son cours mais on s'abstient durant quelques semaines de toute vie mondaine.

Si une personne en deuil doit assister au mariage d'un parent, pour cette cérémonie, elle quittera ses vêtements noirs et adoptera une tenue claire.

La messe du bout de l'an ou les prières de fin d'année

Elles sont annoncées dans les journaux ou par une lettre adressée aux proches. Y assister, c'est faire preuve de politesse envers la famille et témoigner de la fidélité de son attachement.

Pour ne pas finir sur une note triste, je rapporterai ce mot que l'on prête à Juliette Achard. On sait que Marcel Achard, auteur des célèbres comédies *Patate* et *Jean-de-la-lune*, était aussi spirituel qu'infidèle. Devant sa tombe, au moment d'y jeter une rose, Juliette, qui n'était pas l'*Idiote*, poussa un triste soupir :

– Désormais, je saurai toujours où il est !

Et, en conclusion, cette remarque ironique de mon mari :

– Si on veut avoir du monde à son enterrement, il faut s'arranger pour mourir entre le 15 octobre et le 15 décembre. Au mois d'août, il n'y a plus un chat.

Et il a ajouté :

– C'est la seule réunion mondaine à laquelle on peut se rendre sans invitation.

La Toussaint

Le 1er et le 2 novembre, il est d'usage d'aller se recueillir sur les tombes des parents ou des amis décédés, d'y apporter des fleurs et de veiller à l'entretien des sépultures.

Certains évitent, ces jours-là, de se rendre à des réjouissances publiques.

III

SAVOIR VIVRE AVEC SA FAMILLE

« On ne sait jamais comment l'amour vient aux amants », il vient sans s'annoncer, il vient n'importe quand.

L'amour est une chance, une baguette magique qui nous donne la joie, le goût du bonheur, qui réveille les rêves les plus fous qui sommeillent au fond de nous.

« C'est merveilleux l'amour, c'est fantastique, c'est trop compliqué pour qu'on l'explique. »

Qu'y a-t-il de plus quand il y a l'amour ? D'abord les couleurs : une femme amoureuse ne voit plus le gris ni le gris du temps ni le gris des gens. Et puis, l'amour brise nos limites étroites, nous fait sortir de nous-mêmes, nous inspire, nous touche comme un souffle divin. L'amour, ce lien si doux, métamorphose deux êtres ; j'aime les silences, les regards, les soupirs, les éclats de rire, les phrases brusquement commencées et cette lumière qui danse dans l'œil et cet éclat du teint.

Savoir vivre l'amour, c'est savoir prendre des risques, faire fi de la prudence et faire fi de l'âge, accepter d'en souffrir, accepter d'en mourir.

Savoir vivre l'amour, c'est aimer l'autre plus que soi-même, c'est tout lui donner, tout lui pardonner.

Savoir vivre l'amour, c'est avoir la force de dire sa faiblesse, montrer son cœur à nu, avouer que l'on aime.

Savoir vivre en couple fidèle

L'homme et la femme sont fondamentalement différents ; biologiquement (nous n'avons pas les mêmes chromosomes), psychologiquement (nous ne réagissons pas de la même façon), intellectuellement (nous raisonnons différemment).

Le généticien Albert Jacquard estime qu'il y a deux races humaines : la race des hommes et la race des femmes. Il nous est donc difficile de vivre ensemble, mais impossible de vivre séparément.

Chacun recherche chez l'autre ce qui lui manque, court derrière le rêve éternel de l'unité retrouvée, de la plénitude originelle.

Le jeu des sexes est un jeu d'opposition ; un jeu passionnant et d'une extraordinaire fécondité mais qui évolue avec le temps.

À vingt ans

C'est la passion, tout est facile, la vie est une promesse. On vit ensemble parce que l'on s'aime, que l'on est beau, que l'on partage les mêmes projets, les mêmes illusions, les mêmes espoirs.

On s'admire l'un l'autre, on se respecte, on est loyal, généreux, optimiste, on rit de tout, on fait l'amour à la vie. « Et on boit jusqu'à l'ivresse sa jeunesse. » Le couple est un miracle.

Et, les années passant et les enfants arrivant, la passion s'éloigne, elle devient un beau souvenir dont on parle encore avec nostalgie. Elle a cédé la place à l'amour tendre, à l'esprit d'équipe, à l'équilibre des forces, à un régime nouveau : le partage des tâches et des responsabilités. Personne n'impose son autorité, chacun se fait entendre, respecter. On s'aime, mais on sait déjà que ce n'est ni si facile ni si naturel.

À quarante ans

À mi-chemin de notre vie, vient l'âge des certitudes, l'âge de la plénitude. La femme n'a jamais été plus belle, plus séduisante, plus rayonnante. Ses enfants, autonomes, ne sont plus une charge mais une présence enrichissante. Elle consacre plus de temps à sa carrière et à ses projets. Elle s'investit dans de nouveaux centres d'intérêt. Jamais elle n'a été plus entreprenante, plus assurée de son succès.

À quarante ans, on sait si l'on a fait le bon choix, pris les bonnes décisions. Mais au temps des rêves a succédé le temps de la réalité. On pratique la politique du respect et de la courtoisie, ces deux piliers de la vie conjugale qui protègent des conflits ou les émoussent. La personnalité de chacun s'est épanouie et l'équilibre de la famille renforcé.

Puis, lorsque plus tard vient l'heure du bilan s'annoncent les premiers orages, le désenchantement, parfois les mensonges et la mélancolie, les retards et les imprudences. On se retrouve seuls parce que les enfants sont partis. On découvre brusquement que l'on s'entend moins bien, que l'on communique moins bien ; on n'a plus grand-chose à se dire, on croit s'être trompé, on se supporte moins bien, on va même jusqu'à parler de rupture.

À soixante ans et plus

Grâce au ciel, on est toujours ensemble, on partage les plaisirs simples de la vie. On sait qu'elle n'est pas éternelle, que tout est précaire, fragile, hormis la tendresse et l'amour des petits-enfants. On sent poindre l'aurore de la sérénité. On a de son conjoint une connaissance si intime, on a subi ensemble tant d'épreuves que les travers de l'un, qui autrefois agaçaient l'autre, aujourd'hui l'attendrissent.

C'est enfin le temps de l'indulgence. On garde l'amour mais la passion commencée dans une coupe de champagne se termine dans un joli bol de camomille.

Savoir vivre avec sa belle-famille

Savoir vivre avec ses beaux-parents

À l'égal des mouches, on n'attrape pas une belle-mère avec du vinaigre. Quand à votre tour vous serez mère, vous comprendrez qu'il n'est pas facile de partager son fils chéri avec une autre femme. Pour séduire votre belle-mère, il vous faudra donc déployer tous vos charmes, redoubler de patience et d'attention. Il vous sera plus facile de faire la conquête de votre beau-père qui voit en vous une nouvelle fille.

Lorsque vous êtes invitée à dîner chez vos beaux-parents, apportez-leur des fleurs, des cigares, des chocolats, des confitures, des petits fours. Apprenez à connaître leurs goûts pour être sûre de leur offrir ce qu'ils aiment.

Ne soyez pas pressée de partir. Prenez le temps, après le café, d'écouter le récit de leurs voyages, les incidents de leur vie quotidienne et, une fois encore, les détails sur la naissance, les études, les prouesses de leur fils. Ne les choquez pas par votre tenue vestimentaire, vos propos trop libres. S'ils ne fument pas, évitez de le faire en leur présence.

Faites honneur à leur table et à leur cave même si vous êtes au régime et n'aimez pas l'alcool. Enfin, ne soyez pas avare de compliments.

N'oubliez pas leur anniversaire, rendez-leur leurs invitations et, lorsque vous recevrez votre belle-mère, soignez la table, le menu, votre tenue, comme si vous receviez un invité de marque. Quand votre mari est absent, demandez à votre belle-mère de vous accompagner au théâtre ou au cinéma – et, surtout, n'oubliez pas de la raccompagner jusqu'à sa porte. Il faut du temps et de l'attention pour gagner son cœur mais un seul faux pas suffit pour le perdre.

Comment l'appeler ?

Lorsque je me suis mariée, il était de règle de dire « Belle-maman ». Aujourd'hui, les jeunes femmes appellent leur belle-mère par leur prénom, ce qui est une façon sympathique d'atténuer l'écart des générations.

Savoir vivre avec sa belle-fille et son gendre

Toutes les belles-mères adorent leur gendre, entretiennent avec eux des relations privilégiées ; jamais elles n'oublient leur anniversaire, les régalent de bons petits plats, les entourent de mille attentions. Avec leurs belles-filles, il n'en va pas toujours de même. Belle-mère, si vous êtes soucieuse du bonheur de votre fils chéri, devenez l'alliée de votre belle-fille. Et, surtout, une alliée discrète. Ne vous mêlez pas de leur vie de couple, ne critiquez ni leur façon de vivre, ni le choix de leurs amis, ni l'éducation qu'ils donnent à leurs enfants. Ne vous imposez pas chez eux, n'exigez pas de les voir tous les dimanches. Et jamais, au grand jamais, ne faites un reproche à votre belle-fille devant son mari. Car c'est elle qui vous a donné ceux que vous aimez le plus au monde : vos petits-enfants.

Le savoir-vivre des enfants

Si la culture est ce qui reste quand on a tout oublié, l'éducation est ce qui demeure quand on a tout perdu.

L'éducation débute dès la naissance (au nouveau-né, on apprenait, naguère, à attendre trois heures entre chaque biberon), elle se pratique et se perfectionne tout au long de la vie.

Un enfant peut être d'une beauté ou d'une intelligence exceptionnelles. Mais, s'il est mal élevé, on oubliera tous ses dons et toutes ses qualités, on le jugera odieux. Et il conservera longtemps, peut-être toujours, les défauts, l'impolitesse qui le rendront partout indésirable.

Commencez donc son éducation dès son plus jeune âge, avant qu'il ne parle ou ne marche.

Donnez-leur d'abord des habitudes de propreté : le bain, le brossage des dents, des cheveux sont des rites quotidiens auquel l'enfant doit se soumettre même dans les cris et les larmes. L'hygiène que l'on doit à soi-même et aux autres s'inculque dès les premiers jours et n'autorise aucune entorse : c'est une discipline quasi militaire, un enfant à qui on a appris à être propre des pieds à la tête le sera toute sa vie.

Il y a des principes d'hygiène, d'ordre et de politesse sur lesquels vous ne devriez pas céder jusqu'à la fin de l'adolescence.

L'obéissance

Elle ne s'inculque plus, heureusement, par le fouet ou le cachot. Mais n'est-on pas passé d'un rigorisme excessif à un laxisme fâcheux ? Les parents semblent craindre aujourd'hui d'user de leur autorité de peur de perdre l'affection de leurs enfants. Bien des troubles de l'adolescence sont dus, vous disent les psychologues, à une carence de l'autorité parentale. Alors n'hésitez pas à punir votre fils ou votre fille, parfois même à lui infliger une fessée (mais jamais en public) s'il fait preuve de trop d'insolence. Ne reculez pas devant une épreuve de force, mais tâchez de garder votre calme ; le drame passé, expliquez-lui les raisons de votre sévérité afin qu'il soit toujours assuré de votre indéfectible tendresse.

La politesse

Dès qu'il apprendra à parler, votre enfant dira : « Merci, maman », ou « Bonjour, grand-père », ou « Oui, madame ». Il vous faudra le reprendre jusqu'à ce qu'il associe automatiquement son remerciement, son salut, son acceptation ou son refus à la personne à laquelle il s'adresse. Il parlera sans baisser la tête, regardera son interlocuteur et répondra avec gentillesse à ceux qui l'interrogeront.

La tenue à table

Un bébé commence à manger seul vers dix-huit mois. C'est dès cet âge qu'on lui enseigne à tenir sa cuillère, à la remplir de purée ou de potage sans éclabousser les murs et le plafond, à la porter à la bouche. Cela exige de votre part beaucoup de patience et de gentillesse, car il ne faudrait surtout pas que les repas de bébé se terminent dans les larmes ou la crise de nerfs.

Vers quatre ans, l'enfant doit déjà bien se tenir à table; il ne mange pas avec ses doigts, termine son assiette et ne dit pas quand on lui présente un plat : « Beurk! je n'aime pas ça. » Quand il demande de l'eau, il ajoute chaque fois : « S'il te plaît, maman. » Il ne parle et ne boit pas la bouche pleine et mange la bouche fermée.

Un déjeuner et un dîner sont souvent une épreuve trop longue pour lui, on devrait donc l'autoriser à quitter la table avant le fromage ou le dessert qu'il pourra prendre, moins formellement, à la cuisine ou dans sa chambre.

Les repas familiaux devraient toujours se dérouler dans un climat détendu et gai. Pas de discussion conjugale, pas l'ombre d'une querelle; on évite d'inquiéter les enfants en évoquant les événements dramatiques de l'actualité. Chacun raconte sa journée, personne ne monopolise la conversation ou l'attention. L'enfant n'interrompt pas une personne qui parle, mais de nos jours, il a acquis le droit de parole.

Si vous recevez vos parents, vos frères ou vos belles-sœurs, bien évidemment vos petits prendront part à ces repas familiaux. Que seraient nos souvenirs d'enfance sans ces grands dîners de fête, de bonne chère, de convivialité et de tendresse ?

En revanche, si vous invitez des amis, ne leur imposez pas la présence de vos bambins : la conversation et l'ambiance en souffriraient.

Le sport et les loisirs

Les enfants aujourd'hui nagent avant même de marcher et pratiquent très jeunes de nombreux sports : bicyclette, judo, tennis, ski, patinage, volley-ball, roller, football, voile, golf, etc. Ils acquièrent ainsi force, santé, endurance, esprit d'équipe. Ils perdent leur timidité et montrent plus d'assurance. Regardez un garçon qui fait du sport et un autre qui n'en fait pas. L'un a le corps bien droit, la tête haute, les gestes souples et naturels. Il montre une grande aisance dans son comportement, sa façon de se déplacer, de s'exprimer. L'autre cache sa tête dans les épaules, il est gauche, timide, maladroit.

Mon fils n'avait que deux ans quand son père l'a habitué à nager ; et, à peine plus âgé, il se baignait dans l'eau des rivières, des lacs et des océans.

À quatre ans, un enfant sait déjà galoper sur un poney et manier les rênes. La pratique de l'équitation lui apprend, en outre, à aimer et à s'occuper des animaux.

Mais un enfant n'est pas fait que de muscles ; il déborde d'imagination et de forces créatrices qui ne demandent qu'à s'exprimer. Développez donc toutes ses qualités intellectuelles et artistiques par le dessin, la musique, la sculpture, le modelage, la danse, le théâtre...

Les jouets ont un grand rôle éducatif ; si vous pouvez en offrir beaucoup à vos gamins, n'hésitez pas. Ils entretiennent de vrais dialogues avec eux, construisent des scenarii, multiplient les scènes, inventent des épisodes, tels de vrais romanciers.

Mais il faudra également apprendre à vos enfants à ne pas briser leurs jouets, à les ranger avant de dormir et, ce qui est encore plus difficile, à les prêter à leurs camarades, voire à les donner à ceux qui en sont privés. (Des organisations les collectent à l'intention des enfants des pays en voie de développement.)

Orientez leur choix vers des jouets pacifiques, sans danger ; évitez les trompettes et les patins à roulettes pour ne pas troubler le calme de vos voisins.

Le livre ou la télévision ? Ce débat depuis des années agite parents et éducateurs. C'est désormais indiscutable : l'enfant qui regarde la « télé » ou joue à la Play Station ne lit pas assez. Passif, assis devant le poste des heures durant, il voit défiler des images souvent violentes et cruelles. Et ses nuits sont peuplées de cauchemars. Il faut être intransigeant : les autoriser quelques heures par semaine à utiliser leur console de jeux ou regarder des programmes que vous aurez choisis ensemble.

De même, surveillez votre langage, bannissez toutes les expressions triviales, les mots grossiers, sous peine de les entendre dans la bouche de vos enfants. Corrigez leurs fautes, enrichissez leur vocabulaire, habituez-les très jeunes à fréquenter le dictionnaire ou à faire des recherches sur Internet.

L'argent de poche

L'enfant est le roi des consommateurs : bonbons, bandes dessinées, jouets, DVD, jeux vidéo, il passe de l'un à l'autre sans fin. En un après-midi, il vous ruine. La meilleure façon de lui apprendre à modérer ses excès, c'est de convenir avec lui d'une somme qu'on lui versera chaque lundi par exemple, à lui de gérer ses dépenses. Combien lui donner? Essayez de savoir combien d'argent de poche reçoivent ses camarades, car il ne faudrait pas que le vôtre dispose ni de beaucoup plus ni de beaucoup moins.

Les Américains rétribuent les services que leur rendent leurs enfants : tant de dollars pour tondre la pelouse, tant de dollars pour laver la voiture. Autant je trouve indispensable qu'ils participent aux travaux domestiques, autant le fait de les payer me déplaît.

L'enfant et l'école

Si votre enfant, vers quatre ans, a déjà acquis des habitudes de propreté, d'ordre, de discipline, s'il est poli et obéissant, l'école ne lui paraîtra pas une affreuse prison, il n'éclatera pas en sanglots lorsque, chaque matin, vous le confierez à son institutrice. Car vous l'aurez préparé à se conformer aux règles de la vie communautaire. À l'école, il apprendra non seulement à lire, à écrire, à compter, à découvrir l'histoire du monde, mais à accepter les autres, tels qu'ils sont, à être tolérant et pacifique.

Par votre attitude, incitez-le à respecter son institutrice, à parler d'elle en termes toujours polis : à soigner ses livres, à ne pas les corner, en arracher des pages, à ne rien y inscrire.

Pour mieux lui donner le goût de l'étude, aidez-le à faire ses devoirs, suivez ses progrès, discutez avec lui des sujets qui l'intéressent, éveillez sa curiosité, et répondez franchement à toutes ses questions. Ne lui faites que les promesses que vous êtes en mesure de tenir.

Habituez-le dès l'âge de quatre ans à fréquenter les musées, les concerts en plein air, le théâtre de marionnettes. Quant au cinéma, c'est lui qui vous y entraînera !

Ses absences à l'école ne seront pas injustifiées : si votre enfant a classe le samedi matin, ne faites pas sauter ces trois heures de cours pour partir en week-end plus tôt. Permettez-lui d'inviter ses camarades à un goûter et d'accepter leurs invitations.

En revanche, si votre fils se bat avec ses camarades, n'intervenez pas pour qu'il prenne l'habitude de régler lui-même ses différends. S'il a des difficultés à se faire accepter par d'autres enfants, faites-lui comprendre qu'il n'est pas facile de s'intégrer à un groupe. On n'acquiert jamais assez tôt le sens des réalités.

Savoir vivre avec les instituteurs et les professeurs

Si votre enfant a le génie des mathématiques, c'est grâce à vous. Mais s'il est nul en calcul, c'est la faute de son instituteur ; et vous accusez cet homme d'incompétence, de favoritisme, c'est sûr, il n'aime pas votre charmant enfant.

Vous avez raison : il y a des maîtres meilleurs que d'autres, mais n'oubliez pas qu'il y a aussi des élèves moins bons que d'autres. Et nul n'est responsable de son hérédité.

Que faire si votre Julien n'a pas de très bonnes notes ? D'abord se dire que ce n'est pas un drame, ni une fatalité, il pourra être dans les premiers le mois suivant.

La sagesse serait de toujours donner raison à ses professeurs ; l'estime que vous leur témoignerez se reflétera bientôt dans le comportement de vos enfants envers leurs maîtres. En revanche, ils se montreraient, à l'école ou au collège, insolents et agressifs si vous ouvriez la porte aux critiques sur l'enseignement qui leur est dispensé.

Un de mes amis s'est plaint devant moi de l'institutrice de son gamin qui, à l'en croire, avait pris en grippe son petit Charles-Henri et s'occupait très mal de lui.

– Et ton fils, comment se comporte-t-il avec elle ? lui demandai-je.

– Ah ! mal, il est insolent, agité, inattentif.

Après un moment de discussion, je l'interrogeai sur ses relations (que je savais difficiles) avec sa femme. Il m'avoua qu'à table les scènes étaient nombreuses, que leurs querelles tournaient toujours autour des problèmes scolaires, qu'ils se lançaient à la tête des reproches et des mots très durs.

– Ne crois-tu pas que ton fils se comporte avec sa maîtresse, comme toi avec ta femme ? Charles-Henri te prend peut-être comme modèle.

Il convint que le climat familial perturbait son fils et qu'il était probablement à l'origine de sa mauvaise conduite.

Les relations de vos enfants avec l'école seront meilleures si vous participez à la vie de leur établissement, si vous assistez aux réunions de parents d'élèves, aux conseils de classe, si vous rendez visite à leurs professeurs. Et si, sous aucun prétexte, vous ne ratez leur fête de fin d'année.

Demandez à voir leurs bulletins trimestriels ou mensuels pour suivre leurs progrès ou leurs dégringolades ; et dédramatisez toujours un échec scolaire, il peut n'être que passager.

Puis-je vous demander de faire appel à vos propres souvenirs ? C'est une dure école que l'école, n'est-ce pas ?

L'anniversaire de vos enfants

Pour votre fille et pour votre fils, il y a un jour dans l'année qui ne ressemble à aucun autre et qu'ils attendent dans la fièvre : c'est celui de leur anniversaire. Durant toute cette journée, ils seront le centre de la terre ; les membres de la famille, les amis, les amis des amis viendront tels les Rois Mages déposer à leurs pieds leurs vœux et surtout leurs présents.

Il n'est nul besoin de louer le Trianon de Versailles pour organiser un anniversaire inoubliable. Votre salle à manger décorée de ballons, de guirlandes, de masques peut devenir le lieu de tous les rêves.

Ce jour-là, votre enfant doit avoir tous ceux et tout ce qu'il aime. À lui, et pas à vous, de choisir ses camarades de classe, ses cousins, ses tantes et oncles, ceux dont la présence (et les cadeaux) comptent.

Vous pouvez sur des cartes fantaisie envoyer les invitations par écrit au nom de votre enfant :

« *Virgile serait très heureux de recevoir Stéphanie à l'occasion de son anniversaire, samedi 20 juin à partir de 15 heures.* »

Préparez-lui son gâteau préféré ; surmonté de bougies, il trônera sur la table. Pour animer l'après-midi, c'est à votre enfant de décider si vous l'emmènerez avec ses amis au cirque, au guignol, au zoo, à un concert pop ou au parc d'attractions. Tout dépendra de son âge et de ses goûts. Vers dix ans peut-être votre fille voudra-t-elle, ce jour-là, danser au son de la musique de ses idoles. Permettez-le-lui, même si cela doit vous occasionner quelque dérangement. C'est la fête, avec ses excès de bruits, de joie, de courses effrénées.

Le choix des amis. L'école est à l'image de la société : les enfants qui s'y côtoient appartiennent à diverses couches sociales. Dès la rentrée des classes, se nouent les premières amitiés : votre enfant vous parlera avec enthousiasme de Nour et de Thomas et vous demandera de les inviter un après-midi à la maison. Bonne occasion pour vous de connaître ses amis, peut-être même de rencontrer leurs parents. Lorsqu'il aura dix, douze ans (dès cet âge on peut facilement subir une bonne ou une mauvaise influence et se laisser entraîner par un camarade doué d'un fort ascendant), il vous faudra surveiller ses fréquentations. Si vous avez des doutes sur le choix de ses relations, interrogez ses professeurs. Pourquoi se cacher que la drogue circule depuis longtemps à l'intérieur des lycées et fermer les yeux en se disant qu'un fils drogué, une fille droguée, cela n'arrive qu'aux autres ?

Conseils utiles

- Lorsque vous invitez un camarade d'école, c'est à sa mère que vous adressez votre invitation (par lettre ou par téléphone), jamais directement à l'enfant.
- Ne questionnez pas celui-ci sur le métier ou le genre de vie de ses parents. Laissez les enfants à leurs jeux et entre eux.
- Quand vous recevez un enfant pour un après-midi, s'il rentre seul chez lui, téléphonez à ses parents au moment où il quitte votre domicile.
- Ne répétez pas devant eux les bons mots de votre fille ou de votre fils, vous pourriez tarir leur spontanéité ou en faire de petits prétentieux.

• Si votre enfant est invité à un goûter ou à un anniversaire, n'oubliez pas de téléphoner ou d'écrire aux parents qui le reçoivent pour les remercier et confirmer ou non la présence de votre fils ou de votre fille.

• Habituez-le à adresser sinon des lettres, du moins des cartes postales à ses grands-parents, oncles, tantes, frères et sœurs, chaque fois qu'il part en vacances. Incitez-le à écrire plutôt qu'à téléphoner et, vous-même, envoyez-lui de longues lettres dès qu'il s'absente.

• Dans tous les lieux publics, dans les transports en commun, exigez que votre enfant se comporte poliment avec chacun, cède sa place dans l'autobus à un adulte sans que vous ayez à le lui rappeler, ne bouscule pas les passants sur le trottoir (surtout s'il circule en roller ou en trottinette) et salue gentiment vos amis en prenant la main qu'on lui tend. Ce n'est pas à lui à tendre la main en premier.

• Si un adolescent vous vouvoie, faites-en de même.

• Enfin, n'attendez pas la déclaration des droits de l'enfant pour les respecter.

Le savoir-vivre des adolescents

Vers quatorze, quinze ans, garçons et filles entrent en conflit latent ou en conflit ouvert avec leurs parents dont ils ne partagent plus les opinions. Rien n'est plus normal. Nous avons tous vécu cette rébellion. Quelle attitude adopter en face de vos jeunes révoltés ?

Si vous vous opposez à eux, en les menaçant de votre autorité, vous n'arriverez à rien sinon à envenimer vos relations jusqu'à la rupture et je crois que ce n'est pas ce que vous souhaitez.

Suivez la voie du dialogue. N'opposez pas votre jugement au leur, essayez plutôt de comprendre leur point de vue et, si vous ne le partagez pas, dites-le. Apprenez à négocier. L'adolescence est un âge difficile qui mérite toute votre indulgence et une tendresse indéfectible. En passant de l'enfance à l'âge adulte, votre enfant subit un bouleversement biologique qui perturbe son équilibre. Au moindre incident, il perd confiance en lui, s'enferme dans le silence, devient ombrageux ou agressif. C'est à vous de l'aider à ne pas douter de lui. C'est à vous de toujours l'encourager. Évitez soigneusement les reproches qui pourraient l'accabler.

Respectez son domaine privé, n'écoutez pas ses conversations téléphoniques, n'ouvrez pas son courrier, ne lisez pas son journal, ses e-mails ou son agenda, ne fouillez pas ses tiroirs ni ses poches sauf peut-être si quelque chose de grave vous inquiète dans son comportement. N'hésitez pas, devant une difficulté, à demander conseil à un psychologue.

Ne vous braquez pas sur des problèmes mineurs ou des problèmes vestimentaires ; si votre fille et votre fils portent des tenues extravagantes, ne vous en formalisez pas et n'en faites pas un sujet de discorde : ils pensent affirmer ainsi leur identité alors qu'en fait, ils se conforment aux règles de leur clan. L'essentiel, c'est qu'ils ne soient pas crasseux.

Si vous ne critiquez pas leurs vêtements hyper-fantaisistes, si vous feignez de ne pas en être choquée, ils s'en fatigueront plus rapidement. En revanche, s'ils se tondent le crâne, se teignent les cheveux en rose ou vert, s'ils arborent un costume impeccable et un comportement militaire, reflets d'une tendance politique extrémiste, soyez très vigilants et profitez de toutes les occasions pour que vous et votre mari discutiez avec eux de l'actualité politique. Il vous faudra faire preuve d'autant de patience que de persévérance. Demandez-vous surtout, et cherchez à comprendre, pourquoi votre fils, ou votre fille, s'est engagé dans cette voie. Est-ce simplement pour vous provoquer, ou est-ce pour une raison profonde et plus grave ?

Les adolescents et le langage

Le langage des jeunes vous choque parfois : verlan, argot, abréviations, mots grossiers. Tolérez tout sauf la grossièreté, car un mot grossier peut entraîner un geste grossier et un geste grossier, un acte grossier. Vous savez qu'il suffit d'entendre quelqu'un prononcer deux ou trois phrases pour juger de son éducation. Une prononciation vulgaire, un vocabulaire pauvre, une construction boiteuse sont condamnés sans appel. Soyez très attentifs à la façon dont s'expriment vos enfants et n'hésitez pas à corriger chacune de leurs fautes.

Le respect

Il est toujours à double sens. Si vous respectez les besoins, les aspirations, les goûts de vos enfants, ils respecteront les vôtres. Et le respect est, avec la tendresse, le fondement essentiel d'une relation réussie.

Il est courant d'entendre les adolescents appeler leurs parents par leur prénom. Il me semble que cette familiarité entraîne une camaraderie qui fausse les rapports parentaux.

Savoir vivre avec les enfants de son conjoint

À Bordeaux, deux enfants se rencontrent pour la première fois à la rentrée des classes. Ils bavardent :

– Où tu habites, toi ?

– Chez mon nouveau père, Daniel Delarue.

– Ah ! c'est drôle, celui-là je l'ai eu moi aussi il y a trois ans.

On se marie, on divorce, on se remarie, on re-divorce, on se re-remarie. Autrefois une femme apportait à son mari une dot, aujourd'hui elle lui apporte ses enfants.

Comment vit-on avec les enfants d'une autre ?

Mal. Nous avons à l'égard de nos petits un comportement animal; autant nous aimons les nôtres et nous sortons nos griffes si quelqu'un risque une parole ou même un regard critiques, autant nous rejetons ceux de la femelle rivale.

Notre culture nous enseigne à refréner nos instincts cruels, à tolérer l'autre : « *Tu aimeras ton prochain comme toi-même* », nous ordonne la Bible.

Il y a donc une réponse à la question de savoir comment vivre avec les enfants de son conjoint : ce sont la culture et le savoir-vivre qui la donnent. Chacune de nous doit faire l'effort d'accepter – et de vivre en bonne intelligence – avec les enfants de l'homme qu'elle aime : si elle ne le fait pas, sa vie conjugale est irrémédiablement menacée, c'est un second divorce, un second échec qui se profile à l'horizon.

Si votre mari vous affirme que c'est vous qu'il préfère à ses enfants, que seul votre amour lui importe, n'accordez aucun crédit à ses paroles; il tente de se masquer la vérité qui, à plus ou moins long terme, s'imposera avec son long cortège de reproches. Alors que faire ?

• Séduisez progressivement ses enfants pour briser peu à peu leur hostilité naturelle à votre égard.

• Ne critiquez jamais leur mère, ils vous détesteraient aussitôt; une mère, c'est sacré. Restez neutre.

• Établissez des rapports personnels avec eux et partagez leurs activités sportives ou culturelles.

• Soyez disponible et à leur écoute.

• Éclipsez-vous lorsqu'ils ont envie d'être seuls avec leur père.

• N'entrez pas en rivalité avec votre belle-fille. Dites-vous que c'est elle qui souffre de l'amour que vous porte son père. Ayez pour elle l'indulgence que vous avez témoignée à votre propre fille qui, elle aussi, n'est-ce pas ? a été jalouse de l'amour que son père a eu pour vous.

• Si vous vivez avec vos enfants et vos beaux-enfants, vous ne devez en aucun cas montrer une préférence aux vôtres ; faites preuve d'une égale justice pour tous. Mais, seule avec vos enfants, laissez parler votre cœur.

• Chaque fois que vous flanchez, que l'un de vos beaux-enfants vous irrite ou vous blesse, répétez-vous deux choses :

La première : eux sont des enfants et vous êtes une adulte ; la maturité, l'intelligence, l'indulgence, c'est de vous qu'on les attend.

La seconde : en épousant leur père vous leur avez causé un préjudice ; vous avez donc un tort à réparer.

Savoir vivre avec les amis de ses enfants

Vos enfants ont quinze ans et beaucoup d'amis. Vous leur avez donné l'habitude depuis l'école maternelle de recevoir leurs camarades ; les goûters du mercredi, les goûters d'anniversaire, vous en avez organisé des centaines. Vous avez toujours hébergé les enfants de la voisine, des cousins-cousines, il y a toujours eu chez vous au moins un lit supplémentaire.

Recevoir des enfants, c'est épuisant, mais facile.

Comment accepterez-vous leurs amis lorsqu'ils seront presque adultes ?

La musique tard le soir, les cendriers débordant de mégots, le réfrigérateur dévalisé, le désordre dans la maison, la moquette salie... Apprenez à vos adolescents à être responsables, à vous rendre le salon et la cuisine presque dans l'état où ils les ont trouvés. Enseignez-leur, lorsqu'ils reçoivent leurs amis, à nommer un préposé à la vaisselle, ou à l'aspirateur, ou à la remise en ordre.

Votre maison est autant la vôtre que la leur ; ils doivent en avoir et la jouissance et la responsabilité.

La jouissance, ils connaissent, vous n'avez pas à la leur enseigner ; le sens de la responsabilité, c'est bien autre chose, il s'inculque dès l'enfance, dès les premiers jouets, dès les premières expériences. On pourrait juger de l'éducation d'un enfant au sens de la responsabilité dont il fait preuve.

Sachez enfin que, si le vôtre sent que votre maison n'est pas la sienne, il fera de celle de son copain ou pire, de la rue son domicile. Et la rue, vous savez ce que c'est la rue ? La solitude, la drogue, le drame.

Savoir vivre avec les amours de ses enfants

Les amours enfantines

L'école mixte a donné aux filles et aux garçons l'habitude de vivre côte à côte dès leur plus jeune âge. Que se passe-t-il quand une camaraderie cède le pas à un autre sentiment ? Quand la copine devient « la fiancée » ?

Les mères, du jour au lendemain, s'inquiètent :

– Ce garçon n'est pas assez bien pour ma fille.

Ou :

– Mon fils est fou de s'enticher de cette petite.

Elles interviennent et sèment le trouble là où il n'y a que pureté. Contrarier un premier amour, quelle faute ! Cette ingérence dans la vie sentimentale de vos enfants à l'instant où elle éclôt peut contrarier gravement les échanges affectifs que vous avez avec eux.

Revivez vos premiers battements de cœur, vos premières émotions, redevenez la jeune insouciante que vous étiez et vous regarderez votre fille autrement. À ce passage difficile où elle n'est plus une enfant mais pas encore une adulte, elle n'a pas besoin de vos critiques ni de vos craintes, mais de votre tendresse, de votre indulgence, de vos conseils, de votre protection.

Et, souvenez-vous, votre premier amour n'a eu qu'un temps, il a été suivi de tant d'autres. Il en sera de même pour vos enfants. Si vous n'appréciez pas le « fiancé » ou la « fiancée » du moment, souriez, vous en verrez passer bien d'autres.

Les amours adolescentes

Les enfants des couples divorcés éprouvent plus tôt que les autres le besoin d'une union. Affecté par la séparation de ses parents, l'éclatement de la cellule familiale, et sa reconstitution à l'extérieur par le concubinage ou le remariage, l'adolescent ballotté entre deux familles cherche inconsciemment à reconstruire une unité qui lui permette de supporter ou de colmater la déchirure parentale. Il ou elle vit une liaison avec une personne de son âge, ou un peu plus âgée. Ils partagent le même lit, chez lui ou chez elle, souvent pour échapper à l'angoisse née de la partition dont l'un est victime. Souvent les deux le sont.

Les enquêtes montrent toutes l'importance du premier rapport sexuel, étape symbolique qui marque un passage et semble annoncer un destin.

Les parents peuvent-ils tolérer cette liaison d'adolescents ? Il est rare qu'à ses débuts cette union si peu libre n'entraîne aucune perturbation chez l'adolescent. En classe d'abord : les notes et l'attention chutent visiblement. Après un temps d'adaptation, plus ou moins long, le bulletin s'améliore, mais le trimestre est fichu. Les parents font alors pleuvoir les représailles, l'argent de poche est réduit comme une peau de chagrin, les vacances ou le vélo promis sont annulés. Ils exigent de leur enfant le retour au célibat, lui interdisant de jouer un rôle qui n'est ni de son âge, ni dans ses moyens. Ils estiment, peut-être à tort, que leur enfant de quinze ou seize ans n'est pas encore en mesure d'assumer la responsabilité de son échec scolaire et de reprendre les choses en main. Ils l'infantilisent en prenant des mesures sans même en discuter d'abord avec lui, ou sans son assentiment ; par les brimades qu'ils lui infligent, ils risquent de le déstabiliser.

En adoptant l'union libre avant d'être adultes, vos enfants vous donnent peut-être le sentiment qu'ils se détachent de vous, s'éloignent, entrent dans un monde dont vous n'êtes plus le centre. Seule votre réprobation peut établir une distance entre eux et vous. Si vous acceptez qu'ils affichent leurs premières amours, ils resteront proches de vous. Si vous les rejetez, réprouvez leur comportement, ils dériveront, dieu sait où.

Les pères – ils ont du mal à l'avouer – souffrent de voir un mâle leur voler leur fille chérie. Les mères n'apprécient guère plus les filles qui tournent autour de leur fils.

Et puis, ces jeunes « aux semelles de vent », d'une insolente beauté, d'une insupportable vitalité, qui viennent nous narguer sous le nez et nous rappeler notre âge, ont l'incommensurable tort de prendre notre place, de nous chasser à jamais du vert paradis des amours adolescentes.

Comment les parents doivent-ils se comporter ?

Si vous estimez que votre fils ou votre fille est trop jeune pour vivre une liaison suivie, osez le lui dire mais exposez-lui les raisons de votre opposition, ne lui infligez pas un veto dictatorial.

Si l'un de vos enfants invite chez vous durant le week-end son ami(e) mineur(e), faites-vous une règle de téléphoner à ses parents pour vous assurer qu'ils en sont informés et qu'ils ont donné leur accord.

Ne craignez pas de faire preuve d'autorité, ou d'hypocrisie, en attribuant à ce « couple » deux chambres, et non une seule. S'ils se rejoignent durant la nuit, il est préférable que ce ne soit pas avec votre bénédiction.

De même ne tolérez pas, si ce spectacle vous dérange, qu'ils aient en votre présence des gestes d'amants.

Bien des parents aujourd'hui n'osent plus manifester leur désaccord : incapables d'affronter leurs enfants, ils se taisent, faillissent à leur responsabilité, s'installent dans un malaise croissant, laissent sourdre leur hostilité et, de surcroît, perdent l'estime de leurs enfants.

S'il est vrai que les adolescents ricanent lorsqu'on brandit les règles morales, ils reconnaissent volontiers la nécessité, les vertus de la politesse. Sans s'apercevoir que morale et politesse se recouvrent bien souvent.

La conduite des adolescents ou l'exercice de la tolérance

Vos parents ne partagent pas toutes vos opinions. Est-ce que cela vous autorise à les trouver imbéciles, ou vieux jeu ? S'ils vous ont appris la tolérance, c'est-à-dire l'acceptation de l'autre, quel qu'il soit, et de sa différence, vous ne pouvez condamner leurs jugements parce qu'ils sont contraires aux vôtres. On n'a pas grand mérite à être démocrate au sein d'une large assemblée, dans une arène publique. L'être dans une relation duale, avec quelqu'un de très proche, requiert davantage de vertu.

Vous ne pouvez donc, chez vous, imposer votre loi sous prétexte que vous l'estimez légitime. Si vos parents se refusent à vous voir célébrer chez eux vos amours adolescentes, examinez leurs raisons, respectez leurs sentiments même s'ils vous semblent irrationnels. Ils n'en sont pas moins forts pour autant.

Si vous passez un week-end en famille avec votre « fiancée » ou « fiancé », comportez-vous avec elle (ou lui) en présence de vos parents comme vous vous comportez avec une, ou un camarade. Réservez vos ébats amoureux ou la tendre expression de votre attachement à l'espace clos de l'intimité.

Vous découvrez que votre fille prend la pilule

Imaginons qu'un jour de rangement dans la chambre de votre fille vous découvriez, tombant du livre posé au pied de son lit, une plaquette de pilules. L'émotion, le choc, la surprise, l'indignation vous coupent les jambes, vous vous affolez, ma fille, la pilule à seize ans, derrière mon dos. Qui aime-t-elle, pourquoi a-t-elle pris cette décision grave sans m'en parler ?

Votre fille ne vous en a rien dit parce qu'elle craignait votre refus ? Parce qu'elle ne voulait pas s'opposer à vous ? Parce qu'elle a estimé que la décision de prendre cette pilule – qui, au plan physique, fait d'elle une adulte – ne revenait qu'à elle ?

Que faire ?

Retirez de son livre la plaquette et déposez-la bien en vue sur sa table de chevet. Votre fille saura que vous savez.

Le soir de cette découverte, ou le lendemain si vous ne vous sentez pas encore en état d'aborder tranquillement ce sujet, ayez un entretien privé avec elle afin d'entendre ses raisons. « J'ai trouvé ceci dans un de tes livres » est une entrée en matière directe.

N'ayez recours ni à des faux-fuyants ni à un interrogatoire policier. Si vous êtes loyale, votre fille aura tendance à faire preuve d'une égale loyauté. Vous êtes en droit de l'interroger sur les sentiments qu'elle porte à celui pour lequel elle a décidé de « franchir le pas ». On peut espérer que vous connaissez le garçon qui fait battre son cœur.

N'exigez surtout pas qu'elle cesse et de le fréquenter et de prendre la pilule. Demandez plutôt à mieux connaître son ami, invitez-le à dîner et faites en sorte que ce soit un moment agréable pour tous. Si vous le fusillez du regard, l'accablez de votre ironie, votre fille vous détestera (durant quelques jours, mais quelques jours de trop). Alors que si vous vous montrez aimable, votre fille gardera son esprit critique en éveil.

Vous vous inquiétez : peut-on permettre à une adolescente de décider seule d'un acte dont elle n'est pas en mesure d'apprécier les conséquences physiques et affectives ?

Votre fille, pour obtenir sa pilule, est allée consulter un généraliste ou un gynécologue qui a pris le temps de l'interroger, de l'examiner, de l'informer et qui, depuis, la suit sur le plan médical. Les gynécologues ont derrière eux trois générations de patientes « élevées à la pilule ». Ils estiment qu'une adolescente de seize, dix-sept ans peut faire l'amour sans que sa santé ni son équilibre en soient affectés. À la seule condition qu'elle ne risque pas d'être « excommuniée » par ses parents. Si elle vit sous la menace d'être découverte et punie, la pilule devient pour elle le péché, et elle la tolère très mal. Pour vous rassurer, pourquoi n'en discuteriez-vous pas avec le médecin qui suit votre fille, ou avec le vôtre ?

Certaines jeunes filles déclarent qu'en se donnant à un garçon elles ont accompli plus qu'un acte d'amour, un acte d'affranchissement. Elles ont voulu, ou cru, se libérer de leur milieu, des traditions ou d'une morale trop étroite, comme on se prémunit contre une épidémie par la vaccination.

IV

SAVOIR VIVRE AVEC LES AUTRES

Le personnel de maison et le savoir-vivre

J'ai eu à Paris une femme de chambre portugaise, à laquelle je me suis très vite attachée. Monica était vive, intelligente, fine, rapide. Son visage eût été ravissant s'il n'avait été gâché par un nez, un nez impossible à porter. Un jour, je lui proposai de la confier à l'un de mes amis chirurgiens. Elle accepta aussitôt. Et, quelques semaines plus tard, elle arborait le profil de Néfertiti. Nous découvrîmes une femme transformée, superbe. Mais nous ne fûmes pas les seuls.

À son retour de vacances, je vis un matin Monica pénétrer dans ma chambre, l'œil brillant de joie et de malice.

– Je suis désolée d'annoncer à Madame la Baronne que je dois quitter Madame la Baronne. Je me marie.

Elle me tendit sa main où étincelait un diamant gros comme le Ritz et elle ajouta :

– Et comme Madame la Baronne, moi aussi je vais devenir Madame la Baronne...

La personne qui s'occupe de votre intérieur, qui vous sert, ne s'appelle plus une domestique ni une servante, encore moins une bonne à tout faire. Au fil du temps, elle est devenue une femme de ménage, puis une employée de maison. Aujourd'hui, c'est une « technicienne de surface ». L'abandon de certains termes, jugés même injurieux, au profit d'une expression nouvelle reflète bien les changements profonds intervenus entre maîtres et serviteurs. De leurs relations sont désormais exclus tyrannie et soumission, caprices et déférence. La politesse n'est plus à sens unique, on se parle sur un ton d'égalité. Seules les grandes maisons ont encore maîtres d'hôtel, chefs et femmes de chambre ; seuls de rares employés de maison très stylés se plient à l'étiquette de la troisième personne : « À quelle heure madame rentrera-t-elle ? »

L'uniformisation du costume a également contribué à réduire les distances sociales ; la jeune femme qui vient faire votre ménage porte souvent la même tenue que vous,... jean et tee-shirt.

Il y a, dit-on, les bonnes et les mauvaises maisons, les bons et les mauvais serviteurs, et, en général, qui se ressemble s'assemble.

Dans certaines maisons, le personnel reste en place des décennies parce qu'il est bien traité ; dans d'autres, il passe en coup de vent si on ne respecte pas les heures de travail, les heures de sortie, les jours de congé hebdomadaire ou les dates de vacances. Si on leur adresse des remarques désobligeantes en public, si on n'a jamais à leur égard un mot aimable ou une attention.

Il est évident que les relations diffèrent selon que l'on emploie quelqu'un six heures par semaine ou, au contraire, à plein temps et qu'on le loge chez soi.

L'engagement et le renvoi

Vous êtes en droit, avant d'engager quelqu'un à votre service, de vérifier (s'il est étranger) que ses papiers sont en règle (carte de séjour, permis de travail) et de lui demander des références ou, mieux encore, un certificat de travail, surtout si vous lui confiez la charge de vos enfants. Vous pouvez aussi téléphoner à ses anciens employeurs avant de lui témoigner votre confiance. Si les renseignements que l'on vous communique ne sont pas bons, inutile d'en faire part à la personne que vous vouliez engager ; de toute façon, elle ne sera pas dupe.

Lorsque vous vous séparez de votre employé, vous êtes tenue de lui remettre un certificat de travail, mais il vous est interdit d'y préciser les motifs de son renvoi ; vous inscrivez simplement les dates d'entrée et de sortie sans aucune appréciation sur son service.

Les conditions de travail

Elles seront, faut-il le noter, très décentes. Qu'il s'agisse du logement (chauffé et équipé d'eau chaude) et de la nourriture (égale à la vôtre). Les heures de travail et les jours de sortie doivent être respectés, de part et d'autre.

Vous pouvez demander à votre personnel de travailler certains dimanches, mais n'en abusez pas. Deux jours de congé hebdomadaire lui sont dus, de même que cinq semaines de vacances par an.

Les vêtements

C'est à vous de leur fournir blouses de travail, tabliers blancs, gants. Si vous leur offrez des vêtements, ne leur proposez que ceux en bon état.

Cela dit, ce n'est pas parce que le personnel est rare que vous devez tolérer la négligence, l'impolitesse, ou même la familiarité.

Que faire si votre employée de maison casse votre plus beau vase en baccarat ? Rien. Sauf ce qui pourrait vous le rendre, prendre dès que vous l'achetez une bonne assurance. Briser un objet fait partie, pour votre personnel, des risques du métier. Dans l'impossibilité de les prévenir, autant donc les couvrir. Ou alors ne confiez à personne d'autre qu'à vous le soin de dépoussiérer.

Conseils pratiques

Si vous souhaitez vous attacher votre personnel, ayez des attentions à son égard. Si la personne qui vous sert est malade, soignez-la ou faites-la soigner ; si elle est hospitalisée, rendez-lui visite.

Si pour vos enfants vous organisez un goûter de Noël ou d'anniversaire, conviez à cette petite fête les enfants de votre personnel et traitez-les comme les vôtres. Au moment des étrennes n'oubliez pas de joindre à la somme d'argent que vous leur offrez un petit cadeau personnel (bijou, parfum, vêtement, sac).

Si l'une de vos amies ou de vos connaissances a une perle à son service, ne la débauchez sous aucun prétexte, même si chez vous elle sera mieux traitée, mieux logée, mieux payée.

Si vous partagez avec une amie son employée de maison, n'interrogez pas cette personne pour savoir ce qui se passe chez elle.

Enfin, quels que soient vos ennuis domestiques, n'en faites jamais le récit à vos amis, ni à vos proches. Nul ne mérite une telle punition.

Les jeunes filles au pair

Beaucoup de jeunes couples engagent des jeunes filles au pair à qui ils confient, en particulier, la responsabilité de veiller sur leurs enfants.

Lorsque mon fils eut cinq ans, je fis appel à une jeune étudiante. L'agence à laquelle je m'étais adressée me recommanda une Suédoise, Ingrid. Sa santé, sa spontanéité, sa fraîcheur, ses excellentes références eurent vite raison de mes hésitations. Je l'engageai sur-le-champ.

Au cours des semaines, je vis la silhouette d'Ingrid s'épaissir, s'alourdir, s'arrondir. Je l'interrogeai à demi-mot.

– Je bois trop de jus d'orange, me dit-elle en riant.

La saison des oranges passa et le ventre d'Ingrid gonfla. Deux mois plus tard, naquit le fruit de la passion. J'allai voir à la clinique la jeune femme qui m'accueillit avec sa gaieté coutumière.

– Madame, je peux maintenant vous dire le nom du père. Quand j'ai vu le bébé, j'ai reconnu le papa.

Si votre jeune fille au pair est une ingénue libertine, conseillez-la comme si elle était votre fille et ayez pour elle des égards particuliers : donnez-lui une chambre confortable et respectez ses heures de cours; mais vous n'êtes pas tenue de l'avoir tous les jours à votre table : elle peut déjeuner ou dîner en même temps que vos enfants et assumer de petits travaux domestiques (ranger leur chambre et s'occuper de leur linge) mais en aucun cas vous ne lui confierez de gros travaux ménagers.

Savoir vivre avec son gardien

On ne l'appelle plus « pipelet » ni « concierge » ; il ne vit plus, heureusement, dans une loge obscure. Et depuis belle lurette, personne ne crie plus : « Bonsoir, monsieur Dubois, cordon s'il vous plaît ! »

Être bien avec son gardien, c'est avoir SOS dépannage à domicile et en permanence. Il répare votre machine à laver, votre robinet qui fuit, un tuyau bouché. Il vous sert de secrétaire, il signe les avis de lettres recommandées à votre place et vous évite ainsi d'aller à la poste. Il sait à qui remettre le paquet ou la lettre que vous lui confiez, il vous appelle un taxi ; la liste des services qu'il vous rend (et que vous devez rétribuer chaque fois) est considérable.

Et vous, que faites-vous pour lui ? À Noël, vous lui donnez des étrennes (une somme d'argent), c'est facile et c'est la moindre des choses. Le savoir-vivre serait d'y ajouter un cadeau personnel : quelques bouteilles de bon vin ou du champagne, un parfum, un foulard, si vous avez une gardienne. (Évitez les fleurs et les chocolats trop traditionnels.)

Le jour où vous emménagez dans votre nouvel appartement, l'usage veut que vous remettiez à votre gardien une somme proportionnelle à l'importance de votre appartement (environ 10 % du loyer mensuel).

Mais il faut aussi, tout au long de l'année, suivre à la lettre les consignes qu'il placarde dans la pièce du vide-ordures, dans les garages du sous-sol, dans la remise où sont enfermées bicyclettes et voitures d'enfants. Vous faciliterez considérablement sa tâche. Tenez vos chiens en laisse dans les couloirs, ne jetez pas vos mégots par terre ou dans l'ascenseur ; enfin, évitez de le réveiller, le soir, en claquant la porte de votre immeuble.

Le pourboire et les gratifications de fin d'année

Le pourboire

Certains rechignent à en laisser un, estimant qu'il suffit de régler le service, d'autres, grands seigneurs, abandonnent derrière eux des pourboires royaux.

Le pourboire s'ajoute au service, il est le témoignage de votre satisfaction. Si, chez le coiffeur, vous avez trouvé agréable la jeune fille qui vous a fait un shampooing, il est normal de l'en remercier. Un garçon de café, un maître d'hôtel, les dames du vestiaire, les ouvreuses de théâtre et de cinéma, un chauffeur de taxi attendent votre pourboire. Vous ne pouvez les en priver, d'autant plus que le contrôleur des impôts les taxe d'autorité sur leur chiffre d'affaires majoré du montant estimé des pourboires.

Quel pourboire donner ?

10 % lorsque le service est compris, 15 % et plus lorsqu'il ne l'est pas.

Vous ne donnerez jamais de pourboire aux hôtesses de l'air et aux stewards, ni au coiffeur s'il est propriétaire de son salon, ni à aucun fonctionnaire.

Les gratifications

Dès le mois de novembre, les pompiers, les facteurs, les éboueurs, les ramoneurs de votre quartier sonnent à votre porte pour vous proposer leur calendrier du nouvel an. À vous de décider de la somme à leur remettre ; elle dépend de vos moyens et des services que chacun d'eux vous a rendus. Quelle que soit l'heure à laquelle sonnent le facteur, le pompier ou l'éboueur, recevez-les avec beaucoup d'amabilité et dites-vous bien que ce ne doit être ni agréable, ni facile de frapper aux portes pour demander une gratification ; il dépend de vous qu'elle ne prenne pas l'apparence d'une aumône.

Savoir vivre avec son chien et son chat

L'amour que je porte à mon chien est un amour désintéressé : je ne veux rien de lui, rien que sa seule présence ; je ne suis pas jalouse de ses penchants secrets et je ne veux pas le changer (alors que j'aimerais changer bien des choses chez les personnes que j'aime).

Mon chien, je l'aime comme il est, sans réserve, et lui m'aime comme je suis, avec mes défauts et mes faiblesses. L'amour que je lui porte est volontaire : personne, aucun lien de parenté ne m'y contraignent ; de plus, c'est un amour idyllique, sans conflits, sans tourments. « Est-ce qu'il m'aime ? M'aime-t-il autant que je l'aime ? Est-ce qu'il aime quelqu'un plus que moi ? » Toutes ces questions qui m'ont tourmentée, je me les suis posées à propos d'un homme, jamais à propos de mon chien.

La tendresse, les attentions que l'on a pour un chien scandalisent ceux qui n'ont jamais eu la chance de vivre avec un tel compagnon. Depuis que j'ai un chien, Éros, un petit chien du Tibet qui n'est qu'à moi, je vis différemment car nous ne nous quittons plus ; sa vitalité, sa fougue, ses cabrioles sont une source de joie permanente ; mon indulgence, ma patience à son égard sont sans limites, il le sait et, chaque jour, il s'invente de nouveaux caprices, c'est un jeu entre nous.

Les problèmes commencent lorsque nous sortons en ville. Éros n'accepte pas de rester seul dans la voiture, il a donc appris à supporter la laisse, à bien se conduire sur un trottoir ; il n'attaque plus les chiens de rencontre, il fait « où on lui dit de faire » et, en visite chez les autres, il n'aboie plus comme un fou mais se roule en boule sous ma chaise et dort d'un œil et d'une oreille. Je lui parle et je le traite comme s'il était un être humain ; un chien ne doit jamais être le *joli petit toutou à sa maman*, ni un souffre-douleur.

Si, comme moi, vous êtes attentive à la santé de votre chien, vous le ferez suivre régulièrement par un vétérinaire à qui vous demanderez, en plus des vaccins, de tatouer à l'intérieur de l'oreille de votre animal son numéro d'identification ; il vous sera ainsi plus facile de le retrouver en cas de perte ; surtout si vous inscrivez sur son collier votre numéro de téléphone, la ville et le pays où vous habitez.

Votre chien ne doit jamais gêner vos voisins, ni dans votre immeuble ni dans un lieu public, par ses aboiements ou par son odeur. Laver et brosser son chien aussi souvent qu'il est nécessaire est une règle du savoir-vivre et tenez-le toujours en laisse dans les couloirs.

Si vous n'aimez pas les bêtes, que faire en présence de celles des autres ? Un effort sur vous-même sinon pour les aimer, du moins pour les accepter : sans aller jusqu'à vous forcer à afficher une attirance que vous n'éprouvez pas, montrez-leur de l'intérêt, en tout cas, faites preuve de tolérance : ne demandez pas qu'on les enferme sous prétexte que vous en avez peur ou que leur présence vous est désagréable !

Je connais des unions qui se sont faites ou défaites grâce ou à cause d'un chien. Partager le même amour des bêtes peut être entre un homme et une femme un point de départ, ne pas le partager, un point de rupture.

Abandonner un chien, ou n'importe quel autre animal, la veille des vacances, est un acte hautement coupable, que l'on ne devrait jamais commettre. Enfin, s'il nous arrivait de constater qu'un voisin à la ville ou à la campagne maltraite ses animaux, ne fermons pas les yeux, sous peine d'être complices, prévenons les services de la mairie ou de la SPA et veillons à ce qu'une mesure soit prise.

Le chat est un être si particulier, si complexe qu'il a pris place, à l'aube des temps, dans la mythologie égyptienne. Il alimente désormais toute une littérature. Solitaire, souverain, il cultive le mystère, suscite des passions ou une terreur irraisonnée.

Quel que soit son caractère, un chat pose moins de problèmes qu'un chien parce qu'il vit à la maison et qu'on peut l'y laisser seul. Mais il exige la même hygiène qu'un chien, la surveillance du vétérinaire, un dressage : et, malgré ses grands airs et son apparent détachement, une affection permanente.

Le commerce et le savoir-vivre

Savoir vivre avec sa couturière

La couturière, remplacée par la retoucheuse, se fait hélas de plus en plus rare. Toutefois, certaines occasions de la vie peuvent nous mener à avoir besoin de ses services.

J'ai ainsi questionné ma couturière sur les qualités que devrait avoir une cliente.

Sa réponse a été aussi précise que rapide :

- Être exacte à ses rendez-vous
- Savoir ce qu'elle veut et ne pas changer d'avis à chaque essayage
- Apprécier ce qu'on fait pour elle
- Être toujours polie

Et, a-t-elle ajouté : « Une femme mécontente d'elle est mécontente de tout et, avec une pareille cliente, nous ne faisons pas de la couture mais de l'emballage. »

Savoir vivre avec ses commerçants

Il n'y a pas longtemps encore, le slogan disait : « Le client est roi. » Il l'était. Et parfois il abusait de son pouvoir.

Aujourd'hui, les rapports de forces semblent inversés, c'est le commerçant qui est roi. Et qui le fait sentir. Je parle de ceux des grandes villes en particulier où le commerçant rudoie véritablement son client jusqu'à le faire fuir, jusqu'à lui enlever le plaisir d'acheter.

Il faut aller en province pour retrouver le vrai sens du commerce, pour se sentir la bienvenue dans une boutique.

De part et d'autre, le savoir-vivre exige un effort, sinon se perdront à jamais les savoureux échanges entre chalands et maraîchers qui parlent de leur chou-fleur ou de leur artichaut comme s'ils l'avaient vu naître.

Le client doit comprendre qu'un commerçant n'a pas quatre bras et que la première politesse est d'attendre son tour pour être servi. Si le poisson de « La grande marée » n'est pas frais, il est inutile de claironner : « Dites donc, elle ne sent pas bon votre daurade. » Allez voir ailleurs. En revanche, si votre marchand des quatre-saisons vous a vendu des pêches succulentes, dites-le-lui. il en sera content et vous traitera encore mieux.

Le commerçant devrait retrouver la bonne humeur et la patience d'antan. Ses affaires s'en porteront mieux. S'il vend des chaussures, il ne doit pas montrer d'agacement ou se permettre des remarques désobligeantes lorsqu'une cliente demande à essayer plusieurs modèles. Elle n'outrepasse pas ses droits.

On préfère aujourd'hui les grandes surfaces aux petites boutiques, où l'on ne retrouve plus la chaleur et l'accueil qui faisaient tout leur charme.

Savoir vivre avec son pompiste et son garagiste

Quand vous allez prendre de l'essence, il vous arrive de baisser la vitre de votre portière de quelques centimètres, de tendre les clefs, de demander « *Le plein !* » en oubliant d'ajouter « *s'il vous plaît* », et sans prendre la peine de savoir si c'est un homme ou une femme qui vous sert. Comme votre pompiste n'est pas encore un automate, le savoir-vivre serait de descendre de voiture (vous vous dégourdirez les jambes) et d'échanger quelques mots avec lui.

Ayez confiance en votre garagiste, ne mettez pas en cause sa compétence ; cet homme de métier connaît mieux que vous les mystères de la mécanique et les prix en vigueur. Si vous ne voulez pas avoir de surprises dans votre facture, soyez très précis dans la liste des réparations que vous souhaitez voir effectuer. Vous pouvez préalablement demander un devis.

Quant à vous, messieurs les garagistes, lorsque vous êtes en présence d'une cliente qui, comme moi, ne sait pas faire la différence entre un gicleur et un carburateur, ayez l'élégance de ne pas lui changer en plus sa boîte de vitesses !

L'ignorance n'est pas toujours coupable.

Savoir vivre avec les chauffeurs de taxi

Enfermés du matin au soir dans leur minuscule habitacle, les chauffeurs de taxi véhiculent une bonne partie de l'humanité, ils ont tout vu, tout entendu. Et certains, tout compris.

En un sens ce sont des philosophes, et je ne manque jamais, à peine assise dans un taxi, d'entamer la conversation avec le chauffeur. Il est rare qu'il ne m'apprenne pas quelque chose.

Ces professionnels de la rue jugent mal (et ils ont sans doute raison) ceux de leurs clients qui d'un ton péremptoire leur imposent un itinéraire. Les chauffeurs qui roulent toute la journée connaissent mieux que personne les flux et reflux de la circulation, et l'itinéraire le plus long est souvent le plus rapide. Ne soupçonnez pas votre chauffeur, directement ou par des sous-entendus appuyés, de vous rouler dans la farine, vous risqueriez de rouler plus longtemps dans les gaz d'échappement.

S'il fume, vous pouvez lui demander de baisser sa vitre ou, si vous êtes vraiment gênée par la fumée, d'éteindre sa cigarette. La plupart des chauffeurs de taxi demandent bien à leurs clients de ne pas fumer.

Ne vous amusez pas à caresser la tête de son chien, cette bête n'aime peut-être pas votre familiarité et pourrait avoir un grognement agressif.

Quant à vous, mesdames et messieurs les chauffeurs de taxi, ne nous imposez pas l'insupportable litanie de votre radio et de votre radio-téléphone ; attendez la fin de votre course pour les rebrancher. Nous avons droit au silence. À cette réserve près, je vous dis, messieurs, un grand merci ! Que ferait-on sans les taxis ? Lorsque, par les soirs de pluie, surgit enfin votre rectangle lumineux, on éprouve le sentiment du marin qui, dans la tempête, aperçoit le phare salvateur.

J'ajouterai enfin une petite requête aux compagnies de taxi. Il arrive, hélas trop souvent, lorsqu'on téléphone à une compagnie de taxis, de s'entendre dire après de longues minutes d'attente : « Pas de voiture ! » Trois sèches paroles suivies du déclic de l'appareil raccroché brutalement. Ne pourrait-on pas y ajouter une formule de politesse ?

Savoir vivre avec son avocat

Sans verser dans l'excès, à l'instar des Américains qui vivent assistés en permanence par un avocat, il est sage et économique de recourir à un homme de loi chaque fois que la signature que nous devons apposer au bas d'un document engage notre responsabilité.

Trop souvent, pour n'avoir pas fait la dépense d'une consultation, on se retrouve devant un problème dont la résolution coûtera dix fois le montant d'une visite à un avocat.

Avec cet homme de loi, on n'aborde que des sujets sérieux ou graves qui excluent la familiarité ou même la plaisanterie. Il est conseillé, avant de vous rendre chez un avocat dont le temps est compté, de préparer par écrit un exposé clair, précis, bref, de tous les points sur lesquels vous souhaitez son avis. Avant d'engager une action en justice, vous pouvez parfaitement lui demander : « Maître, à combien s'élèveront vos honoraires ? » ou « Maître, à combien s'élèveront les frais de procédure ? »

Savoir vivre avec son notaire

Si le roi Lear avait consulté un notaire avant de partager son royaume et sa fortune entre ses trois filles, l'homme de loi l'aurait empêché de léguer tous ses biens de son vivant.

Un notaire, c'est un homme qui vous protège contre vous-même, car, doué d'une longue vue, il prévoit votre avenir et c'est en fonction de votre avenir qu'il gère votre présent. Lorsque vous établissez votre contrat de mariage, avant de vous conseiller dans le choix de ce contrat, il vous interroge d'abord sur votre fortune personnelle et celle de votre conjoint, sur vos métiers, sur vos familles et il tiendra compte de vos intérêts respectifs présents et futurs ; un notaire refuse un acte « discordant », c'est-à-dire qui désavantage l'une des parties. Appelé à régler les successions, ce confesseur connaît mieux que nul autre les dissensions, les rancunes qui couvent à l'intérieur des familles. Il a tout entendu, les intentions les plus coupables, les forfaits les plus noirs. Mais des aveux qu'il reçoit, jamais il ne dit mot. Il les enfouit au plus profond de lui, tels des secrets inexpugnables.

Ce qui explique sa réputation ambiguë : on lui en veut *a posteriori* des vilains sentiments que l'on a été obligé de lui révéler. Observez le comportement d'un notaire en société : il parle peu, il boit peu, afin, vous dira-t-il, de ne jamais risquer un mot de trop.

Un notaire vous confirmera qu'il est investi d'une double mission. Il est le seul homme de loi habilité à authentifier un testament ou une convention arrêtée entre deux parties et à conférer à ces actes valeur de loi

Il vous conseille au mieux de vos intérêts et joue un triple rôle : il est à la fois modérateur (il amène les protagonistes à raison), temporisateur (le temps est un allié), et arbitre. Sa connaissance du cœur humain fait de lui un sage. Si vous avez un bon notaire, dormez tranquille.

L'argent et le savoir-vivre

Savoir vivre avec l'argent de son mari

Vous êtes une femme au foyer, vous ne travaillez pas, du moins votre travail, considérable si vous élevez vos enfants et prenez en charge la bonne marche de la maison, ne vous rapporte financièrement rien. Donc, vous dépensez l'argent que gagne votre mari, ce qui est légitime.

Mais trop souvent les problèmes d'argent, c'est-à-dire de pouvoir et de dépendance, empoisonnent les relations conjugales. L'un demande de dépenser moins, l'autre de gagner plus.

Des deux côtés, on a tort. On devrait plutôt établir ensemble un budget conforme à ses ressources. Je trouve injuste qu'une femme reproche à son conjoint la médiocrité de son salaire, qu'elle se plaigne de devoir compter et se priver ! Ce blâme en cacherait-il un autre (plus grave) ?

En revanche, si vous travaillez, si vous menez votre carrière et vos finances tambour battant, ne jouez pas trop de votre indépendance financière. Ne privez pas votre mari de la joie (et surtout de l'orgueil) de vous offrir une belle robe ou un bijou sous prétexte que vous pouvez vous les acheter toute seule. Si votre salaire est supérieur au sien, prenez garde de ne pas inverser les relations de pouvoir ; et croyez-moi, pour l'équilibre de votre couple, ouvrez de toute urgence un compte commun, sinon votre mari pourrait développer un état d'infériorité qui le mènerait peut-être... là où vous ne souhaitez pas qu'il aille...

Savoir vivre avec son banquier ou sa banquière

Je suis mal placée pour vous donner des conseils car j'ai été mariée avec mon banquier pendant plus de trente ans et aujourd'hui c'est mon fils qui gère mes comptes.

Et vous ? Êtes-vous contente du vôtre ?

Depuis quinze ans, vous lui confiez l'intégralité de votre salaire, l'entière gestion de votre portefeuille, vos économies, vos rentrées d'argent, ne gardant rien pour vous. Et comment vous en remercie-t-il ?... Il prospère à vos dépens, il n'a même pas l'élégance de vous réserver un traitement de faveur. Lorsque, il y a quelques mois, vous avez demandé un petit crédit à la personne qui thésaurise votre argent, elle a eu le front de vous poser une série de questions, indiscrètes et malvenues. Quant à votre portefeuille, sa progression n'a pas suivi celle des indices boursiers. Certains de vos titres ont même franchement baissé et le responsable financier est resté insensible, un bloc de glace. Certaines de vos actions ont bien remonté, c'est vrai. Mais qui vous garantira qu'elles ne dégringoleront pas ? Sûrement pas lui !

Alors que faire ?

– Fondez vos relations sur la confiance : plus votre banquier connaît vos ressources et vos besoins, mieux il saura les gérer. N'hésitez pas à lui remettre un bilan complet de votre situation.

Ceux qui viennent consulter leur banquier pour placer leur fortune en dressent un inventaire minutieux, ne lui épargnent aucun détail, ne lui font grâce d'aucune broutille, comme si l'argent que l'on confie, le sien propre, est riche d'histoire, tandis que celui que l'on emprunte, celui du banquier, est anonyme.

Que vous soyez un investisseur ou un emprunteur, jouez cartes sur table.

Vous dites que votre banque ne vous accorde aucune faveur, passant ainsi sous silence les services qu'elle vous rend : elle encaisse et débite gratuitement vos chèques et se charge, au jour dit, de vos virements, elle met à votre disposition des distributeurs de billets – et tout cela lui coûte fort cher. Je ne connais pas grand-chose à la gestion bancaire, mais je sais que l'informatique rend difficile le moindre privilège : pour un ordinateur, tous les clients naissent et demeurent égaux en droit. Quant à la Bourse, un gestionnaire, m'a-t-on dit, ne se juge pas au jour le jour mais au bout d'un ou deux ans minimum. Inutile donc de téléphoner à votre banquier chaque fois qu'un titre baisse. Interrogez-le à un rythme régulier et, pour mieux suivre votre compte-titres, demandez un relevé mensuel.

L'argent et la santé, les deux préoccupations majeures des Français, vont de pair ; ne dit-on pas de l'un et de l'autre qu'ils sont prospères ? et qu'en se ruinant on se ruine la santé ? Oui, mais pourquoi se faire de la bile quand l'un et l'autre vont bien ?

Vivre avec beaucoup d'argent

Durant des générations, l'argent en France a été un sujet tabou ; à la table familiale, jamais on ne prononçait ce mot ; dans la bouche d'une aristocrate, il aurait été une grossièreté, de la part d'une bourgeoise, fort inconvenant. On faisait simplement comme s'il n'existait pas.

Aujourd'hui, l'argent est roi, l'argent est l'arme absolue ; on l'honore, on est prêt à bien des compromissions pour l'obtenir. On est passé d'un excès de réprobation à un excès d'honneur.

Comment vit-on avec beaucoup d'argent ? Bien, même très bien. Mais comment se comporte-t-on devant l'argent ? Voilà la vraie question.

Ceux qui sont riches depuis des décennies ne font pas étalage de leur fortune. Ils dépensent moins qu'ils le pourraient, discrètement, soucieux de conserver, d'enrichir et de transmettre le patrimoine qu'ils ont reçu.

Les nouveaux riches, en revanche, vivent souvent dans un luxe ostentatoire, tapageur, insolent. À tout moment, ils ont envie de faire sonner leur bel argent, de faire savoir que leurs coffres sont pleins. Aucun signe extérieur de richesse ne leur semble superflu ni excessif.

Cet été, au cours d'un petit dîner à Cannes, la femme d'un grand promoteur immobilier arriva, couverte d'émeraudes : boucles d'oreilles, collier, bracelet, broche, bagues à presque tous les doigts. Seules ses chaussures avaient échappé aux joyaux.

Au dessert, d'un geste nonchalant, elle décrocha l'énorme croix qu'elle portait, la posa sur la table et d'un air fatigué dit à son mari :

– Mon chéri, elle est vraiment trop lourde.

Son voisin la foudroya du regard :

– Quel calvaire, Madame, l'argent c'est vraiment difficile à porter...

Il n'est ni interdit ni répréhensible de gagner et de dépenser beaucoup d'argent, à condition de respecter certaines règles de savoir-vivre, c'est-à-dire :

• la discrétion ;

• le discernement : on ne dilapide pas ses biens, on ne dépense pas à tort et à travers, on ne « claque » pas des fortunes au casino ;

• le sens du patrimoine : on fait fructifier l'argent hérité de ses parents avant de le léguer à ses enfants ;

• le sens du mécénat.

Je m'interroge : mes propos relèvent peut-être du bon sens, mais d'un bon sens étroit qui est le mien, peut-être pas le vôtre. Oui, je n'éprouve aucune attirance envers les flambeurs, envers ceux qui perdent ou jouent des fortunes. En revanche, j'admire les artistes qui dépensent, distribuent ce qu'ils ont dans leur poche, insoucieux du lendemain.

Comment vit-on avec peu d'argent ?

Mal, très mal. Y a-t-il un savoir-vivre quand on est vraiment démuni ?

Non, il y a un savoir-survivre. Et seul l'abbé Pierre qui a choisi d'aider les plus pauvres parmi les pauvres peut en parler.

La charité consiste à donner aux autres les moyens de vivre par leur propre travail et dans des conditions conformes à la dignité humaine.

Plus grande est votre fortune, plus grande est votre responsabilité envers ceux qui n'ont rien.

L'hôpital et le savoir-vivre

Savoir vivre avec ses médecins

Récemment en visite dans une maison de retraite, je fus arrêtée de la main par une vieille dame assise dans son fauteuil. N'y voyant plus guère, elle me demanda de remplir pour elle son bulletin du Loto. À court d'imagination, je choisis les numéros qui s'étalaient devant moi : celui des pompiers, de police secours, du Samu.

– Et que ferez-vous, chère Madame, si vous gagnez le gros lot? lui dis-je en lui rendant son billet.

Sans hésiter elle répondit :

– Je ferais venir chez moi le médecin tous les jours.

L'angoisse de la mort peut expliquer la réponse de cette vieille dame. Mais il existe des hommes et des femmes hypocondriaques qui, quel que soit leur âge, se croient toujours malades et donc autorisés à téléphoner à leur médecin à n'importe quelle heure du jour ou de la nuit. Ils l'appelleraient du bout du monde sans se soucier de savoir s'ils le dérangent en pleine consultation; ils insistent pour lui parler sur-le-champ comme si leur malaise passait avant celui des autres.

Première règle du savoir-vivre : on ne dérange pas son médecin pour lui demander une consultation par téléphone ; pas plus qu'on ne profite de la présence d'un praticien à sa table ou à celle d'un ami pour lui arracher une consultation gratuite.

Un médecin reçoit sur rendez-vous à son cabinet ou à l'hôpital. C'est là et là seulement que vous pouvez lui exposer tous vos problèmes.

En s'adressant à lui, vous dites : « Docteur » ; « Monsieur le Professeur », s'il est professeur agrégé ; alors que les internes et les chefs de clinique de son service l'appellent d'un respectueux : « Monsieur ».

Savoir vivre avec ses patients

Pour un malade, vous êtes le messie ; il attend tout de son médecin, il a remis sa vie entre vos mains, au point d'avoir parfois un comportement d'enfant. Si mesuré que soit votre temps, ayez la patience, ayez la bonté de rassurer vos malades, de leur expliquer ce qui leur arrive, les phases du mal dont ils sont atteints. Car si certains sont capables de faire front à la maladie, la plupart, vous le savez, sombrent dans la dépression, cessent de lutter, perdent le goût de vivre. Vous seul, souvent, pouvez leur insuffler la force de lutter.

Écoutez ceux que vous soignez et, par un bon sourire, donnez-leur la promesse de guérir. Merci de ne refuser à personne l'espoir.

Savoir vivre avec les infirmières

Devant la maladie, les hommes sont (à peu près) égaux. Qu'ils soient seuls dans une chambre ou qu'ils la partagent à plusieurs, à l'hôpital ils reçoivent tous les mêmes soins. Les infirmières, qui se dévouent sans compter, non seulement les soignent du matin au soir, mais leur prodiguent encouragements et réconfort. Que ferait-on sans les infirmières ?

On sonne, elles accourent. On les dérange pour qu'elles redressent un oreiller, pour qu'elles reprennent la tension, pour qu'elles vous versent à boire ; on les dérange neuf fois sur dix pour un rien, ou pour très peu de chose. On abuse de leur serviabilité, on oublie qu'elles aussi ont de bonnes raisons d'être fatiguées. La maladie n'est pas une excuse à l'abus ; même à l'hôpital, il y a un savoir-vivre : c'est la considération pour autrui ; il faut donc, avant tout, oublier son statut social, ne pas réclamer une attention ou des soins particuliers et se répéter qu'on n'est pas le seul malade.

Devant votre infirmière, ne dénigrez pas les soins que vous recevez, ni le médecin qui vous soigne, elle aurait raison d'en être affectée et rappelez-vous que la confiance est un facteur de votre guérison.

Avec elle, comme avec vos voisins de chambre, évitez, pour votre moral comme pour le leur, les conversations qui tournent autour des problèmes de santé ; si on s'enferme dans la maladie comme dans une prison, on risque d'y être condamné à perpétuité.

Si on vous inflige de nouveaux examens ou si on vous prescrit un nouveau traitement, n'ayez pas la faiblesse de vous en plaindre à votre infirmière ; vous savez qu'elle ne fait que suivre les ordres qu'elle a reçus. Et, si l'examen auquel on vous soumet est douloureux, l'infirmière n'y est pour rien, il faut accepter de souffrir un court instant.

Enfin ne soyez pas familière avec elle, elle a droit elle aussi au titre de « Madame » et à toutes les formules de politesse : « Pourriez-vous », ou « Auriez-vous la gentillesse de ». Un ordre qui commence ainsi n'en est plus un et les relations qui s'instaurent prennent immédiatement une tournure différente.

Même si vous êtes très pressée de quitter l'hôpital, ne partez pas sans avoir remercié vos infirmières, la tradition veut qu'on leur remette un petit présent : peut-être pas des bonbons, des chocolats ou une plante verte dont elles ne savent que faire, mais un cadeau plus personnel : un livre, un disque ou un foulard. Mieux encore : de l'argent. Remettez sous enveloppe un petit billet, même modeste, à l'infirmière en chef qui le répartira ensuite, avec les autres sommes reçues, dans tout le service.

Savoir vivre avec un malade

Lorsque vous allez rendre visite à un malade, épinglez un grand sourire à vos lèvres dès que vous franchissez le seuil de sa porte. Sachez lui mentir avec conviction, n'ayez pas peur d'être trop optimiste, on ne rassure jamais assez une personne alitée.

Même si vous souhaitez l'avis d'un second spécialiste, ne dites jamais à votre malade du mal de son médecin traitant, n'ébranlez pas la confiance qu'il a en lui. Même si votre expérience est grande, ne lui assenez pas votre propre diagnostic et ne préjugez pas de la durée de sa convalescence ; vous pourriez, sans le vouloir, lui infliger une cruelle désillusion.

Si vous souhaitez des précisions sur son état de santé, n'accrochez pas le médecin dans le couloir ; le savoir-vivre est de prendre rendez-vous avec lui ; et ne vous informez pas auprès des infirmiers ou du médecin de l'état de santé de votre parent ou ami, en sa présence.

Si vous téléphonez à une personne souffrante pour prendre de ses nouvelles, soyez bref et ne le faites ni aux aurores, ni tard dans la nuit ; en visite chez lui, ne vous attardez pas, une chambre de malade n'est pas un salon où l'on cause. À l'hôpital ou à la clinique, respectez les heures de visite et, si la personne que vous allez voir partage la chambre de quelqu'un d'autre, ayez l'amabilité de le saluer, de vous enquérir de sa santé. Et ne demandez pas un passe-droit pour vos visites sous prétexte que vous êtes une personne importante ou très occupée.

Enfin, je le répète, n'apportez ou n'envoyez jamais de fleurs à un malade, l'odeur pourrait l'incommoder. D'ailleurs, la plupart des hôpitaux les interdisent désormais.

Le savoir-vivre du malade

La maladie ne doit pas faire de vous un tyran ; vous ne devez pas exiger de votre entourage médical ou familial une présence permanente, chacun a droit au repos et à la liberté. Il est important pour vous et pour les autres que vous parliez d'autres sujets que de votre maladie, vos malaises ne sont pas les seuls problèmes du monde. La relativité, ne perdons jamais de vue la relativité des choses.

Et si vous saviez garder votre humour, vous seriez un malade en or ! Je me souviendrai toujours de la réplique

que me fit l'un de mes cousins, allongé, très pâle, sur le chariot qu'un infirmier conduisait au bloc opératoire.

Dans mon trouble, je lui demandai :

– Comment vas-tu, Jacques ?

– Tu vois !... comme sur des roulettes.

N'inquiétez pas votre entourage, qui guette sur votre visage le moindre signe d'amélioration. Rassurez-le sur votre état, cela vous rassurera.

À la clinique ou à l'hôpital, on ne le répétera jamais assez, oubliez votre rang social et considérez-vous comme l'égal des autres. Si vous partagez votre chambre avec un autre malade, faites-le participer à la conversation que vous avez avec les personnes qui vous rendent visite. Proposez-lui de goûter les friandises que vous avez reçues.

Savoir vivre avec un accidenté de la route

Vous souvenez-vous du film *Les choses de la vie*, tiré d'un beau livre de Paul Guimard avec Romy Schneider et Michel Piccoli ? Un accident sur une route de campagne, la voiture fait plusieurs tonneaux, son conducteur est éjecté. Couché dans le pré, Michel Piccoli est à demi conscient. Les gens et les secouristes qui s'attroupent autour de lui font tout haut leurs réflexions : « Il a l'air fichu ! », « Il est dans un état terrible », « S'il n'est pas mort, ça va pas tarder », « Y'a plus rien à faire ».

Et l'accidenté entend tout, s'affole, il voudrait pouvoir leur crier : « Emmenez-moi, je ne suis pas mort », mais il est incapable de parler, d'ouvrir les yeux.

Ces scènes ne se passent pas que dans les romans. Je connais un célèbre professeur de médecine, Jean-Claude

Chermann, à qui la même aventure est arrivée après un accident de scooter, alors qu'il n'avait que vingt ans.

Moralité de l'histoire : devant un accidenté de la route, abstenons-nous d'un commentaire alarmiste. N'ayons que des paroles rassurantes. Rappelons-nous qu'il peut nous entendre. Écartons les badauds et les importuns. Et surtout, faisons notre possible pour que le blessé soit dirigé au plus vite vers un hôpital.

Savoir vivre ensemble

Savoir vivre avec les handicapés

Ils sont de plus en plus nombreux dans notre société où, chaque année, les accidents de la route font de plus en plus de victimes.

Savons-nous vivre avec les handicapés ? Non, pas vraiment. Notre première réaction lorsque nous rencontrons l'un d'eux, terriblement diminué ou déformé, est de tourner la tête pour regarder ailleurs. Or ce geste d'exclusion, les handicapés le perçoivent et en sont affectés. Notre refus de les intégrer à notre vie resserre encore plus le cercle où leur infirmité les enferme.

Notre sens civique, la solidarité qu'il nous faut témoigner à notre prochain devraient nous inciter à surmonter nos faiblesses pour briser leur isolement, leur souffrance morale.

Aider un aveugle à traverser, lui décrire ce qu'il ne voit pas, parler normalement à un handicapé mental, tenter d'élargir son univers sont des tâches parfois difficiles, mais toujours gratifiantes. Faire naître un sourire sur le visage d'un enfant trisomique peut être une récompense sans prix.

Savoir vivre avec les personnes âgées

Dans de nombreux pays, en Afrique noire par exemple, les personnes âgées jouissent de la considération générale ; on a pour eux un respect tout particulier, on les consulte avant de prendre une décision et leur jugement prévaut. Un « vieux » là-bas, c'est un sage.

Dans nos pays occidentaux, les vieux on ne sait même plus comment les appeler. On les découpe en tranches : il y a ceux du troisième, du quatrième, du cinquième âge. Ils n'ont plus place parmi nous, le poids des ans les enferme dans un ghetto et les coupe même de leur famille.

La vieillesse chez nous est un âge très triste ; à la veille de toutes les grandes vacances, les journaux relatent des histoires terribles de vieilles personnes infirmes que l'on abandonne chez elles, sans aide ni ressources.

Il existe dans quelques villes de France des agences qui, durant vos vacances, envoient des retraités chez vous ; ils gardent votre appartement, l'entretiennent, s'occupent de vos animaux, de vos plantes vertes, de votre jardin, de faire suivre votre courrier. Pourquoi ne créerait-on pas le même service pour venir en aide aux personnes âgées ?

Chacun de nous devrait réfléchir à la vieillesse et s'y préparer. Comment ? En continuant à fréquenter des personnes âgées, à être proche d'elles en leur témoignant le respect qui leur est dû : se lever dès qu'elles entrent, leur céder la place ; les aider à gravir un escalier, une marche d'autobus, à traverser une rue ; ne pas fumer en leur présence sans leur en demander la permission. Et surtout en adoucissant leur solitude : nous devons leur téléphoner le plus souvent possible, faire de temps à autre leurs courses, nous préoccuper de leur linge, remplir leurs papiers administratifs, les accompagner en voiture à leur club, les écouter, leur apporter un livre enregistré sur cassette, si elles ont la vue basse. Il est tant de façons de leur faire plaisir et de se rapprocher d'elles.

Savoir vivre avec les immigrés

« Aimez l'étranger, car vous avez été étrangers en terre d'Égypte », nous enseigne la Bible.

Quel que soit le jugement que certains portent sur leur présence sur notre sol, vous devez aux immigrés – dois-je répéter cette évidence ? – les égards dus à n'importe quel citoyen. Est-il besoin de préciser qu'en vous adressant à eux, vous direz Monsieur ou Madame et vous les vouvoierez ? Au nom de quoi critiquer leurs coutumes, leur religion, leurs traditions ? Le premier des savoir-vivre nous enseigne le respect de l'autre et de ses convictions.

Savoir vivre avec les étrangers

Nous aimons un pays pour la beauté de ses paysages ou des monuments de ses villes, mais surtout pour l'hospitalité de ses habitants.

Les touristes, qui chaque année viennent par millions chez nous, disent que la France est l'un des plus beaux pays du monde. Mais, l'avez-vous remarqué ? ils parlent avec moins d'enthousiasme de l'accueil que nous leur réservons.

Recevoir un étranger chez soi plutôt qu'au restaurant transforme presque toujours une relation formelle en une relation amicale : ouvrir sa maison à quelqu'un, c'est en quelque sorte lui ouvrir les bras. Si vous l'accompagnez dans un musée ou une église, sa visite, par votre seule présence, en sera complètement changée.

Dans la rue, ayez la gentillesse d'expliquer son chemin à un étranger et, si vous le pouvez, faites quelques pas avec lui pour le mettre dans la bonne direction.

Un jour, à votre tour, vous serez étranger chez lui...

V

SAVOIR PARLER, TÉLÉPHONER, ÉCRIRE, E-COMMUNIQUER

Savoir parler

Depuis l'aube des temps, les conteurs ont joui d'un prestige considérable. Dans les villages, on attendait leur venue, on se rassemblait autour d'eux et, s'ils possédaient l'art oratoire et l'art du récit, leur pouvoir était grand. Celui qui manie bien la langue manie son auditoire et l'éloquence d'un avocat peut sauver la tête d'un coupable.

Un homme qui dispose d'un vocabulaire de cinquante mots ne peut exprimer l'idée la plus simple, sa pensée est comme paralysée. Un homme qui dispose de dix mille mots se sort des situations les plus difficiles. L'inégalité de l'éducation est la plus injuste des inégalités. Mais je persiste à croire qu'il n'est jamais trop tard pour apprendre.

Il n'est nul besoin de souligner davantage la supériorité que l'on acquiert sur les autres lorsqu'on s'exprime avec talent. Rappeler l'exemple de l'orateur grec Démosthène est même superflu. Si ce n'est pour remarquer qu'il est essentiel de se faire comprendre, c'est-à-dire d'articuler, de bien placer sa voix, d'avoir un débit qui ne soit ni trop lent, ni trop rapide, un ton qui ne soit ni trop bas, ni trop haut. Les hommes politiques, à l'exemple des acteurs, prennent des cours d'élocution. Un bon professeur de diction est aussi précieux qu'un bon coiffeur. Aux États-Unis, les standardistes des grandes sociétés, des hôtels, des aéroports ont l'obligation d'avoir un diplôme d'élocution, et le charme de leur voix agit sur les clients comme le chant des Sirènes sur Ulysse.

L'accent

Une pointe d'accent peut être un élément d'originalité, la marque du terroir. Imaginerait-on Raimu ou Fernandel s'exprimant comme un Parisien, sur un ton affecté ou avec une touche « British » ?

En revanche, si l'on est affligé d'un bégaiement, d'un zézaiement ou d'un zozotement, il vaut mieux consulter un orthophoniste.

La prononciation

On doit prononcer toutes les lettres d'un mot et éviter à tout prix de dire : « T'as été au cinéma ? » ou « T'as vu cet homme ? » De même, on ne retire pas les voyelles d'un mot : on dira « un jeton », jamais un « *j'ton* », « Genève », jamais « *Gnève* », « chemin » jamais « *chmin* ». Et on n'en ajoute pas : un pneu n'est pas un « *peneu* ».

Certains mots ne se prononcent pas comme ils s'écrivent. « Gageure » se dit « *gajure* ». Enfin, il faut respecter les accents : dans une féerie, un pèlerinage, le deuxième « e » n'a pas d'accent. On ne dira donc pas : « *féérie* » ni « *pèlérinage* ».

On prononcera différemment le « on » et le « en » : le thon et le temps se confondent dans la bouche d'un grand nombre.

Les liaisons

Certaines liaisons sont dangereuses : on dira : « un homme et une femme » et non pas « un homme *é tune* femme ». Elles sont donc à proscrire; d'autres sont nécessaires car le français est une langue liée. On dira : « *Commen tallez-vous ?* »

Si en parlant une liaison nous échappe ou si nous faisons une liaison mal à propos, il faut la rattraper, la rétablir, plutôt que de laisser planer la faute. Je trouve regrettable que les présentateurs de radio et de télévision, qui ont les mêmes devoirs que nos enseignants et complètent en quelque sorte notre éducation et celle de nos enfants, ne respectent pas toujours les liaisons et les règles de notre langue.

L'argot et les grossièretés

Il n'y a rien à en dire si ce n'est qu'ils sont déplorables chez un adulte. Seul l'adolescent a le privilège d'utiliser tous les mots nouveaux, les abréviations et anglicismes qui naissent à chaque saison; sans pour autant recourir aux grossièretés. Dans la bouche des quadragénaires, un tel vocabulaire est franchement ridicule.

Gardons-nous de ponctuer nos phrases par « OK », pis encore par « ouais » et nos maladresses, nos impatiences, nos colères, notre mépris par le mot qui rendit célèbre le vicomte Pierre, Jacques, Étienne Cambronne.

L'art de la conversation

On ne parle pas à tort et à travers, on ne coupe pas la parole de son voisin, on n'interrompt personne, on ne contredit pas son interlocuteur, on n'interprète pas ses idées avant qu'il ait eu le temps de les exposer, on termine ses phrases, on ne laisse pas à l'autre le soin de deviner sa pensée ; « Tu vois ce que je veux dire ? »

On ne parle pas de n'importe quoi. Il y a même des sujets que l'on ne devrait jamais aborder : les problèmes de santé, les ennuis d'argent, les soucis familiaux ou domestiques. On ne se flatte pas de ses succès, de ceux de son conjoint, de ses enfants ou des prouesses de son chien. On a la modestie de ne pas parler de soi. Pour intéresser la personne avec laquelle on s'entretient on lui parle d'elle-même, de son métier, de ses proches ou de l'actualité ; on essaie d'oublier les petits problèmes quotidiens, la routine, pour élever le niveau du débat et on chasse les lieux communs, les expressions toutes faites, les proverbes, les clichés, tout ce qui relève de la facilité et de l'impersonnalité.

On évite d'annoncer les mauvaises nouvelles et les catastrophes. On n'aborde que des sujets plaisants.

Une femme devrait s'abstenir de raconter des histoires grivoises, de faire des plaisanteries d'un goût douteux, surtout en présence des enfants ou des personnes âgées.

Mon mari qui adorait les histoires ne supportait pas que les femmes en racontent de vulgaires.

On ne se vante pas de ses conquêtes, de son pouvoir de séduction. En cas de divergences politiques ou religieuses il importe de ne pas poursuivre une polémique qui risquerait de tourner au conflit.

Garder un ton mesuré, n'être ni péremptoire ni insultant vous confère un double avantage : vous êtes à la fois plus crédible car vous savez maîtriser vos émotions, et d'une courtoisie à toute épreuve puisque vous respectez une opinion qui vous paraît répréhensible ou même coupable. On reconnaît une habile maîtresse de maison à l'art avec lequel elle sait détourner une conversation engagée sur un chemin périlleux, à l'art avec lequel elle donne à chacun de ses convives l'occasion, sinon de briller, en tout cas de s'exprimer. À moins qu'elle ne reçoive une personnalité exceptionnelle dont les propos peuvent passionner tout l'auditoire.

Savoir se taire

« C'est une grande misère que de n'avoir pas assez d'esprit pour bien parler ni assez de jugement pour se taire », constatait La Bruyère, qui s'y connaissait en caractères. Monopoliser la conversation, à moins d'être un esprit supérieur dont on requiert le jugement, est une preuve d'incivilité, voire de grossièreté. Sachons écouter les autres, soyons courtois et attentifs à leur discours. Laissons-leur le loisir d'exprimer leurs opinions ou de dévider leur chapelet. Savoir écouter, savoir par une question relancer une conversation est aussi important que savoir parler.

Une femme qui prête une oreille empressée aux propos des autres sans témoigner ni impatience ni ennui a certainement plus de chances de plaire qu'une bavarde impénitente. Non seulement elle échappe à une maladie incurable, l'égocentrisme, mais elle acquiert aussi une connaissance du cœur humain qui fait d'elle une subtile psychologue.

Commencer ses phrases par un impérial : « Moi, je », utiliser la forme affirmative ou négative, sans jamais passer par le doute, ce n'est pas bon signe. On peut avancer, sans grand risque de se tromper, que ceux qui sont affligés d'une inflammation de leur Moi se flatteront de leurs relations, de leur fortune, feront état de leur fonction ou de leurs titres. Une personne de qualité, c'est tout le contraire. Elle s'abrite derrière un « Il me semble que », ou un conditionnel et, de sa vie privée, vous ne saurez rien, surtout si celle-ci est très brillante.

Savoir mettre fin à une conversation

Avant d'être reçue par la souveraine d'une cour européenne, je demandai au chef du protocole :

– Comment saurai-je que la reine veut mettre fin à la conversation ?

– Ne vous inquiétez pas, me répondit-il. Lorsque Sa Majesté retournera sa main, la paume en l'air, sa dame de compagnie (*the waiting lady*) s'avancera pour vous raccompagner.

Quelle que soit la personne avec laquelle on entame une conversation, il importe de savoir y mettre un terme au moment opportun. Il vous suffit d'être attentif, de détecter chez votre interlocuteur le premier mouvement d'impatience, un pied qui bat la mesure, une main qui pianote, un œil qui lorgne la montre. Autant de signes qu'il convient d'interpréter immédiatement : il est temps de clore l'entretien.

Savoir faire un discours ou une allocution

Il nous arrive d'avoir à prononcer un discours à l'occasion d'un anniversaire, du départ d'un collègue, d'une soirée de bienfaisance... Les meilleures improvisations sont celles qui ont été mûrement préparées et rédigées. Car, à moins d'être né orateur ou d'avoir une longue expérience du discours, on ne prend pas inopinément la parole en public, sous peine de tenir des propos décousus. Un effet oratoire n'est pas le fruit du hasard mais de la réflexion.

Un discours, quel que soit le public auquel il s'adresse, doit être :

- Bref, très bref!
- Clair
- Simple, très simple.

Pour être intéressante, une allocution doit être personnelle, originale, jamais triviale ni pompeuse. La politesse est de n'infliger à personne un prêche interminable et truffé de citations.

Vous commencerez votre allocution par le traditionnel « Mesdames, Mesdemoiselles, Messieurs ». Mais si une personnalité est dans la salle, c'est à elle que vous vous adresserez en premier : « Monsieur le Ministre ou Monsieur l'Ambassadeur ou Monsieur le Grand Rabbin, Mesdames, Mesdemoiselles, Messieurs ».

Le trac : on peut, sinon l'éviter, du moins le maîtriser si l'on est sûr de son texte (de la forme et du contenu) et si l'on a pris la précaution de le lire plusieurs fois à haute voix. Enfermez-vous (comme le faisait Flaubert dans une chambre qu'il appelait son gueuloir) et lisez-le d'une voix claire en essayant de l'apprendre pour le prononcer avec aisance.

Un bon conseil : enregistrez-vous sur une cassette audio ou mieux vidéo. Il vous sera plus facile de corriger votre diction, votre texte et de mesurer votre temps de parole. Après avoir effectué cet exercice, vous vous sentirez très vite beaucoup plus sûre de vous. Avant de prendre le micro, buvez un petit (petit) verre d'un bon bordeaux, il agit comme un remontant. Même si vous connaissez votre allocution par cœur (ce que je vous conseille), commencez, devant votre public, par lire les premières phrases à haute et intelligible voix, le temps de retrouver votre assurance et votre respiration. Puis détachez-vous de votre texte pour regarder votre auditoire et établir un contact avec lui. Ne parlez ni trop vite ni trop lentement, mais sur un rythme « allegro vivace ». Assise à une table, ou debout devant un pupitre, gardez le buste bien droit, les mains à plat et non agrippées au micro. Rapprochez vos jambes l'une de l'autre, la droite légèrement en avant de la gauche.

Et vous, Messieurs, merci de boutonner votre veste et de retirer votre main de la poche.

Savoir vivre en Européen

Comment se construirait l'Europe si chacun de nous restait enfermé dans sa langue, sa culture, ses coutumes ?

Apprendre au moins une langue étrangère est aujourd'hui une nécessité, le fondement d'un savoir-vivre européen.

L'Éducation nationale a bien raison d'exiger de nos enfants qu'ils parlent couramment au moins une langue étrangère. Ne pourrait-on pas imposer à nos politiciens d'en faire autant, quitte à leur organiser des cours du soir s'ils veulent rattraper le train de l'histoire et garder le tunnel dans leur manche ? Je trouve affligeant de voir nos ministres et nos députés recourir à un interprète pour dialoguer chaque matin avec nos voisins. Il faut se résoudre à accepter que le français ait cessé depuis longtemps d'être la langue diplomatique.

Ce que l'on ne dit pas	**Ce que l'on dit**
Malgré que	Bien que
Un aérogare	Une aérogare
Un autoroute	Une autoroute
Une après-midi	Un après-midi
Une après-dîner	Un après-dîner
Un ciseau	Des ciseaux
Des escaliers	Un escalier
Une rallonge	Une allonge
Une chrysanthème	Un chrysanthème
Un azalée	Une azalée
Un perce-neige	Une perce-neige
Une astérisque	Un astérisque
Une effluve	Un effluve
Une alvéole	Un alvéole
Par contre	En revanche
Il s'enfuya	Il s'enfuit
Il va de mal en pire	Il va de mal en pis
Il préfère ceci que cela	Il préfère ceci à cela
Tant qu'à moi	Quant à moi
C'est moi qui est venu	C'est moi qui suis venu
Je pars à Londres	Je pars pour Londres
Va te changer	Va changer de vêtements
Je vais à la neige	Je vais à la montagne
Je ne suis pas très gâteau	Je n'aime pas les gâteaux
J'ai lu sur le journal	J'ai lu dans le journal
Je m'en rappelle	Je m'en souviens
Je viens de suite	Je viens tout de suite

Ce que l'on ne dit pas	Ce que l'on dit
Je parle avec Luis	Je parle à Luis
Je cause anglais	Je parle anglais
Un rue passagère	Une rue passante
Je vais chez le docteur	Je vais chez le médecin
Bonjour Messieurs Dames	Bonjour Monsieur, bonjour Madame
Bien le bonjour	Au revoir
Ma dame	Mon épouse, ma femme
Mon mec	Mon mari, mon compagnon
Ma future	Ma fiancée
Ce midi	À midi
C'est très ennuyant	C'est très ennuyeux
C'est émotionnant	C'est émouvant
Il a solutionné ce problème	Il a résolu ce problème
Contactez-le	Prenez contact avec lui
Se baser sur	Se fonder sur
Je m'excuse	Veuillez m'excuser
Nous avions convenu de	Nous étions convenus de
J'ai rêvé à vous	J'ai rêvé de vous
Cent euros chaque	Cent euros chacun
Je suis invité à manger	Je suis invité à dîner
Iras-tu en bicyclette	Iras-tu à bicyclette
En face le jardin	En face du jardin
Le livre que j'ai besoin	Le livre dont j'ai besoin
Vous irez promener	Vous irez vous promener
C'est impensable	C'est incroyable
La clef est après la porte	La clef est sur la porte
Parler le français comme une vache espagnole	Parler le français comme un Basque l'espagnol
Prenez sans façons	Prenez, je vous prie
Surtout que tu le crois	D'autant plus que tu le crois
Au plaisir	Au revoir
Mince (ou les cinq autres lettres)	Au tableau noir du savoir-vivre

Savoir téléphoner

Le téléphone, surtout s'il est portable, s'est glissé entre les amants et a transformé les relations amoureuses. Il est devenu le baromètre des amours : muet, le temps est à l'orage ; occupé en permanence, les cœurs flambent au beau fixe. On ne dit plus : « Il m'aime », mais « Il m'a téléphoné ». Pour deux êtres épris, le téléphone est un appareil magique, un sorcier, un grand manitou : il annule l'absence, abolit les distances et le temps. Si loin que soit celui ou celle que l'on aime, le téléphone, instantanément, le fait surgir des ténèbres et, instantanément, l'angoisse de la séparation s'apaise. Les mots, les soupirs, les aveux, les silences coulent d'une oreille à l'autre comme une musique céleste.

Mais pour un simple mortel la sonnerie du téléphone s'apparente par bien des côtés à un vol par effraction ; on vient cavalièrement vous ravir votre temps, on interrompt votre petit déjeuner ou une conversation ou le film que vous regardiez à la télévision. Et pour vous raconter quoi ? Rien de bien intéressant. Il importe donc de savoir téléphoner.

À quelle heure peut-on appeler quelqu'un ? Si ce n'est pas un parent ou un proche à qui vous souhaitez parler, ne téléphonez pas le matin avant 9 heures, le soir après 22 heures. Respectez l'heure des repas, l'heure des informations ; si vous appelez un dimanche, soyez encore plus bref et n'oubliez pas de présenter vos excuses.

Une fois le numéro composé, ayez la patience de laisser sonner une à deux minutes, ne raccrochez pas après la troisième sonnerie, donnez à la personne que vous appelez le temps de sortir de sa baignoire ou de sa cuisine. Courir pour aller répondre et s'apercevoir que l'autre n'est plus là n'est pas agréable. Lorsque vous appelez à l'étranger, tenez compte du décalage horaire avant de composer votre numéro.

Comment se présenter ?

« Allô ? Bonjour, Madame (ou bonjour, Monsieur). Ici, Madame Edmond de Rothschild, pourrais-je parler à Maître Jean Dufaure ? »

Vous commencez d'abord et toujours par vous présenter. Un homme ne dira jamais : « Ici, Monsieur Buisson », mais : « Ici, Paul Buisson. »

Dès que vous avez au bout du fil la personne à qui vous souhaitez parler, vous lui demandez avant toute chose :

« Est-ce que je vous dérange ? Voulez-vous que je vous rappelle plus tard ? »

Si vous avez envie ou besoin de parler à Monsieur ou Madame Masson, ne les faites surtout pas appeler par votre secrétaire qui serait ainsi obligée de laisser patienter ce monsieur ou cette dame avant de vous les passer. On ne fait jamais attendre la personne que l'on dérange, elle serait en droit de raccrocher.

La conversation téléphonique doit être brève et précise. On ne téléphone pas pour rien, pas pour demander des conseils futiles, même à une personne qui vous est très proche. Et souvenez-vous que c'est celui qui appelle qui devrait prendre l'initiative de clore l'entretien.

Je connais des femmes, et même des hommes, qui vivent accrochés au téléphone comme d'autres à un ballon d'oxygène. Ils ont plusieurs lignes, plusieurs appareils, et ces téléphomaniaques se déplacent du salon à la salle de bains, un combiné à la main. Ils parlent des heures durant, mènent de front plusieurs conversations qu'ils infligent à tous, passant d'une ville à l'autre, d'un ami à l'autre et, dans l'après-midi, d'un continent à l'autre, tissant ainsi un réseau serré de relations, proche du réseau d'indicateurs (le goût de l'intrigue s'ajoutant à une curiosité naturelle). Ces personnes vous appellent à n'importe quelle heure du jour ou de la nuit, vous retiennent une heure ou une seconde selon leur caprice ou la nécessité du moment, vous préviennent qu'elles vous rappelleront dans un instant parce qu'elles sont interrompues par l'arrivée de leur petit déjeuner ou de la masseuse ou du petit chien qui vient de bondir sur leur lit. Et elles vous oublient, tout aussitôt.

D'autres, et j'en connais beaucoup, ne vous appellent que pour vous demander un service.

Qu'est-ce qui leur donne cette impertinence ? Le désœuvrement ? Le manque de savoir-vivre, peut-être.

Si c'est votre personnel qui répond au téléphone en votre absence, cette personne devra commencer par dire : « Madame est absente » (ou Monsieur est absent), « Qui la (ou le) demande ? »

Et non pas : « Qui la demande ? Madame est sortie. » Ce qui pourrait laisser supposer à votre interlocuteur que vous ne souhaitez pas lui parler.

Attention : une standardiste, une secrétaire, un employé de maison ne doivent jamais dire : « De la part ? » comme on l'entend trop souvent, mais : « De la part de qui, Madame ? (ou Monsieur). »

Est-il nécessaire de souligner le rôle du téléphone dans la réussite ou l'échec d'une société ? Une standardiste, un employé qui répondent à leur interlocuteur avec amabilité, qui s'efforcent d'être rapides, efficaces, coopératifs, gagnent des clients. En revanche, ceux dont la voix est sèche et le propos discourtois font courir des risques à leur entreprise à plus ou moins longue échéance.

Lorsque je téléphone à une amie, à un médecin, à un avocat, ou à un coiffeur, je me présente : Madame Edmond de Rothschild. En revanche, si j'appelle un éditeur ou un journaliste, j'annonce Nadine de Rothschild. De même, si j'appelle une amie, je demanderai à parler à Madame Joseph Couturier ; tandis qu'à son bureau je demanderai Madame Valentine Couturier.

Si je souhaite parler à un homme, je dirai toujours : « Monsieur Thierry Ardisson », jamais « Thierry Ardisson », ce que font bien des personnes. La célébrité des uns n'autorise pas la familiarité des autres.

Lorsque vous vous adressez aux renseignements téléphoniques, n'oubliez jamais que, derrière ce numéro, il y a un être humain et pas un robot. Soyez donc aimable ; même si cette personne est là pour vous répondre, elle a droit à vos remerciements.

Quand on vous appelle

Répondez avec obligeance et cordialité, montrez par l'intonation de votre voix que vous avez plaisir à entendre votre interlocuteur. Si on vous dérange, n'hésitez pas à demander d'emblée à votre correspondant de vous rappeler à une heure que vous lui fixerez. Il n'y a pas de raison de subir une conversation alors que l'on est sur le point de sortir ou en plein milieu d'un travail ou d'une discussion.

Communication pour un tiers

Si vous recevez une communication pour un ami qui habite chez vous, ne demandez pas à la personne qui appelle : « De la part de qui, s'il vous plaît ? » Mais simplement : « Voulez-vous ne pas quitter, je vous le passe. »

À votre ami, vous tendrez l'appareil sans préciser : « C'est un homme » ou « C'est une femme qui vous demande ».

Pendant qu'il parle (il doit avoir la politesse d'être aussi bref que possible), il est souhaitable que vous quittiez la pièce pour qu'il puisse s'exprimer plus librement. Lorsque, la conversation achevée, vous revenez, vous ne posez aucune question, même pas celle empreinte de sollicitude : « De bonnes nouvelles, j'espère ? » Rien ne doit laisser supposer que vous avez, malgré vous, entendu certains propos. Vous faites comme si rien ne s'était passé.

Le haut-parleur

Lorsque vous êtes en communication, n'enfoncez jamais la touche haut-parleur en présence d'un tiers. Une conversation est toujours imprévisible et cette personne pourrait entendre – cela arrive, croyez-moi – des propos désobligeants sur elle ou sur quelqu'un qui lui est proche.

En quelles circonstances ne doit-on jamais téléphoner mais écrire ?

• En principe pour remercier d'un week-end ou d'une grande soirée.

• Obligatoirement pour féliciter quelqu'un à l'occasion d'une naissance, d'un baptême, d'une communion, de fiançailles, d'un mariage, d'une remise de décoration, ou pour adresser ses condoléances.

Les mérites du téléphone

Ils sont si nombreux qu'il serait impossible d'en dresser la liste.

Le téléphone, en plus de ses mérites techniques, a le pouvoir d'annuler les inhibitions, de faire tomber les réserves, parfois même la pudeur. Au téléphone, dans le silence de la nuit, on se livre à des confidences que l'on ne ferait jamais dans la journée et jamais de vive voix. Devant son appareil, le timide est moins timide et le bavard, intarissable. Ce qui m'a amenée à penser que, si les psychanalyses se faisaient la nuit par téléphone, le discours serait plus intense et la cure plus rapide.

Le répondeur téléphonique

Si vous avez un répondeur téléphonique, ne cherchez pas nécessairement à être original, à faire preuve d'humour. Un message simple, clair et bref est toujours préférable : « Bonjour, je suis absent, mais laissez-moi un message, je vous rappellerai dès mon retour. Après le signal sonore, c'est à vous. Merci et au revoir. »

La politesse veut qu'on ne raccroche pas sans laisser un message. Pourquoi ne pas donner votre nom et la raison de votre appel ? Vous épargnerez à votre correspondant la déception d'entendre résonner une sonnerie anonyme (d'autant plus que vous serez tout de même reconnu : les téléphones étant désormais pourvus de mouchards...). Aujourd'hui vous n'avez plus besoin d'un répondeur. France Télécom vous offre ce service. Renseignez-vous. Un personnel d'une rare politesse vous informera.

Le portable, le mobile, le cellulaire...

Le monde désormais se divise en deux clans : les mobilophobes, une poignée d'irréductibles, et ceux qui travaillent, marchent, conduisent, mangent, font du sport, dorment avec leur mobile, tels les cow-boys avec leur colt. Tombés dans un état de dépendance parfois inquiétant.

Certes, les avantages du portable sont incommensurables : si vous êtes sur une aiguille du Mont-Blanc, enseveli sous une avalanche, ou sur un voilier que la tempête a démâté, le portable peut vous sauver la vie. Mais autant notre appareil nous est précieux, autant celui de notre voisin nous insupporte.

Savoir vivre avec son portable

Si vous êtes invité en week-end chez des amis, votre appareil vous permet de ne pas utiliser leur téléphone, de ne pas transférer chez eux votre numéro d'appel ni de vous munir d'une carte téléphonique. C'est formidable pour vous et pour ceux qui vous reçoivent si vous respectez des règles élémentaires :

- vous vous isolez pour passer ou recevoir un appel. Nul, même pas votre conjoint, n'a envie d'entendre des propos destinés à un tiers ;
- dès que vous êtes en compagnie, à table, au salon, au café, au restaurant, dans le train ou dans tout lieu public, éteignez votre appareil ou mettez en fonction la touche vibreur, justement nommée « touche de politesse ». Ceux qui, à peine assis, déposent leur portable sur la table manquent de savoir-vivre ;
- laissez votre portable dans votre poche ou votre sac, afin qu'aucune sonnerie ne vienne troubler la tranquillité de vos voisins ;
- si sur votre écran ne s'affiche aucun numéro, vous n'êtes pas tenu de répondre sur-le-champ. Attendez de prendre connaissance du message qui vous sera laissé. Ceux qui choisissent de garder leur numéro secret afin de n'être pas dérangés doivent s'attendre à de justes représailles ;

• rien ne vous empêche de sélectionner vos appels et de transférer sur la messagerie ceux que vous n'avez pas le loisir de recevoir ;

• à juste titre, votre conjoint s'irrite, lorsque vous êtes ensemble à la maison, de vous entendre répondre à vos multiples appels. Prenez l'habitude, surtout si vous êtes téléphomaniaque, d'éteindre votre portable dès que vous ouvrez la porte de votre appartement, la paix du ménage vaut bien ce petit sacrifice ;

• n'offrez pas un portable à vos jeunes enfants. Attendez qu'ils aient au moins dix ans et surtout de bonnes raisons d'en avoir un. Par exemple s'ils partent en camp de vacances à l'étranger.

Cet été, dans un avion qui reliait Rome à Catane, j'ai assisté à une scène digne d'un film de Nanni Moretti. C'était un vendredi soir, il ne restait plus un seul siège de libre et j'étais, curieux hasard, la seule femme à bord. Nous avions bouclé nos ceintures quand le commandant annonça que, par suite du trafic, notre départ était retardé de quinze minutes. Aussitôt, l'avion se mit à bruire comme une volière : « Pronto ! Abbiamo quindici minuti di ritardo. Avvisa Paola, avvisa la mamma, avvisa Alberto. Ciao ! Ciao ! Ciao ! »

J'ai détaché ma ceinture, me suis levée de mon siège. Du premier au dernier rang, tous les passagers, sans une exception, parlaient avec volubilité dans leur portable. Je n'ai pu m'empêcher d'éclater de rire.

Le matin même, j'étais à la terrasse d'un café, Piazza del Popolo, lorsque, à la table voisine, vint s'asseoir un homme dont l'allure et l'œil aux aguets me rappelèrent Vittorio Gassman. À peine installé, il sortit son *telefonino* et engagea une conversation brève et ferme. Il posa son mobile sur la table et en sortit un second de sa serviette. La voix n'était plus la même, elle vibrait d'affection, « tesoro mio », répétait le beau Romain.

Nous engageâmes la conversation. Il m'expliqua que son premier *cellulare* était réservé à son bureau, le second à sa famille.

– À qui est destiné ce troisième qui dépasse de votre poche ? lui demandai-je. L'œil brillant, il me répondit : « Chut, à celle dont on ne prononce pas le nom. »

Je ne serais pas étonnée d'apprendre que l'Italie est, de tous les pays, celui où le nombre de portables par habitant est le plus élevé au monde.

Autant ces manifestations italiennes de convivialité m'ont amusée, autant celle dont je fus le témoin dans un restaurant chinois de la rue Pierre-Charron, à Paris, m'a affligée. Le couple qui me faisait face, la quarantaine, assis l'un en face de l'autre à une petite table, se tournait la tête, chacun absorbé dans une conversation qui dura presque aussi longtemps que leur dîner. Nouvelle version du purgatoire.

Les performances du portable de la troisième génération semblent infinies : les derniers modèles vous permettent de vous connecter à Internet, de trouver le restaurant le plus proche, de recevoir des images, de prendre des photos, je ne sais quoi encore. Et, dans le ventre des nounours de nos enfants, se cache désormais un portable qui les relie à leurs parents !

L'innovation qui me semble correspondre le plus au savoir-vivre : envoyez en « texto » à chacun de vos invités, en guise de « Pour mémoire », l'adresse et le numéro de code de votre immeuble, le matin du jour où vous les recevez chez vous. Savez-vous que, durant le seul premier trimestre de 2001, les Français ont envoyé 800 millions de messages texto ?

Savoir écrire

Levée très tôt chaque matin, tout en écoutant la radio, j'établis, au fil de ma mémoire, la liste des choses que j'aurai à faire dans la journée : courses, rendez-vous à prendre, lettres à écrire, invitations à lancer... La liste des appels téléphoniques est devenue de plus en plus longue, celle des lettres personnelles de plus en plus courte. C'est bien dommage !

Lorsque, au hasard d'une recherche, je retrouve la lettre d'un ami (j'en ai gardé qui remontent à plus de trente ans), je la relis et, au détour d'un mot, un souvenir, une émotion jaillissent, frais comme au premier jour et que je croyais oubliés.

Si nous ne prenons plus aujourd'hui la peine de nous écrire pour relater un fait ou exprimer une pensée, pour y réfléchir en cherchant le mot juste, la nuance exacte, c'est notre mémoire que nous appauvrissons.

Est-ce parce que nous ne nous écrivons plus guère que nous nous enthousiasmons pour la correspondance des autres ? Le genre épistolaire est redevenu à la mode ; on édite ou réédite la correspondance de Diderot, Mozart,

Proust, George Sand (vingt-cinq volumes déjà parus), Louise Colet, Flaubert, Camus, Henry James...

Une lettre joue le même rôle, un rôle essentiel, que la photographie ; elle fixe à jamais un sentiment, une histoire, une journée, un rayon de soleil ; elle est la voie royale qui mène ou ramène au plus intime de chacun de nous.

Écrire est un exercice difficile qui requiert à la fois de la légèreté et de la profondeur, de l'esprit et du tact, de la finesse et de l'à-propos. Dans la conversation, les mots sont soutenus ou contrebalancés par le regard, la voix, le geste. Sur une feuille de papier, ils sont seuls. D'où la puissance et la pérennité du verbe !

Dans le choix des mots, il nous faut donc être prudent car ils peuvent soit accabler, soit combler.

Quand j'écris une lettre au bord du reproche, je me garde de l'envoyer aussitôt, je laisse passer un ou deux jours ; et je ne la confie à la poste que si, en la relisant, ses termes ne me paraissent ni excessifs ni blessants. Le plus souvent, je la déchire et j'en recommence une autre, plus mesurée et que je ne saurais regretter. Méfions-nous des missives écrites sous le coup de la colère, laissons au temps le temps d'effacer le ressentiment. Autant une lettre d'amour, si maladroite soit-elle, vieillit bien et garde quelque chose d'attendrissant, autant l'aigreur vieillit mal.

Et le style ?

Ah ! le style ! Paul Valéry, un maître en la matière, disait que le style ne s'acquiert pas. Mais il s'empressait d'ajouter qu'il se développe. Un espoir nous est donc permis.

Le style, c'est une image qui frappe, un mot qui porte, une émotion qui naît. André Breton, lorsqu'il habitait

New York, croisait non loin de chez lui un mendiant toujours posté au même coin de rue. Les passants lisaient distraitement la pancarte accrochée à son cou : « Je suis aveugle. » Très rares étaient ceux qui s'arrêtaient pour jeter une pièce dans sa sébile. Un matin, ému par la misère de l'homme, André Breton lui propose de changer le texte de sa pancarte. Quelques jours plus tard, le mendiant est transformé. Les pièces pleuvent autour de lui, on lui témoigne même de la sympathie. Intrigué, il demande à André Breton : « Mais qu'avez-vous écrit ? » Le poète répond : « Le printemps arrive et je ne le verrai pas. »

S'il est impossible de dire ce qu'il faut faire pour accéder au style, ou à un style, car il y en a plusieurs, il est facile, en revanche, de dire ce qu'il ne faut pas faire :

• Ne jamais être pompeux, précieux ou emphatique.

• Éviter autant que faire se peut l'excès d'adverbes et d'adjectifs, les clichés, les lieux communs, les proverbes, les métaphores compliquées, les phrases trop longues. La mode est à la sobriété (mais pas à la sécheresse).

• Ne se permettre aucune négligence et aucune familiarité.

Le style varie en fonction des liens qui unissent l'auteur d'une lettre et son destinataire. On n'écrit pas de la même façon à sa sœur et à l'archevêque de Paris. Les rapports hiérarchiques imposent une distance, une certaine déférence. On ne vous pardonnera ni un terme ni une construction impropres, ni une faute d'orthographe, ni une rature.

On écrit une « bonne » lettre lorsqu'on est tranquille, seul dans une pièce et que l'on a du temps devant soi, une bonne chaise confortable, un beau papier et une plume qui court. Les mots, alors, viennent aisément.

Quand doit-on répondre à une lettre ?

Il vaut mieux écrire un mot très bref (et demander à votre destinataire d'excuser sa brièveté), le plus tôt possible, que six pages après des semaines de silence.

En tout cas, la courtoisie exige que l'on réponde à une lettre, quelle qu'elle soit.

Si vous recevez une invitation à déjeuner ou à dîner, il est impératif d'y répondre (par l'affirmative ou la négative) dans les deux ou trois jours pour que la personne qui vous convie à sa table sache qu'elle peut compter sur vous ou, au contraire, prévoir suffisamment à l'avance quelqu'un d'autre.

Un faire-part, une demande de renseignement exigent également une prompte réponse.

À une lettre qui ne présente aucun caractère d'urgence, vous pouvez répondre dans les dix jours qui suivent sa réception.

Comme nous avons tous tendance à oublier de répondre à une lettre (même à celle d'un ami), je vous conseille d'avoir deux classeurs : l'un dans lequel vous rangerez les lettres qui méritent une réponse rapide, l'autre destiné au courrier qui peut attendre un peu. Dans chacun d'eux, prévoyez deux volets : l'un destiné à la correspondance privée, l'autre à la correspondance administrative, commerciale ou professionnelle.

Il me semble aussi très utile d'avoir un agenda uniquement réservé aux adresses utiles et de les classer par profession : restaurants, hôtels, cafés, dentistes, médecins, masseurs, fleuristes, taxis... On évite ainsi de perdre des heures et des heures à essayer de retrouver le nom de ce si sympathique bistrot ou de cet hôtel charmant...

Pour plus de sûreté enregistrez votre répertoire dans votre ordinateur ou votre téléphone portable.

Les lettres obligées

Il est des circonstances dans lesquelles le téléphone constitue une incorrection. Une lettre s'impose chaque fois que l'on doit exprimer :
- des félicitations à l'occasion :
  - d'un mariage ;
  - d'un baptême ;
  - d'une circoncision ;
  - d'une communion ou d'une bar-mitzva ;
  - d'une remise de décoration ;
- sa sympathie à l'occasion :
  - d'une maladie ;
- ses condoléances à l'occasion .
  - d'un décès.

Le papier à lettres

La couleur

Votre papier personnel peut être gris pâle ou bleuté ; seule une très jeune fille peut utiliser du vert pomme ou du rose shocking.

Le papier blanc, mat, lisse ou légèrement granité (bien sûr ni ligné, ni quadrillé) est le plus élégant. Une lettre officielle et une lettre d'amour sont toujours écrites sur un papier virginal.

L'enveloppe et le papier doivent, dans tous les cas, être de la même couleur. Choisissez des enveloppes doublées et un papier qui ne soit ni transparent ni buvard.

Le format

Il varie du feuillet simple au feuillet double (21 × 29,7), plié en deux. Il importe que le format corresponde exactement à celui de l'enveloppe.

Si par hasard vous vous trouvez dans la nécessité d'utiliser une enveloppe qui ne soit ni de la même couleur ni surtout du même format que ceux de votre papier, demandez à votre destinataire qu'il vous en excuse et ajoutez qu'il vous tardait trop d'écrire pour différer votre envoi (surtout si vous êtes à la campagne et que l'épicerie ne vende pas de papier à lettres).

Je vous rappelle qu'on ne scotche pas une enveloppe qui ferme mal, on y passe un bâton de colle.

Si vous êtes laconique, choisissez un papier de petit format et laissez les grands blocs aux héritières de Madame de Sévigné.

Le papier gravé ou imprimé

Sur son papier à lettres personnel on ne grave ni son nom ni même ses initiales. On ne fait figurer que son adresse, en haut et à gauche et, éventuellement, son numéro de téléphone.

Si vous avez donné un nom à votre villa, à votre chalet ou à votre maison de campagne, vous pouvez le faire inscrire en haut et à droite.

Il est plus élégant mais un peu plus cher d'avoir un papier gravé plutôt qu'imprimé ; en noir ou en bleu foncé pour la ville, en vert foncé pour la maison de campagne.

Votre lettre comporte-t-elle plusieurs feuillets ? Seul le premier feuillet sur lequel vous écrirez sera gravé ou imprimé. N'oubliez donc pas, lorsque vous commandez votre papier à votre imprimeur, d'acheter un bloc vierge.

En revanche, on ne fait rien graver sur ses enveloppes, sauf si elles ont un usage commercial.

Le papier de deuil a disparu ; il est remplacé par une carte bordée d'un mince filet noir et une enveloppe blanche.

L'encre

Elle peut être bleue, noire ou bleu-noir. Les encres de couleur, même violette, sont à proscrire. C'est à l'encre noire que l'on rédigera une lettre officielle.

Même les passionnés d'Agatha Christie n'écriront pas de lettre à l'encre sympathique.

Le temps de la plume d'oie, de la plume ronde ou sergent-major est depuis longtemps révolu. Le stylo à plume est détrôné par le stylo à bille ou le feutre. Dommage car seule la plume métallique respecte le tracé d'une lettre, les pleins et les déliés.

« Une bonne plume, disait André Gide, est pour moitié dans le plaisir que je prends à écrire. »

Ayez donc une plume qui vous convienne.

Une lettre destinée à un proche, à une personnalité, à un supérieur hiérarchique, à une personne âgée, devait être manuscrite. C'était la règle. Désormais, on admet que ceux dont l'écriture est illisible tapent leurs lettres personnelles sur leur ordinateur.

Durant trente-sept ans je me suis efforcée de déchiffrer ce que m'écrivait mon mari. Je me souviens que, lors de nos fiançailles, j'étais contrainte de recourir à sa secrétaire ; cette dame discrète prenait sa voix professionnelle pour me lire un texte qui n'avait rien d'un rapport bancaire.

Si vous utilisez un traitement de texte, l'en-tête, « *Chère Jeanne* » ou « *Cher Monsieur* » de même que la formule de politesse : « *Croyez, chère Jeanne, à toute mon amitié* », seront obligatoirement manuscrits ainsi, bien sûr, que votre signature (la plus lisible possible).

Toutefois, si vous écrivez dans votre langue à un ami étranger, même si votre écriture coule comme une eau de source, tapez votre lettre en prenant cette précaution : « *Je vous écris sur mon ordinateur pour que vous me lisiez plus facilement.* »

Mais il est des circonstances dans lesquelles votre lettre doit être tout entière manuscrite : si vous écrivez des félicitations ou des condoléances. (Avec un peu de temps et de patience, on peut s'appliquer à mieux former ses voyelles et ses consonnes, à mettre des barres sur les t et des points sur les i.)

La présentation

Elle doit être aérée ; laissez des blancs entre la date et l'en-tête, la dernière ligne et votre signature ; commencez le texte de votre lettre, écrite à un intime, au tiers de la page. Un texte trop serré, une page trop pleine rebutent le lecteur.

Les marges

Celle de gauche est obligatoire ; sa largeur varie en fonction du format de votre papier, elle ne peut être inférieure à deux centimètres ; dans un grand format elle peut atteindre cinq centimètres. Si vous écrivez à la main, vous pouvez ne pas laisser de marge à droite ; si vous utilisez votre ordinateur, cette marge n'aura que un à deux centimètres.

Les marges, même dans une lettre manuscrite, ne peuvent pas être en accordéon ; elles doivent suivre plus ou moins *le fil à plomb* et vos lignes se rapprocheront autant que faire se peut de l'horizontale.

On n'écrit rien dans la marge ni dans l'espace séparant la date de l'en-tête.

On peut (surtout pour une lettre officielle) laisser une ligne de blanc entre chaque paragraphe dont la première phrase commence par un retrait d'un centimètre.

La date

Toute lettre doit être datée ; la date s'inscrit en haut et à droite de la première page à quatre ou cinq centimètres du bord.

On écrira : Vendredi 28 juin 2002
et non : Vendredi vingt-huit juin deux mille deux
ni en caractères romains : 28/VI/02
Vous avez le choix entre :

- 28 juin 2002
- Le 28 juin 2002
- Vendredi 28 juin 2002
- Londres, 28 juin 2002 (je trouve préférable de toujours inscrire le nom de la ville – nous voyageons tous tellement).

Enfin, vous n'écrirez pas : Ce 28 juin 2002 (même si ce jour a pour vous une importance particulière).

Seul un mot d'amour pourra porter la mention : « Vendredi soir, 23 h 16 », ce qui laisse supposer une correspondance presque quotidienne et qu'en amour chaque détail revêt de l'importance.

On peut également inscrire la date à la fin de sa lettre, surtout si celle-ci tient en une page, avant ou après la signature, au choix.

Les formules de politesse

Les formules de politesse par lesquelles commence et se termine une lettre nous plongent très souvent dans un profond embarras : comment s'adresse-t-on à un huissier, à un capitaine de corvette, à la femme d'un général, à un ambassadeur, à un sénateur ?

Ces formules ont un rôle défini : trop respectueuses, elles tombent dans le ridicule, trop désinvoltes dans l'irrespect ou même l'insolence.

Redoutables par leur diversité et leurs nuances, ces formules ne s'improvisent pas, car elles obéissent à des règles strictes qu'il nous faut connaître et respecter.

Les personnalités politiques, judiciaires, administratives, militaires, religieuses, etc., ont droit à une appellation particulière. Vous retrouverez toutes ces formules à la fin de cette partie.

L'en-tête ou « formule d'appel »

« *Chère Joséphine* » s'écrit à gauche, quelques centimètres au-dessous de la ligne de la date. Cette formule est, par rapport au texte de la lettre, décalée vers la droite, à environ un ou deux centimètres de la marge de gauche du texte.

Le 28 juin 2002

« Chère Sophie,

C'est avec une joie profonde que j'apprends l'annonce de ton mariage... »

L'en-tête varie en fonction de la situation sociale, du titre, de l'âge, du sexe de la personne à laquelle vous écrivez et de votre degré d'intimité.

La formule la plus simple : Monsieur, ou Madame, ou Mademoiselle, s'applique à des personnes que nous ne connaissons presque pas.

Puis vient : *Cher Monsieur et ami*

ou *Cher Monsieur et cher collègue* (ou *cher confrère*),

ou *Cher collègue et ami*,

ou *Cher confrère et ami*,

Les formules sont les mêmes au féminin :

Chère collègue et amie,

Madame et *cher confrère* (évitez l'ironique « consœur »).

Il est impératif d'écrire *Monsieur* ou *Madame* en toutes lettres et jamais : *M. et cher ami.*

Il serait impropre d'écrire : Mon cher Monsieur, ou Ma chère Madame, les possessifs *mon* et *ma* étant déjà inclus dans *Mon*sieur et *Ma*dame.

Le nom de famille ne doit pas, en principe, figurer dans l'en-tête : vous n'écrirez pas *Cher Monsieur Moulin* ou *Chère Madame Detournelle.* À moins que vous n'écriviez à un camarade d'école ou de faculté ou à un collègue que vous aviez l'habitude d'appeler par son nom de famille.

Les formules finales

Vous pouvez les juger désuètes, ridicules, dépourvues de sens mais dans une lettre officielle il vous faudra pourtant bien choisir, en fonction du titre et du statut social de la personne à laquelle vous écrivez, entre ces différentes formules de politesse :

Si vous vous adressez à un chef d'État ou à une très haute personnalité, vous choisirez entre :

d'une part,

« *Daignez agréer l'expression de...*
Je vous prie d'agréer ou *de bien vouloir agréer...*
Je vous serais obligé d'agréer...
Je vous serais reconnaissant d'agréer... »

et d'autre part :

« *L'expression de ma très haute considération...*
L'expression de mes sentiments déférents...
L'expression de mes sentiments dévoués...
L'expression de mes sentiments respectueusement dévoués...
L'expression de mes sentiments fidèlement dévoués... »

Pour une lettre officielle adressée à un avocat, un procureur, un fonctionnaire, on utilisera l'une de ces formules :

« *Veuillez agréer, Monsieur* (ou *Madame*), *l'assurance de ma parfaite considération.* »

ou « *l'assurance de ma considération (la plus) distinguée* »

ou encore « *l'assurance de mes sentiments distingués* ».

Dans une lettre officielle adressée à quelqu'un que l'on a déjà rencontré, s'ajoutera une nuance plus personnelle :

« *l'assurance de mes sentiments les plus cordiaux,*
l'assurance de mon très fidèle souvenir,

l'assurance de mes sentiments les meilleurs ».

Lorsqu'un homme écrit à une femme qu'il connaît, il pourra indifféremment utiliser l'une de ces formules :

« *Veuillez agréer*, ou *Daignez agréer, Madame, l'expression* (ou *l'assurance*) *de* :

- mon très profond respect,
- mes respectueux hommages,
- mes sentiments dévoués,
- ma sincère amitié,
- mon fidèle souvenir,
- mon respectueux dévouement,
- l'hommage de mon respect,
- ma respectueuse sympathie

ou encore :

« *Croyez, Madame, à mes plus fidèles pensées.* »

Une femme écrivant à un homme pourra terminer par :

« *Veuillez accepter, Cher Monsieur, l'assurance de* :

- ma cordiale sympathie,
- mon amical souvenir,
- mes sentiments bien amicaux

ou encore :

« *Je vous prie de me croire, Cher Monsieur, bien fidèlement vôtre.* »

On a tendance aujourd'hui à adopter les formules anglo-saxonnes, bien plus brèves :

- Sentiments distingués,
- Sentiments dévoués,
- Sentiments amicaux,
- Bien à vous,
- Bien sincèrement vôtre,
- Fidèlement à vous (ou à toi),
- Cordialement vôtre,
- Bien amicalement à vous.

L'en-tête et la formule finale

Ils sont, dans tous les cas, les mêmes ; ainsi, si votre lettre commence par : *Monsieur et cher collègue*, la règle veut qu'elle se termine par : *Croyez, Monsieur et cher collègue, à mes sentiments les meilleurs*. Cette règle ne souffre pas d'exception.

(Beaucoup écrivent : « croyez en », c'est une faute, on croit en Dieu, en ses amis, en soi, en quelqu'un mais on croit à quelque chose.)

L'écriture

Le texte

Il commence une ou plusieurs lignes au-dessous de l'en-tête ; l'espace est d'autant plus grand que le destinataire est « important ».

Si vous écrivez à votre mère, la formule d'appel peut être incorporée au texte.

« *Comment te remercier, ma chère maman, d'avoir accepté de...* » En revanche, si votre lettre est destinée au Premier ministre, vous laisserez entre son titre « *Monsieur le Premier ministre* » et la première ligne du texte un grand blanc ; votre texte débutera à peine au-dessus du milieu de la page.

Il est vivement conseillé de ne pas commencer une lettre par le très satisfaisant « *Je* » (à moins que ce ne soit le très respectueux « *J'ai l'honneur de solliciter de votre haute bienveillance...* »). Dans toutes les langues, le « *moi* » est haïssable et la discrétion de rigueur. Il est aisé de trouver des tournures qui évitent ce pronom trop personnel. Ainsi, au lieu d'écrire : « *J'ai été ravie de recevoir ta lettre* », on choisira : « *Ta lettre m'a fait grand plaisir* ». Au lieu de : « *Je vous prie de m'excuser* », « *Veuillez m'excuser* ».

Avant de parler de soi, il est préférable de s'enquérir de l'autre. Je me suis quelquefois amusée à compter les « je » contenus dans certaines lettres et à décerner à leur auteur le premier prix d'égocentrisme.

L'orthographe

Avec ses deux *h*, ses exigences, ses difficultés et ses pièges, elle fait beaucoup parler d'elle.

Doit-on ou non la simplifier ?

En attendant une réforme, respectons l'orthographe. Pour cela un seul moyen, la fréquentation assidue du dictionnaire, outil de travail irremplaçable. On ne devrait jamais écrire sans en avoir au moins un à portée de la main pour vérifier le sens exact d'un mot, la conjugaison d'un verbe, le redoublement d'une consonne. Le dictionnaire des synonymes est également indispensable ; il évite les redites, enrichit le vocabulaire, indique le mot exact ou la juste nuance.

Ne pas se soucier d'un accent peut passer pour un manque de rigueur. Trop nombreux sont ceux qui confondent une vilaine tache et une lourde tâche, pêcher et pécher.

Je connais un vieux monsieur dont les deux sujets de préoccupation ont été les impôts et la retraite. Avec une indéfectible fidélité, il a, sa longue vie durant, écrit « retraîte » et « impot », donnant ainsi à l'une ce que l'autre lui retranchait.

La ponctuation

Une virgule, un point mal placés et c'est tout le sens d'une phrase qui peut être changé !

Les notaires et les avocats connaissent l'importance de la ponctuation. Elle introduit une respiration indispensable au texte, le rend compréhensible. Les romans sans ponctuation sont apparus comme des prouesses... sans lendemain.

Si vous hésitez sur la ponctuation d'une phrase, relisez-la à voix haute ; vous trouverez ainsi sa cadence.

Je vous recommande à ce sujet le savoureux *Traité de la ponctuation française* de Jacques Drillon.

La pagination d'une lettre

Si vous utilisez des feuilles simples et un papier assez épais (non transparent), vous pouvez écrire recto verso quand votre lettre est personnelle. Pour une lettre officielle on n'écrit jamais au verso, on se sert d'un autre feuillet.

Lorsque j'emploie une feuille double, j'écris toujours comme on le faisait autrefois, de la page 1 à la page 3 et de la page 2 à la 4. Mais suivre l'ordre 1, 2, 3, 4 est aujourd'hui devenu la règle.

La signature

Elle s'appose dans la seconde moitié de la page, à droite et à deux ou trois centimètres au-dessous de la dernière ligne du texte. Une signature doit être lisible et discrète. Il m'est arrivé bien des fois de ne pouvoir répondre à la lettre d'une lectrice ou d'une connaissance faute d'avoir pu déchiffrer leur signature ; si votre correspondant n'est pas un de vos intimes, je vous conseille d'inscrire en capitales, sous votre signature, vos nom et prénom et même votre adresse.

Lisible donc et discrète, une signature ne s'étale pas sur toute la largeur de la page, elle ne s'entoure pas de paraphes prétentieux, elle ne s'élève pas telle une flèche conquérante ; on ne la souligne pas. Il n'est nul besoin d'être graphologue pour deviner, à la vue de certaines signatures, des traits de caractère ou un niveau d'éducation.

Comment signer ? De votre seul prénom si vous écrivez à un parent ou un ami intime qui saura d'emblée que Florence, c'est vous. Pour plus de sûreté vous pouvez faire suivre votre prénom de l'initiale de votre nom : Florence R.

Pour une lettre officielle vous inscrivez vos nom et prénom ou l'initiale de votre prénom suivie de votre nom : F. Rainaud.

Dans une lettre dactylographiée et donc assez formelle, tapez également sous votre signature vos nom et prénom.

Il est préférable de ne pas, à chaque saison, changer de signature et de s'en tenir à celle que vous aurez choisie parce qu'elle vous ressemble.

Lorsque vous introduisez votre lettre dans son enveloppe, votre signature doit toujours se trouver du côté de la fermeture de l'enveloppe pour que votre correspondant en dépliant sa lettre sache aussitôt qui lui écrit.

Relire une lettre

C'est un acte indispensable, même si la lettre ne compte que quelques lignes, même si elle est destinée à votre mère. Vous avez peut-être oublié un mot et la phrase est incompréhensible, vous avez peut-être écorché l'orthographe d'un nom... Relire une lettre, c'est s'épargner les doutes et les questions : « *Lui ai-je bien dit que... ? Ai-je précisé la date ?* » La relecture d'une lettre d'affaires ou d'une lettre officielle est encore plus nécessaire ; la moindre faute pourrait entraîner de fâcheuses conséquences.

Une lettre importante nécessite un brouillon car elle ne peut s'écrire au fil de la plume. Elle mérite réflexion et sa présentation ne pourrait souffrir une rature ou une approximation.

Le post-scriptum

Si en relisant votre lettre vous vous apercevez que vous avez oublié de préciser quelque chose, vous ne l'écrivez pas dans la marge mais dans un post-scriptum si votre lettre est personnelle. Sinon, il vous faudra la recommencer pour réparer cet oubli car le post-scriptum est exclu d'une lettre officielle.

Plusieurs lettres à la fois

Si le même jour vous écrivez à plusieurs personnes, assurez-vous deux fois plutôt qu'une avant de coller les enveloppes que vous n'avez pas envoyé à votre belle-mère la lettre destinée à votre meilleur ami, les conséquences de cette méprise pourraient être fâcheuses. Ne laissez donc pas votre inconscient vous jouer de vilains tours.

Je vais vous raconter l'histoire qui m'est arrivée, il y a quelques années.

J'avais donné à la maison un dîner de douze personnes. Deux jours plus tard, je trouvai dans mon courrier matinal cette lettre :

« *Je n'avais aucune envie d'aller chez Nadine de R. À plusieurs reprises j'ai été sur le point de lui téléphoner pour me décommander et chaque fois mon geste s'est arrêté. Ai-je eu le pressentiment de notre rencontre ? Les mots que vous m'avez murmurés à table puis au salon continuent de bourdonner dans ma tête jusqu'à me donner le vertige. Votre insistance emporte mes hésitations, je me rends à vos raisons, à votre déraison. Oui, je serai demain soir à 7 heures au Bar des Théâtres.*

L. »

Intéressant, me dis-je. À qui cette lettre est-elle destinée ? Certainement pas à moi. Qui l'a écrite ? L. ? Qui est-ce ?

Un coup d'œil sur le plan de table (mon maître d'hôtel conserve tous les plans de table et les menus des dîners que je donne) et j'identifiai vite l'auteur de ce billet très doux. Elle avait à table, à sa droite, ciel, mon mari ! Non, impossible. Cette déclaration ne pouvait lui être adressée, ici, chez moi. Qui avait-elle à sa gauche ? Ah, cet homme superbe, plus sérieux que le pape ! J'allais de surprise en surprise. Lui, un tombeur, un don juan ? Que faire ? Quelles étaient les règles du savoir-vivre ? Prévenir la dame de son erreur ? Je lui rendrais service mais la plongerais dans un profond embarras. Ne rien dire ? Ne rien faire ? Mais alors condamner leur idylle. Attendre que le séducteur m'appelle ? Car, bien entendu, j'avais compris que L. s'était trompée d'enveloppe et avait envoyé à ce monsieur le mot de remerciement qui m'était destiné.

Après réflexion, je fis porter la lettre de la jolie dame à son vrai destinataire sans un mot d'explication et j'attendis la suite. Pas très longtemps. Le lendemain, en fin d'après-midi, je trouvai en rentrant chez moi une boîte banale. Et à l'intérieur une ravissante porcelaine en Vieux Paris : trois singes, le premier se bouchant les yeux, le deuxième les oreilles, le troisième la bouche cousue. « Rien voir, rien entendre, rien dire. » Message reçu. Et, jointe à ce présent, la lettre que L. m'avait écrite et que son séducteur me renvoyait. Sans un mot. J'étais ravie et admirative. Quel homme ! Beau, charmeur et, en plus, gentleman. Décidément, L. avait toutes les chances !

Les pièces jointes

Si vous joignez à votre lettre un document, une photo, une facture, utilisez une agrafe mais jamais un trombone et encore moins une épingle (interdits par la Poste).

Si votre fille habite Orléans, ne lui envoyez pas pour son anniversaire un billet de banque dans votre lettre ; d'une part vous seriez en infraction avec la loi (l'argent s'envoie par virement postal ou bancaire), d'autre part vous risqueriez de le perdre et sans recours possible.

L'enveloppe

Jusque vers 1850, pour fermer une lettre que les femmes parfumaient, on la pliait en trois dans le sens de la longueur, puis de la largeur et on apposait son cachet de cire ; on ne connaissait pas l'enveloppe et seuls les aristocrates et les grands bourgeois consacraient du temps à leur correspondance. C'est un Anglais, Brewer, papetier à Brighton, qui inventa l'enveloppe.

L'adresse

Elle comprend d'abord :

• Le nom et le prénom de votre destinataire, précédés de Monsieur, Madame, Mademoiselle (en toutes lettres) ou de Monsieur et Madame suivi d'un seul prénom, celui du mari (vous n'écrirez jamais *Monsieur Jean et Madame Antoinette Ducamp*).

Si vous écrivez à un parent de votre âge ou à un ami proche, ne suivez pas l'usage actuel qui supprime Monsieur ou Madame : rétablissez *Madame Antoinette Ducamp*.

Votre marraine à soixante-deux ans est toujours célibataire ; écrirez-vous : « *Mademoiselle Letellier* » ? Oui, si son entourage l'appelle depuis toujours Mademoiselle ; si ce n'est pas le cas, vous mettrez : « *Madame Letellier* ».

Certains, fort rares, continuent à libeller leur courrier comme on le faisait au grand siècle :

À Madame
Madame Jean Delamotte.

L'usage courant en a décidé autrement, mais je recommande la formule intermédiaire :

À Madame Jean Delamotte

Après le nom et le prénom viennent :

• La qualité :

Monsieur Jean Larguery
Député des Bouches-du-Rhône,

• Ou la profession :

Monsieur Jean-Pierre Bonnier
Antiquaire,

puis : le numéro et le nom de la rue séparés par une virgule : *16, rue du Parc-de-Montsouris.*

• La désignation du bureau distributeur précédé du code postal de cinq chiffres ; le nom de la ville s'écrit en majuscules et ne se souligne pas :

14, Place Hoche
56170 QUIBERON

Si votre correspondant habite une villa ou un chalet près d'un village, vous inscrirez :

Chalet « Les Chardonnerets »
74120 MEGÈVE

L'adresse est toujours alignée sur la gauche :

Monsieur André Bonan
114, avenue Mozart
75016 PARIS

Jamais sur la droite :

Monsieur André Bonan
114, avenue Mozart
75016 PARIS

Ni décentrée.

Les voies usuelles ne prennent pas de majuscule mais peuvent être écrites en abrégé : av. (avenue) bd. (boulevard), fbg. (faubourg), sq. (square), pl. (place), etc. N'omettez pas le point qui marque l'abréviation.

De même vous pouvez écrire :

Saint-Honoré ou St-Honoré (sans oublier le trait d'union). Le trait d'union est généralement obligatoire pour tous les noms de rue : avenue Victor-Hugo, rue Vieille-du-Temple, rue Gaston-Tissandier, rue du Général-Appert.

Des exceptions ; le trait d'union ne se met pas après :
• une apostrophe : rue de l'Abbé-de-l'Épée
• la particule Le ou La d'un patronyme : avenue La Fontaine, rue Le Goff.

Si vous écrivez à un étranger

Respectez les règles en vigueur dans son pays ; ainsi, en Allemagne, le nom de la ville précède le nom de la rue et le numéro de la rue se met après le nom de cette rue :

1004 HAMBOURG (ou HAMBURG)
Ijesselstrass, 9

À noter que le nom du pays s'écrit toujours en français, vous n'inscrirez pas United Kingdom, Denmark, Italia ou U.S.A. mais Royaume-Uni, Danemark, Italie, États-Unis (inutile de préciser d'Amérique).

Les Postes françaises ont établi une « mise en page » de l'enveloppe.

Si votre correspondant habite chez un tiers

Vous n'écrirez pas :

Monsieur Jean Larguery
chez Madame Dardonville

mais :

Aux bons soins de Madame Dardonville

ou mieux encore :

C/o Madame Dardonville (c'est-à-dire « Care of », expression anglaise qui signifie aux bons soins de).

Au dos de l'enveloppe

Si votre lettre est d'ordre privé, la discrétion veut que vous n'écriviez pas vos nom et adresse au dos de l'enveloppe, à moins que vous ne soyez pas sûr de l'adresse de votre destinataire (ainsi la lettre pourrait vous être retournée).

Le timbre

Il se colle en haut et à droite de l'enveloppe ; le papillon « Avion » ou « Express », à gauche. Si votre envoi dépasse vingt grammes, il vous faut le peser pour l'affranchir correctement et éviter ainsi à votre correspondant de régler une surtaxe.

Quand joint-on un timbre pour la réponse ? Jamais si vous écrivez à un parent ou à un ami qui aurait raison d'en être vexé et d'avoir l'impression que vous le forcez à vous répondre. En revanche, si vous demandez un renseignement à un organisme, une mairie, une institution, ou à un acteur, vous joignez non seulement un timbre, mais l'enveloppe timbrée libellée à votre nom et adresse.

Seul l'état civil de Nantes, qui regroupe tous les Français nés à l'étranger, vous prie de ne pas joindre de timbre à votre demande d'extrait de naissance, de mariage ou de divorce.

Il serait d'une grande impolitesse de mal orthographier le nom de votre destinataire ; prenez donc la peine de le vérifier.

On raconte, mais c'est sans doute une légende, qu'un Rothschild reçut à la fin du siècle dernier une lettre adressée à : Le Roi de Chine.

Là, il n'y avait pas de quoi être vexé !

L'envoi

Lettre remise à un tiers

Si vous chargez l'un de vos proches de remettre ou de poster lui-même la lettre que vous destinez à quelqu'un d'autre, la politesse exige que vous la lui remettiez ouverte et que lui colle l'enveloppe devant vous.

Lettre « personnel »

Vous envoyez une lettre à un ami à son adresse professionnelle : si vous ne souhaitez pas qu'elle soit ouverte par une secrétaire en même temps que tout le courrier de la société, il vous faut inscrire en haut et à gauche de l'enveloppe la mention : « *Personnel* ».

Si cette personne est mariée, ne lui envoyez pas une lettre « Personnel » à son adresse privée ; son conjoint pourrait prendre ombrage de la méfiance dont il est l'objet (en règle générale, nous n'ouvrons jamais une lettre qui ne nous est pas destinée, si étroits que soient les liens qui nous unissent au destinataire de la lettre ; même une mère ne devrait jamais ouvrir une lettre adressée à l'un de ses jeunes enfants ; le respect de la vie privée ne souffre pas d'exception et commence dès l'enfance).

Courrier réexpédié

Lorsque vous partez en vacances, vous pouvez demander au gardien de votre immeuble de faire suivre votre courrier qui vous sera réexpédié gratuitement ; il existe à cet usage des enveloppes de réexpédition. Si vous n'avez pas de gardien, la Poste, moyennant une faible contribution, fera suivre votre courrier.

Poste restante

Si vous adressez une lettre poste restante, il vous faudra utiliser le code du bureau distributeur de votre correspondant.

Ainsi, s'il habite à Paris dans le 16e arrondissement, vous inscrirez :

Monsieur Louis Portal
Poste restante Paris 53
75016 PARIS

Si vous ne souhaitez pas qu'il acquitte une taxe (légère) pour retirer sa lettre (sur présentation de sa carte d'identité), vous pouvez l'acquitter vous-même (geste que le destinataire appréciera).

Lettres urgentes

Si vous voulez, sans attendre, remercier quelqu'un d'un bienfait ou d'une faveur, ne confiez pas votre mot de remerciement à la Poste, déposez-le vous-même à son adresse (s'il habite la même ville que vous) ou faites-le remettre par porteur spécial (service spécial de la Poste) s'il réside en France, à Monaco ou en Andorre.

Les cartes de visite

À l'époque où l'on se rendait visite, un homme déposait lui-même sa carte cornée (le coin supérieur gauche replié) au domicile de la personne à qui il présentait ainsi ses civilités.

Aujourd'hui, ce petit rectangle de bristol est devenu un mode de correspondance d'un emploi de plus en plus courant dans la vie privée et professionnelle.

Une carte de visite est en bristol blanc, de qualité, imprimée ou gravée et de format très variable. Les plus petites ont 60 × 30 mm, les plus grandes 155 × 110 mm. Les enveloppes sont d'un format identique.

Pas d'excentricité dans le papier (laissons le liège et le bois aux Japonais) ni dans la couleur (aucune ne vaut le blanc). Seule originalité : le format que vous pouvez définir en fonction de l'utilisation que vous faites de vos cartes : si elles ne servent qu'à donner vos nom, prénom, adresse et profession, elles pourront être comme celles des Américains, d'un très petit format (60 × 30 mm). Si en revanche vous les utilisez comme moyen de correspondance, choisissez le plus grand format.

Une carte gravée coûte plus cher mais le cliché de cuivre peut resservir indéfiniment jusqu'au jour où l'on change d'adresse. Les caractères les plus simples, bâtons ou à l'anglaise, sont les plus élégants.

Quelles indications comporte une carte de visite ?

Pour un couple

On mentionnera le nom, le prénom, précédés de M. et Mme, écrits en abrégé. Ils peuvent être suivis d'un titre ou d'un grade (Madame s'écrira alors en toutes lettres).

« M. et Mme Serge Brandy ».

ou « Le professeur et Madame Serge Brandy »

ou « Le commandant et Madame Serge Brandy ».

Les titres de noblesse ne sont jamais précédés des mots Monsieur ou Madame.

« Le Baron et la Baronne de Brandy »

ou « Le Comte et la Comtesse de Brandy ».

Il est de bon goût de ne mentionner sur ses cartes de visite ni ses titres ni ses décorations.

Outre le nom et le prénom, la carte de visite d'un couple peut porter l'adresse et le numéro de téléphone.

Le téléphone s'inscrit en bas et à gauche, l'adresse en bas et à droite.

Sur une carte d'homme à usage privé, on ne mentionne que le prénom, le nom, jamais précédés de Monsieur, la profession (facultatif), l'adresse et le téléphone privés.

Sur une carte professionnelle on inscrit son titre et sa fonction, son adresse et son téléphone professionnels.

Cartes d'une femme mariée

Sur celles à usage privé on n'inscrira que : Madame Serge Brandy.

Sur celles à usage professionnel, une femme mentionnera son prénom et non celui de son mari : Madame Marine Brandy.

Cartes d'une femme divorcée

Elles pourront porter le nom du mari suivi, lié par un trait d'union, du nom de jeune fille : Marine Brandy-Galt.

Cartes d'une veuve

Elles sont semblables à celles d'une femme mariée et ne portent jamais la mention veuve. On lira : Madame Anatole Froissard sur ses cartes privées et Madame Sabine Froissard sur ses cartes professionnelles.

Cartes d'une célibataire ou d'une jeune fille

Elles ne portent pas la mention *Mademoiselle*, simplement le nom et le prénom. « Sabine Froissard »

Cartes d'un enfant

Il serait de très mauvais goût de faire imprimer des cartes de visite pour un enfant ou un adolescent. Ce n'est qu'à partir de dix-huit ans qu'il convient d'avoir ses cartes de visite.

Quand peut-on utiliser une carte de visite?

• pour remercier :
– d'un cadeau (ou accompagner un cadeau).
– d'une invitation,
– d'un déjeuner ou d'un dîner.

• pour féliciter à l'occasion :
– d'un événement heureux,
– d'un succès scolaire ou universitaire,
– d'une distinction.
• pour accompagner un chèque adressé à :
– un médecin, un avocat, un notaire.
• pour indiquer un changement d'adresse.
• pour prendre congé au moment où l'on quitte un pays : on inscrit alors dans l'angle inférieur gauche les initiales P.P.C, c'est-à-dire « Pour prendre congé ».

Comment rédiger une carte de visite

Toujours rédigée à la troisième personne, une carte de visite ne porte pas de signature.

Anatole Froissard,

remercie vivement Madame Brandy de son aimable invitation à dîner qu'il accepte avec plaisir et la prie d'agréer ses respectueux hommages.

Mais, à un ami intime, on pourra barrer d'un trait de plume le nom inscrit sur la carte, rédiger quelques lignes à la première personne et signer.

Les cartes postales

Il n'y a pas si longtemps, on se devait, lorsqu'on partait en vacances, d'envoyer des cartes postales à ses parents, à ses amis, à ses collègues de bureau.

De nos jours, on part si souvent, à Noël, à Pâques, en été et à chaque week-end prolongé, que l'on préfère n'envoyer de cartes que d'un lieu très éloigné. Bali, Hong Kong ou l'île de Pâques.

La carte postale exige un vrai talent et un effort d'imagination. Il est si facile de recourir aux sempiternels :

« Temps splendide. Vacances de rêve – Tout va bien – Pensons à toi » griffonnés à la plage ou au restaurant en attendant d'être servis.

Si l'on décide d'envoyer des cartes postales, autant se donner la peine de choisir un paysage ou un monument qui corresponde au goût de la personne à qui l'on s'adresse. Évitez les caricatures faciles ou les cartes humoristiques qui ne le sont guère.

Les personnes qui collectionnent les cartes postales anciennes apprécieraient beaucoup que vous en trouviez pour elles au cours de vos voyages.

• Écrivez une seule vraie phrase et non un texte télégraphique. Inutile de parler de vos vacances (qui sont toujours « de rêve » ou « inoubliables »). Un petit mot adressé à votre correspondant lui fera bien plus plaisir.

• N'oubliez pas de signer très lisiblement et, si vous n'écrivez pas à un ami intime, il serait préférable d'ajouter votre nom à votre prénom, pour qu'il n'ait pas à se demander laquelle des Françoise qu'il connaît est à Barcelone.

• Il est souhaitable de mettre votre carte sous enveloppe pour qu'elle ne soit pas lue par d'autres que son destinataire et pour qu'elle arrive plus vite.

• N'envoyez pas votre carte la veille de votre retour, mais dès le début de vos vacances.

Cela dit, comment vous avouer que je n'envoie jamais de cartes postales ? Je préfère rapporter à chacun un petit souvenir ou téléphoner à mes amis pour prendre de leurs nouvelles et les assurer de ma fidèle amitié.

Grâce à mon portable où sont enregistrés plus de cent numéros, rien n'est plus simple ni plus agréable que d'appeler ceux d'entre les miens dont j'ai envie d'entendre la voix.

Les cartes de vœux

Donc, je n'envoie jamais de cartes postales, en revanche, des centaines de cartes de vœux et chaque année davantage. Il m'est très agréable et même nécessaire de renouer, au moins une fois par an, avec des amis étrangers ou d'autres que je vois peu parce qu'ils habitent en province. Une année nouvelle se fête avec tous ceux que l'on aime, que l'on connaît, que l'on apprécie et je trouve très réconfortant de sentir la solidité de cette longue chaîne de relations à travers le monde.

J'aligne sur ma cheminée de Megève, où je passe toujours les fêtes de Noël, les cartes que je reçois. Et plus j'en reçois, mieux l'année commence.

J'essaie d'ajouter aux formules toutes faites un petit mot d'affection pour chacun ; je m'efforce de les personnaliser le plus possible.

À qui envoyer ses vœux ?

- À ceux qui vous ont adressé les leurs.
- À vos parents, vos amis, vos proches et vos relations professionnelles.
- À ceux à qui l'on veut exprimer son affection, son amitié, son souvenir, sa reconnaissance.

LES FORMULES PARTICULIÈRES

S'il vous arrivait d'écrire au pape, à un souverain, aux princes d'une maison souveraine, à un ambassadeur, à un patriarche oriental, à un cardinal, l'en-tête et la formule finale seront les mêmes mais la formule à l'intérieur du texte (écrit à la troisième personne) sera :

– Pour le pape : *Votre Sainteté*
– Pour un souverain (roi ou reine) : *Votre Majesté.*
– Pour un prince souverain : *Votre Altesse Impériale, Votre Altesse Royale, Votre Altesse Sérénissime, Votre Altesse*
– Pour un patriarche oriental : *Votre Béatitude*
– Pour un cardinal : *Votre Éminence*
– Pour un ambassadeur étranger, un nonce, un archevêque, un évêque, un mufti : *Votre Excellence*

Exemples :

« *Sire,*
Votre Majesté a daigné accepter de présider le grand bal... »

De même, on écrira à une reine :

« *Madame,*
Votre Majesté a daigné... »

ou au pape :

« *Très Saint-Père,*
Votre Sainteté a daigné... »

Listes des en-têtes

– Pour le président de la République : *Monsieur le Président de la République* (et non « Monsieur le Président »)
– Pour le pape : *Très Saint-Père*
– Pour le prince Rainier III de Monaco : *Monseigneur*
– Pour les prétendants au trône : *Monseigneur*
– Pour les membres du corps diplomatique :

1) Les ambassadeurs : le terme d'*Excellence* est réservé aux seuls ambassadeurs étrangers ; on ne l'utilise pas dans la correspondance avec les ambassadeurs français.

Pour les ambassadeurs étrangers, « *Excellence* » ne s'emploie que dans le texte et jamais dans l'en-tête ; ainsi on écrira : « *Monsieur l'Ambassadeur, Je remercie Votre Excellence d'avoir bien voulu...* »

À noter qu'on écrira à une femme ambassadeur : « *Madame l'Ambassadeur* » et à l'épouse d'un ambassadeur : « *Madame l'Ambassadrice* »

2) Les ministres plénipotentiaires : *Monsieur le Ministre, Madame la Ministre*
3) Les chargés d'affaires : *Monsieur le Chargé d'Affaires, Madame la Chargée d'Affaires, Monsieur le Conseiller, Madame la Conseillère*
4) Les secrétaires d'ambassade : *Monsieur le Premier Secrétaire, Madame la Première Secrétaire*
5) Les consuls et vice-consuls : *Monsieur le Consul général, Monsieur le Consul, Madame la Consul.*

À ne pas oublier : un ancien ambassadeur, un ancien préfet conservent leur titre toute leur vie.

Les personnalités politiques

- Le chef du gouvernement : *Monsieur le Premier ministre, Madame la Première ministre*
- Les ministres, secrétaires d'État et sous-secrétaires d'État : *Monsieur le Ministre, Madame la Ministre,*
- Le ministre de la Justice : *Monsieur le Garde des Sceaux, Madame la Garde des Sceaux*
- Les présidents et vice-présidents de l'Assemblée nationale, du Sénat, du Conseil constitutionnel : *Monsieur le Président, Madame la Présidente*
- Les membres du Conseil constitutionnel : *Monsieur le Haut Conseiller, Madame la Haute Conseillère*
- Le président du Conseil économique et social, des commissions parlementaires : *Monsieur le Président, Madame la Présidente*

– Les présidents des Conseils généraux, des délégations spéciales, le président du Conseil de la région parisienne, du Conseil de Paris : *Monsieur le Président, Madame la Présidente*
– Les questeurs des assemblées : *Monsieur le Questeur, Madame la Questrice*
– Les syndics du Conseil de Paris et des Conseils généraux : *Monsieur le Syndic, Madame la Syndic*
– Les sénateurs : *Monsieur le Sénateur, Madame la Sénatrice*
– Les députés : *Monsieur le Député, Madame la Députée*
– Les conseillers généraux : *Monsieur le Conseiller général, Madame la Conseillère générale*
– Les maires : *Monsieur le Maire, Madame la Maire*
– Les adjoints : *Monsieur l'Adjoint, Madame l'Adjointe*
– Les conseillers municipaux : *Monsieur le Conseiller, Madame la Conseillère*

Les autorités judiciaires

– Le vice-président du Conseil d'État : *Monsieur le Président, Madame la Présidente*
– Le président de la Cour de cassation : *Monsieur le Premier Président, Madame la Première Présidente*

Il en est de même pour :
– Le président de la Cour des comptes,
– Le président d'une cour d'appel.
– Les procureurs généraux de la Cour de cassation, de la Cour des comptes, de la Cour de justice, d'une cour d'appel : *Monsieur le Procureur général, Madame la Procureur générale*
– Les avocats généraux,
– Les substituts généraux : *Monsieur l'Avocat général, Madame l'Avocate générale*

Les autorités administratives

- Le grand chancelier de la Légion d'honneur : *Monsieur le Grand Chancelier, Madame la Grande Chancelière*
- Le chancelier de l'ordre de la Libération : *Monsieur le Chancelier, Madame la Chancelière*
- Un haut-commissaire : *Monsieur le Haut-Commissaire*
- Un commissaire général : *Monsieur le Commissaire général, Madame la Commissaire générale*
- Tous les secrétaires généraux de la Présidence de la République, des assemblées parlementaires : *Monsieur le Secrétaire général, Madame la Secrétaire générale*
- Les préfets : *Monsieur le Préfet, Madame la Préfète*
- Les sous-préfets : *Monsieur le Sous-Préfet, Madame la Sous-Préfète*
- Les présidents des tribunaux : *Monsieur le Président, Madame la Présidente*
- Les procureurs de la République : *Monsieur le Procureur, Madame la Procureur*
- Les substituts : *Monsieur le Substitut, Madame la Substitut*
- Les greffiers : *Monsieur le Greffier, Madame la Greffière*

Les militaires

- Un maréchal de France : *Monsieur le Maréchal*
- La femme d'un maréchal de France : *Madame la Maréchale*
- Les officiers généraux : *Mon Général* (une femme dira simplement « Général » – sans le possessif)
- Les colonels et lieutenants-colonels : *Mon Colonel, Madame la Colonelle*
- Les commandants : *Mon Commandant*
- Les officiers subalternes : *Monsieur, Madame*
- Les officiers généraux de la Marine : *Amiral, Madame l'Amirale*

– Les capitaines de vaisseau, de frégate, de corvette : *Commandant, Commandante*
– Les lieutenants de vaisseau : *Capitaine* ou *Monsieur, Madame*
– Les enseignes de vaisseau : *Lieutenant, Lieutenante* ou *Monsieur, Madame*
– Les aspirants : *Monsieur, Madame*
– Les officiers généraux du service de santé : *Monsieur le médecin général, Madame la médecin générale*

Les autorités religieuses

– Le nonce apostolique : *Monsieur le Nonce, Monseigneur* (dans la correspondance privée)
– Les cardinaux : *Monsieur le Cardinal, Monseigneur* (dans la correspondance privée), *Éminence* dans le texte
– Les archevêques et évêques : *Monsieur l'Archevêque, Monsieur l'Évêque* (*Excellence* dans le texte)
– Les délégués, vicaires et administrateurs apostoliques : *Monsieur le Délégué apostolique, Monsieur le Vicaire apostolique, Monsieur l'Administrateur apostolique*
– Les vicaires généraux, chanoines, doyens archiprêtres, curés, vicaires et abbés : *Monsieur le Vicaire général, le Chanoine, le Doyen, l'Archiprêtre, le Curé, le Vicaire, l'Abbé, Madame la Vicaire générale, la Chanoinesse, l'Abbesse*
– Les supérieurs des ordres religieux : *Monsieur le Supérieur, Madame la Supérieure*, ou mieux encore *Madame*
– Le supérieur des Chartreux : *Monsieur le Ministre général*
– Le prieur des Chartreux : *Très Révérend Père*
– Le supérieur des Trappistes : *Monsieur l'Abbé général*
– Le supérieur des Frères prêcheurs : *Monsieur le Maître général*
– Le supérieur des Jésuites : *Monsieur le Préposé général*
– Le supérieur des Frères des écoles chrétiennes et des Oratoriens : *Monsieur le Supérieur général* ou, pour ce dernier, *Mon Révérend Père*

– Le supérieur des Bénédictins : *Monsieur l'Abbé primat*
– Le supérieur général des Lazaristes : *Monsieur*
– Les membres des ordres religieux : *Mon Révérend Père, Mon Père, Mon Frère, Très cher frère*
– Les autres membres des communautés de femmes : *Ma Révérende Mère, Ma Mère, Ma Sœur, Madame*
– Les aumôniers militaires quel que soit le culte : *Monsieur l'Aumônier*
– Le grand maître de l'ordre de Malte : *Monseigneur* (*Son Altesse éminentissime* dans le texte)
– Le grand maître de l'ordre du Saint-Sépulcre : *Monseigneur*
– Les ministres du culte orthodoxe : *Monsieur l'Archimandrite, Monsieur l'Archiprêtre,*
– Les pasteurs : *Monsieur le Pasteur*
– Le grand rabbin de France : *Monsieur le Grand Rabbin*

Les membres des académies, les professeurs de l'enseignement supérieur, les artistes

On appelle « *Maître* » les musiciens, les peintres, les sculpteurs, les écrivains célèbres ainsi que les Académiciens. L'appellation « *Monsieur, Madame le Professeur* » est réservée aux seuls professeurs de l'enseignement supérieur. À ceux de l'enseignement secondaire, on écrira simplement « *Monsieur* », « *Madame* ».

Les membres de la noblesse

On n'emploie jamais le titre dans la formule d'appel, sauf pour les princes et princesses à qui l'on écrit : *Prince, Princesse* et *Monseigneur* ou *Madame*, s'il s'agit de princes régnants ou appartenant à des maisons souveraines ainsi

que pour les ducs et duchesses : *Monsieur le Duc, Madame la Duchesse.*
Pour les membres des maisons souveraines, la suscription doit mentionner S.A.R. (Son Altesse Royale), LLAARR (Leurs Altesses Royales), LLAAII (Leurs Altesses Impériales).

Les membres des professions libérales

Notaires, avoué(e)s, huissiers, commissaires-priseurs agréés auprès des tribunaux et les avocats sont appelés : *Maître*
Pour les médecins et les vétérinaires : *Monsieur le Docteur*, ou *Docteur, Madame le Docteur.* Les étudiants en médecine appellent leurs professeurs : *Monsieur, Madame.*
Le chef d'un établissement commercial, industriel, d'enseignement : *Monsieur le Directeur, Madame la Directrice.*

Savoir e-communiquer

Né du désir des militaires américains de communiquer en permanence et instantanément, Internet étend son réseau à travers la planète. Même dans les pays en voie de développement, les jeunes dans les cybercafés surfent sur la toile pour acquérir divers savoirs – le *e-learning* qu'offrent les universités virtuelles –, ou rechercher les derniers tubes ou bandes-annonces. Car sur son ordinateur on s'amuse beaucoup : les pubs, les images animées, les plaisanteries sont parfois si drôles que l'on s'empresse de les communiquer par *e-mail* à ses amis.

Le courrier électronique

L'*e-mail* (ou « mél ») fait le bonheur des internautes. Le matin, avant même d'ouvrir les yeux, certains, en particulier les célibataires, allument leur ordinateur, pressés de lire les messages reçus dans la nuit. Pressés d'y répondre. Le côté magique d'une lettre aussitôt envoyée que reçue, si lointaine que soit sa destination, ne cesse de fasciner.

Les académiciens depuis un siècle discutent de la réforme de l'orthographe, les internautes en un rien de temps l'ont résolue et appliquée, créant une nouvelle langue, que les entreprises « modernes » se sont empressées d'adopter dans leurs communications internes. Ainsi, « il n'y a qu'à » s'écrit : YAK, « J'ai cassé » : GKC. Le déchiffrage des « *chats* », conversations à plusieurs partenaires, nécessite un certain entraînement, car ce nouveau code s'enrichit en permanence de mots anglais, espagnols, italiens. Vous exprimez votre joie par de simples signes : -) ou votre surprise : -o

Un langage international est en train de naître, une forme de mondialisation spontanée et pacifique qui, heureusement, ne doit rien aux politiciens.

Le savoir-vivre de l'internaute

• Ne tutoyez pas un internaute à la première conversation, attendez de connaître son âge, sa profession, ses goûts. Beaucoup n'apprécient ni la familiarité, ni l'absence de formules de politesse. L'anonymat des forums de discussion et l'emploi d'un pseudonyme n'autorisent pas pour autant la grossièreté.

• Évitez les envois groupés, très impersonnels, voire grossiers.

• N'envoyez pas toutes les photos de votre bébé, faites-en une sélection. Le poids considérable de votre message risquerait de bloquer la transmission.

Apprendre, se divertir, faire ses courses, visiter le Metropolitan de New York, louer une maison à Sydney, retenir un billet de théâtre ou de cinéma, assis dans son fauteuil, facilite considérablement la vie. Mais n'est-ce pas se déconnecter du réel ? Acheter les tomates et le raisin sur Internet plutôt que de les choisir, les sentir, les voir soi-même au marché, n'est-ce pas se priver de plaisirs sensuels et du commerce avec nos semblables ? Certes, des milliers de rencontres se font grâce au réseau, mais ont-elles la saveur de celles nées à la terrasse d'un café ?

On ne peut ignorer que ce sont les sites pornographiques qui sont les plus consultés, ils totalisent 70 % des connexions. Quel informaticien de génie pourra-t-il brouiller les images pédophiles ?

VI

SAVOIR RECEVOIR ET ÊTRE REÇU

Il y a des femmes qui tiennent table ouverte ; elles ont l'invitation facile, généreuse car elles estiment que chaque hôte nouveau qui entre chez elles élargit, renouvelle, enrichit leur univers. C'est autour d'une table que se nouent les amitiés, s'échangent les idées, se lancent les projets.

Recevoir chez moi est une obligation sociale ou mondaine à laquelle je me soumets avec plaisir. Si vous accueillez vos invités avec chaleur, si vous leur prodiguez vos sourires, vous êtes une charmante maîtresse de maison ; si vous soignez votre table, votre menu, le service, vos convives ne tariront pas d'éloges et ne refuseront jamais vos invitations.

J'aime être, après un spectacle, invitée à la bonne franquette ou à la fortune du pot. Ces dîners improvisés sont souvent plus joyeux qu'un dîner formel.

CONSEILS À UNE JEUNE MAÎTRESSE DE MAISON

– À vos premiers dîners, invitez vos parents et vos amis intimes. Avec eux, vous pourrez *monter au feu* sans risquer d'être mitraillée. Commencez par des dîners pour six personnes et des menus simples.

N'expérimentez pas, le jour où vous recevez, une nouvelle recette ou un plat exotique. Ne les servez à vos invités qu'après les avoir essayés, une fois sûre de votre tour de main.

– Si vous n'avez personne pour vous aider à la cuisine et servir à table, ne vous lancez pas dans la préparation d'un plat qui vous obligerait à passer plus de temps à la cuisine que près de vos invités, ou à courir de la table au fourneau. On préfère dîner tranquillement d'une viande froide en présence d'une maîtresse de maison assise et calme que de succulentes brochettes de langoustines accompagnées de beignets de fleurs de courgettes servis dans l'agitation et le va-et-vient.

– Pour faciliter le service, vous pourriez prévoir deux tables roulantes, l'une près de votre mari sur laquelle seraient disposés les vins, les assiettes propres, la salade (le fromage doit toujours attendre à la cuisine). Sur l'autre table, placée près de vous, vous déposerez les assiettes au fur et à mesure que vous desservirez, et le plat principal (sur un chauffe-plat si c'est un plat chaud).

Les hors-d'œuvre ou le potage peuvent être servis avant que les invités passent à table. Les plats pourront également circuler d'un convive à l'autre, sans préséance. Ce qui importe, c'est que tout semble facile, que la conversation ne soit pas arrêtée par un « incident technique ». Il est plus agréable que vos invités se servent à leur guise (chacun tend le plat à son voisin) plutôt que de les servir vous-même.

– N'invitez pas au-dessus de votre niveau social ou intellectuel, vous risqueriez d'essuyer des refus.
– Si l'un de vos invités se décommande à la toute dernière minute, vous ne pouvez rien faire. Ne vous rendez pas malade, ce n'est pas si grave.
– Si au contraire l'un de vos convives arrive avec un ami sans vous en avoir prévenue, vous ajoutez le plus discrètement possible un couvert supplémentaire et vous gardez le sourire.
– S'il arrive avec plus d'une demi-heure de retard, suivez mon exemple, ne l'attendez pas, passez à table.
– Pour les imprévus ayez toujours en réserve des terrines, des légumes en boîte, des compotes.
– Ne présentez jamais les assiettes déjà servies comme au restaurant.
– Après chaque dîner, demandez-vous : Qu'est-ce qui a cloché dans l'accueil, le service, le menu, la conversation ? Livrez-vous à un examen critique. Vous serez sûre de faire mieux la prochaine fois.
– Établissez des menus qui cadrent avec le lieu : à la campagne, servez des pot-au-feu, des ragoûts de mouton ; à la montagne, des fondues, du lapin chasseur, de la raclette. En ville, des menus plus classiques.
– Si vous avez peu de temps vous pouvez commander chez un très bon traiteur japonais, par exemple, un assortiment de sushis. La présentation à elle seule est un régal.

À un déjeuner, vous pourrez servir

– Une entrée : Hors-d'œuvre (crudités, jambon avec figues ou melon) ou un soufflé, ou une quiche.
(À un déjeuner, jamais de potage en entrée, même en hiver).
– Un plat : Poisson, viande, volaille ou gibier, accompagnés de deux ou trois légumes.
– Une salade : (Souvent servis

– Des fromages : ensemble)
– Un entremets
– Des fruits ou en été une glace entourée de fruits rouges.

À un dîner

Vous remplacerez les crudités, jamais servies le soir, par un potage ou une entrée chaude en hiver ou froide en été.

Comme vous, j'ai constaté que tout le monde mange de moins en moins mais curieusement grossit de plus en plus. J'ai donc décidé de ne servir qu'une fois l'entrée et je ne fais resservir le plat principal que s'il n'y a pas de fromage au menu.

À l'encontre de la règle, je demande de repasser le dessert, à la grande satisfaction de mes convives et surtout à la mienne !

Les erreurs à éviter

Deux tartes dans le même repas. Si vous commencez par une quiche, vous ne terminerez pas par une tarte aux abricots.

Deux plats en sauce. Vous ne pouvez servir des asperges sauce hollandaise, puis des tournedos sauce béarnaise.

Deux plats ayant la même base, par exemple un pâté de poissons ou des croustades de fruits de mer suivis par un saumon braisé.

Deux vinaigrettes : si vous avez des poireaux vinaigrette en entrée, vous ne servirez pas de salade avec le fromage.

Souciez-vous de la santé de vos convives : aux diabétiques, n'offrez pas de sucreries, aux hypertendus, des plats richement salés, ni de la viande à un végétarien.

Tenez compte aussi de leurs convictions religieuses, les juifs pratiquants ne mangent ni porc ni crustacés, et le porc est également interdit aux musulmans.

Les invitations

Savoir inviter

À un déjeuner, un dîner de famille ou d'amis intimes

Vous pouvez faire vos invitations de vive voix ou par téléphone quelques jours avant ou même la veille d'un déjeuner ou d'un dîner qui n'a aucun caractère formel.

À un déjeuner ou un petit dîner

Vous lancerez vos invitations huit jours à l'avance par téléphone, puis il serait bon d'envoyer, aux personnes qui ont accepté, votre carte de visite sur laquelle vous préciserez l'heure, la date, la tenue, suivis de la mention : « Pour mémoire ». Si vous inscrivez : « Tenue de ville », vos invités comprendront qu'il leur faudra porter à ce dîner un costume sombre (gris foncé ou bleu marine) et une robe ou un tailleur habillé.

Si vous conviez des amis à la campagne, vous joindrez à votre invitation l'itinéraire qu'ils devront suivre pour trouver votre maison.

À un dîner officiel

Les invitations se font uniquement par écrit dix à quinze jours à l'avance sur un carton imprimé ou gravé ; vous y indiquerez l'heure, la date, la tenue, suivis de la mention « R.S.V.P. » (Réponse s'il vous plaît).

La Baronne Edmond de Rothschild
prie Monsieur et Madame Claude Leylan
de lui faire le plaisir de venir dîner
le dimanche 6 Janvier à 20 heures 30

cravate noire
robe longue
R.S.V.P.

Château de Pregny
1292 Pregny-Genève
Tél

Si, sur votre carton, est inscrit : « Cravate noire » vos invités sauront que les messieurs porteront un smoking et les dames une robe de cocktail très habillée, courte. À moins que votre carte ne précise : « Cravate noire, robe longue ». Vos invitées se conformeront à vos vœux et n'arriveront pas chez vous dans de superbes robes courtes. Rarissimes sont les cartons d'invitation sur les-

Même si je n'attends personne à dîner, j'aime revêtir une robe d'intérieur pour mon confort mais surtout pour mon plaisir personnel.

Megève est un
paradis terrestre,
y compris pour
ceux qui ne font pas
de ski.

Il suffit d'un soir d'intimité,
d'une jolie nappe et d'un feu
de bois. D'un homme
qui n'a qu'une envie,
celle d'être séduit.
Et d'une femme dont la féminité
est une fête.

Mon petit dieu de l'Amour,
Éros, ne me quitte presque
jamais. Il aime autant que moi
être photographié.

Dans l'après-midi,
dès que la table
a été dressée,
je vérifie l'ordonnance
et le placement
des invités.

Pour le dîner,
la serviette est placée
à gauche de l'assiette,
alors qu'au déjeuner
elle est sur l'assiette.
Pour ce soir-là,
j'ai prévu un menu
et un cendrier
par personne.

Mon chalet, avec
ses bois blonds
et son silence,
m'invite
à la sérénité.

À l'hôtel du Mont-d'Arbois, le coup d'œil de la maîtresse des lieux recherche la perfection.

À une seule grande table, je préfère en dresser deux, plus intimes.
Votre mari présidera l'une et vous l'autre.

Une bibliothèque installée dans un salon apporte une note de chaleur et de charme.

Dans ma toute petite maison de Quiberon, l'espace est si réduit que ma salle de bains fait partie de ma chambre.

Dans presque toutes mes chambres, j'installe une coiffeuse, simple table en bois recouverte d'un tissu assorti à celui des murs.

Mon diplôme d'œnologue m'a appris à reconnaître et apprécier les grands crus et les crus bourgeois !

En été, dans notre maison de Château-Clarke, mon mari et moi aimions prendre notre café au soleil.

quels vous lirez : « Habit ». Dans ce cas, la robe longue est toujours de rigueur.

Les personnes invitées devraient, selon les règles de la politesse, répondre dans les quarante-huit heures (sauf si elles sont en voyage), soit pour confirmer leur présence et adresser leurs remerciements, soit pour exprimer leurs regrets et laisser ainsi à la maîtresse de maison le temps de lancer d'autres invitations. La sagesse serait pour elle de prévoir des invités supplémentaires en cas de défections.

Aux grandes soirées, bals et mariages

Vous pouvez indiquer sur votre carte d'invitation . « Réponse souhaitée avant le 6 août 2001. » Et vos invités devront se conformer à votre souhait pour vous permettre d'organiser au mieux votre réception.

Ceux qui ont la fâcheuse habitude d'arriver en retard à un dîner ont également celle, plus impolie encore, de répondre à la dernière minute à une invitation. Je m'étonne qu'ils soient encore reçus !

Le choix des invités

La réussite d'un dîner dépend en grande partie de la qualité des invités et des courants de sympathie qui s'établiront entre eux. Je dresse mes listes en fonction du déjeuner ou du dîner que j'organise :

Pour un dîner d'affaires

Il me semble préférable de n'inviter que des hommes d'affaires accompagnés de leurs épouses et quelques célibataires ayant des activités similaires, afin que la conversation soit générale et d'un même niveau.

Pour un déjeuner buffet assis

Au contraire des réceptions précédentes, je recherche la plus grande diversité, j'invite des vedettes de cinéma, des chefs d'orchestre, des peintres, des couturiers, des ambassadeurs, des hommes de science, un ministre, des chanteurs... De jolies femmes dont la beauté rehausse l'éclat de ma table, et tous s'entendent le mieux du monde.

Mais il n'est pas nécessaire d'être ministre pour être brillant ni d'être actrice pour être belle ou spirituelle. L'intelligence et la beauté sont, quelle chance !, les qualités les mieux partagées au monde.

J'évite de réunir des personnes qui risqueraient de se heurter, ou des couples récemment divorcés. Je m'efforce toujours d'avoir le même nombre d'hommes et de femmes et, en cas de défection de la dernière minute, je recours à des amis et amies célibataires qui acceptent d'être les invités de la dernière heure. Si vous êtes l'invitée de la dernière heure, vous êtes peut-être l'élue du destin. Alors, si vous m'en croyez, ne refusez jamais cette chance. Le nombre d'idylles qui se sont nouées chez moi au cours de rencontres nées du hasard est étonnant.

Pour un dîner mondain

Je choisis également des gens d'un même milieu social et ayant reçu la même éducation, mais de professions différentes.

Dresser la table

Où dresser la table ?

La salle à manger est une invention bourgeoise du XIXe siècle. Autrefois, on faisait dresser une table dans des endroits très divers : un boudoir, un balcon, une charmille, une bibliothèque, une entrée, devant un feu de cheminée. On changeait de cadre selon la saison ou son humeur. Pourquoi, au printemps ou à l'automne, ne pas installer votre table devant une fenêtre qui s'ouvre sur des arbres ou, au contraire, profiter de la pénombre d'une pièce pour y dîner à la lueur des bougies ? L'imagination au pouvoir, voilà un slogan qui ne se démodera jamais.

Afin de donner à ses hôtes une impression de plus grand confort et de protéger le bois de sa table, on met sous la nappe un molleton de la même taille et de la même forme que la table. Si on utilise des sets pour un déjeuner (pas pour un dîner), on place un Bulgomme rond, très mince, de la dimension du fond de l'assiette, glissé à l'intérieur d'une housse de fin tissu blanc.

Les nappes

Leur choix varie en fonction de la circonstance et du lieu. Pour un déjeuner au bord de la mer, à la campagne ou à la montagne, on choisira des nappes de couleurs et de matières différentes, des tissus rustiques, des indiennes, des voiles ou du lin brodés. S'il s'agit d'un déjeuner ou d'un dîner de plusieurs personnes, à Paris et à Genève, je choisis toujours une nappe en damas blanc, sur laquelle j'ajoute un grand centre de table en dentelle blanche. Mais à un déjeuner de deux, ou trois personnes, je dresse une table dans le salon et j'opte pour une nappe blanche brodée de fleurs de couleurs.

Sur une table ronde on repasse les plis de la nappe tandis que sur une table rectangulaire on garde les plis de la longueur (les deux pliures parallèles), mais on repasse ceux de la largeur. Si l'on veut éviter que la nappe ne garde le pli central, lors du repassage, on intercale avant de la replier du papier de soie.

Les assiettes

Elles se placent à un ou deux centimètres du bord de la table et à cinquante ou soixante centimètres les unes des autres. On ne met jamais deux assiettes plates l'une sur l'autre. Pour le potage : l'assiette creuse est présentée sur une assiette plate (et les deux, au moment de desservir, sont retirées en même temps).

Les assiettes à fromages et à dessert ne sont pas nécessairement assorties au service ; en faïence de Giens, en porcelaine d'origines diverses, hongroise, chinoise ou japonaise, elles apportent une note de fantaisie. On en trouve de petites séries chez les brocanteurs et les antiquaires.

De nombreuses maîtresses de maison mettront à gauche de l'assiette, près des verres, une petite assiette destinée au pain. Je n'en mets jamais, chez moi le pain est placé directement sur la nappe, à gauche de l'assiette. Et je dispose à droite une coupelle de beurre avec son couteau.

Les couverts

À droite de l'assiette, s'alignent les couteaux (la lame tournée vers l'intérieur) et la cuillère à potage (si l'on en sert) le côté bombé au-dessus. À gauche, les fourchettes, les pointes posées sur la table pour que se voient les armoiries ou les initiales, s'il y en a.

En Angleterre et aux États-Unis, fourchettes et cuillères sont posées sur l'autre face.

Nul besoin de porte-couteaux sur une table où l'on retire les couverts après chaque plat.

Les couverts en argent brillent de tout leur éclat. Je les range dans des pochettes de plastique hermétiquement fermées et roulées dans du papier de soie noire, ils gardent ainsi plus longtemps leur brillant ; dans les ventes aux enchères, on trouve de très beaux couverts vendus au poids, au prix de l'argent.

À la campagne, les couverts peuvent être en acier avec le manche en bois ou en plastique de couleur. Les couverts à poisson étant d'invention récente, certaines familles très traditionnelles n'en ont pas dans leur argenterie et continuent à en ignorer l'usage, bourgeois à leur goût.

Si vous avez une personne pour servir, vous ne mettrez à table ni le couteau à fromage ni les couverts à entremets ; ils seront placés à plat sur l'assiette que le maître d'hôtel déposera devant chacun des convives. S'il n'y a personne pour faire le service, vous pouvez alors les disposer devant l'assiette.

Les verres

Le lavage des verres se fait à la main et à l'eau pure, sans détergent. Longuement rincés, ils s'essuient avec un linge fin, très propre et se rangent à l'abri de la poussière dans un meuble sans odeur de bois, de vernis ou de cire.

Avant de les disposer sur votre table, essuyez-les à l'aide d'un chiffon blanc, très fin, pour qu'ils soient impeccables.

Ils se rangent en ordre décroissant vers la droite. Le plus grand, le verre à eau, le deuxième, le verre à bordeaux, le troisième, le plus petit pour le vin blanc, si l'on en sert.

Dans les grands dîners, il peut y avoir deux verres à bordeaux, l'un pour le vin qui accompagne la viande, l'autre, le fromage. Dans les flûtes, le champagne se réchauffe moins vite que dans les coupes.

Il faut toujours deux verres (même dans les dîners de famille), le verre à eau sera déjà servi (pas très plein) et le verre à vin.

Des maisons comme Lalique et Christofle ont créé des verres en cristal de Bohême ou en verre soufflé, véritables œuvres d'art.

La serviette

Pour le déjeuner, elle est posée sur l'assiette et pliée en triangle ; pour le dîner, elle est à gauche de l'assiette, pliée en rectangle, sur les fourchettes.

Si vous servez des crustacés, prévoyez de grandes serviettes que vous changerez lorsque vous retirerez l'assiette.

Les rince-doigts

En argent, en verre, en cuivre (à la campagne), apportés sur la table après un service d'asperges ou de crustacés (moules, huîtres, langoustes, homards), ils sont placés à gauche des couverts.

On ajoute à l'eau tiède quelques gouttes de citron ou de fleur d'oranger et quelques pétales de fleurs. On les retire en même temps que les assiettes.

Le sel et le poivre

On dispose une salière, avec petite pelle, entre deux convives, car les gens superstitieux ne demandent pas à leur voisin de leur passer le sel.

À la campagne, on peut mettre sur la table, en plus des salières, le poivrier (avec du poivre en grain) et la moutarde.

Cendriers et cigarettes

Bien qu'on ne fume (en principe) qu'au moment du fromage ou du café on dispose des cendriers assortis au service de table, ou en argent, et des cigarettes dans des gobelets. Au cours du dîner, le maître d'hôtel, ou la personne chargée du service, doit régulièrement les vider.

Les bougeoirs

Pour un dîner en ville, les bougeoirs (un seul à plusieurs branches pour une petite table ronde, deux ou trois – ou plus – pour une table ovale ou rectangulaire) sont en argent, en cristal ou en jolie porcelaine ancienne. À la campagne, ils sont en céramique, en cuivre, en bois, en porcelaine ou en faïence. On peut également utiliser de petits bougeoirs individuels en argent ou assortis au service.

En ville, les bougies que l'on allume juste avant de passer à table sont de préférence blanches ou ivoire (on en trouve qui ne coulent pas), rouges à la montagne, bleues ou vertes au bord de la mer, selon les couleurs de la nappe. En tout cas, elles doivent être à la hauteur des visages ou légèrement au-dessus car une lumière trop basse nuit à la beauté d'un visage féminin.

Les fleurs

On choisira des fleurs d'une couleur assortie à celle de la nappe et du service utilisés ; et leur parfum sera très léger (jamais de mimosas, de freesias, de tubéreuses ou de gardénias, aux senteurs entêtantes). Dans une salle à manger, il ne devrait pas y avoir d'autre parfum que celui des plats servis.

Si votre nappe est en damas blanc, les fleurs seront blanches ou pastel. À la campagne, on choisira des fleurs des champs, des anémones, des primevères et les roses du jardin ; pas de fleurs précieuses.

Il est bien des façons de composer des bouquets pour la table.

À la ville

À la ville où les salles à manger sont généralement petites, les bouquets doivent toujours être bas afin de ne pas cacher votre vis-à-vis et rangés soit en un long centre de table soit en un bouquet central entouré de deux petits, placés chacun à côté des bougeoirs. Pour un dîner intime, si l'on possède plusieurs flûtes de champagne de tailles différentes, on les assemble et on les garnit chacune d'une rose.

Dans des timbales, on compose de charmants bouquets ronds de roses, de pivoines, d'hortensias que l'on dispose au milieu de la table.

Dans des coupes et des cache-pots, on pique des fleurs dans de la mousse ou bien on entoure le pique-fleurs de petits galets pour rendre l'ensemble plus stable.

Dans une jolie soupière d'argent ou en porcelaine de Saxe placée au centre, on dispose des jonquilles, des giroflées, des renoncules dans du feuillage très léger.

À la campagne

En hiver principalement on peut grouper dans un panier un mélange de plantes ou placer au centre de la table des fleurs en pot (le pot peut être peint aux couleurs de la nappe ou du service, en rose, en turquoise, en jaune, ou passé à l'huile de lin pour devenir brillant).

En automne, on utilisera le feuillage roux, les fougères, le lierre. On s'amusera à composer des bouquets de légumes : aubergines, radis, poivrons, potirons nains, citrons, piqués d'anémones et de feuillage.

À Noël

Les roses, dites de *Noël*, parées de houx font de ravissants bouquets ainsi que les fleurs séchées mêlées aux fraîches.

Décoration de la table

En plus des bougeoirs et du bouquet de fleurs, on peut garnir le centre de la table de petits personnages ou d'animaux d'argent ou encore de beaux oiseaux de porcelaine. Afin d'obtenir une tache de couleur, j'ai l'habitude de remplir des coupelles de porcelaine ou d'argent de pastilles au chocolat ou de fondants à la menthe.

Le placement de table

En France, le maître et la maîtresse de maison sont assis au centre de la table, l'un en face de l'autre alors qu'en Angleterre ils président chacun à un bout. Pour une femme, la place d'honneur est à droite du maître de maison, pour un homme à droite de la maîtresse de maison.

Si l'on invite deux couples d'égale importance sociale, les Moréchand et les Camoin, M. Moréchand sera à la droite de la maîtresse de maison et M. Camoin à sa gauche, Mme Camoin sera à la droite du maître de maison et Mme Moréchand sera à sa gauche. Ainsi chacun des deux couples sera également honoré. Si vos invités sont tous sur le même plan, les places d'honneur reviennent soit aux personnes que vous invitez pour la première fois, soit aux personnes les plus âgées, soit à celles dont la fonction est la plus importante.

On sépare toujours le mari de sa femme à l'exception des jeunes couples mariés depuis moins d'un an.

Les tables de 6, 10, 14, 18 convives permettent aux maîtres de maison de s'asseoir face à face. Pour les tables de 8, 12, ou 16, la maîtresse de maison devra se décaler d'une place pour respecter l'alternance homme-femme.

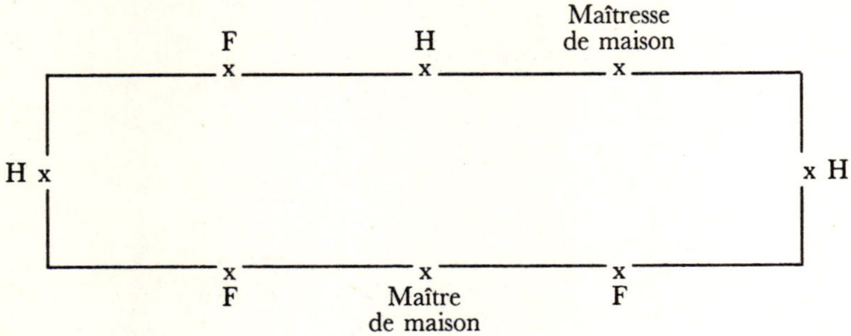

F = Femme
H = Homme

(Il en serait de même sur une table ronde, mais le décalage y serait beaucoup moins sensible.)

Treize à table

Cette histoire rigoureusement vraie s'est déroulée, à la fin du siècle dernier, dans une petite ville de province. La femme du préfet donne ce soir-là un grand dîner. Dans l'après-midi, l'un de ses convives, envoyé en mission, se décommande. « C'est une catastrophe, pense la préfète, nous serons treize à table. »

Dans un éclair de génie, elle téléphone au nouveau commandant de la garnison qu'elle n'a pas encore rencontré ; avec une exquise politesse, elle lui demande de lui envoyer l'un de ses officiers pour occuper la place vide, car l'idée d'être treize à table lui est insupportable. Elle ajoute : « Mais je ne veux pas un officier juif. »

À 20 heures précises, on sonne. Entre un immense Sénégalais plus noir que l'ébène. La préfète suffoque, s'étrangle : « Votre commandant s'est trompé. Ce n'est pas vous que j'attendais. » Au garde-à-vous le Sénégalais lui répond : « Madame, le commandant David Dreyfus ne se trompe jamais. »

Le placement à la table d'un célibataire

Une femme célibataire ne mettra jamais en face d'elle un célibataire ni un homme marié mais un parent ou une amie. Un homme célibataire placera en face de lui, donc à la place d'honneur, soit la femme d'un de ses amis mais seulement si celui-ci est présent, soit une personnalité ou un chef hiérarchique, soit encore, et plus simplement, une femme ou un homme âgé.

Les cartons de table

À partir de huit personnes, on prévoit des cartons portant le nom de l'invité, rédigé à la main. Pour les femmes mariées, on inscrit le prénom du mari : « Madame (en toutes lettres) Jean-Claude Lalane ». On le déposera sur le verre à eau.

Dans les ambassades et les dîners officiels, il est d'usage d'exposer dans l'entrée de l'appartement le plan de la salle à manger et celui de chacune des tables. Le maître d'hôtel distribue à chaque invité un carton sur lequel est inscrit le numéro ou le nom de sa table : *Table roses rouges* ou *roses jaunes* et, sur cette table, les convives trouveront leur carton déposé sur le verre à eau.

Le menu

Pour un dîner de huit personnes, on pose quatre menus sur la table, un entre deux couverts. Il est toujours rédigé à la main sur un bristol blanc entouré d'un fin liséré d'or et porte la date du jour.

Mais vous pouvez utiliser à la campagne une carte postale représentant votre chalet ou votre propriété ou l'un des monuments de votre région. À Château-Clarke, dans le Bordelais, pour un déjeuner champêtre je fais inscrire le menu à l'intérieur d'une double carte portant les initiales du vignoble et la photo des chais, au verso de laquelle sont mentionnés les vins servis.

S'il s'agit d'un mariage, d'un anniversaire, d'un baptême, la photo du jeune couple, de la personne que l'on fête ou du bébé peut orner le menu.

Depuis trente ans, je collectionne les menus des déjeuners et des dîners auxquels j'ai été invitée, parfois signés par l'un de mes hôtes. J'en ai aujourd'hui environ deux mille. Pas de doute : plus les années passent, moins on mange et moins on boit ! Hélas !

Dîner du 6 Janvier 2002

Saumon à l'oseille

Selle d'agneau Richelieu

Coeurs de Laitue Mimosa

Sablé aux fraises

Pouilly Fuissé 1987

Château Clarke 1995

Lanson Noble Cuvée 1989

Je rappelle que, sur un menu, on inscrit « salade » mais jamais fromages car il n'y a pas de bon dîner sans fromages. Et on donne à chaque plat un nom simple, le menu n'est pas une charade. À un déjeuner de chasse chez Madame de V., il était inscrit sur le menu : Croustade Napoléon III. Dès que je goûtai à ce plat, je me penchai vers mon voisin de table, un Russe de la Belle Époque, et lui dis : « Chez moi, cher ami, on appelle ça un hachis Parmentier. »

Dire ce que l'on va servir est une forme de politesse. Si l'on n'a pas rédigé de menu, la maîtresse de maison peut simplement l'annoncer à ses convives, une fois attablés.

Savoir composer un menu

J'ai retrouvé ce menu de vingt couverts servi à un dîner donné en 1867 par le baron James de Rothschild.

Consommé printanier à l'orge.
Potage tortue à l'anglaise.

Timbales à la Woronzoff.
Turbot, sauce aux écrevisses et beurre fondu.
Filet de bœuf, à la bohémienne.

Escalopes de faisan, purée de champignons.
Suprême de volaille, à la Périgord.
Chaud-froid d'ortolans, à la Marquise.
Salade de homard, à la Russe.

Asperges sauce hollandaise.

Grouses et bécasse, rôties.
Pain de pistaches, à la sicilienne.
Petits soufflés glacés, à l'ananas.
Moka à la Parisienne.

À le lire, on mesure l'évolution de nos habitudes alimentaires ; aujourd'hui personne ne pourrait imaginer pareil festin. Une entrée, un plat, une salade, un fromage et un dessert composent la plupart de nos menus et il ne viendrait à l'idée de personne de servir poisson, viande, volaille, gibier au cours d'un même dîner, fût-il de gala.

Quelques recettes

Voici, à titre d'exemple, un menu avec ses recettes que nous servons souvent à la maison et dont le succès est assuré.

- Potage Laguipière.
- Gigot de sept heures avec jardinière de légumes.
- Salade printanière.
- Fromages (que vous n'inscrivez pas sur votre menu).
- Soufflé glacé aux framboises.
- Château-Clarke 1982.
- Champagne Taittinger 1983.

RECETTE DU POTAGE LAGUIPIÈRE

2 kilos de moules d'Espagne
1,5 litre de fumet de poisson
1 oignon
persil
1/2 litre de vin blanc sec.

Faire cuire les moules avec oignons et persil. Puis les décortiquer et les refaire cuire avec le fumet de poisson.

Les passer au mixer et à la passette.

Faire un roux et incorporer le mélange moules-fumet.

Crémer et safraner.

Gruyère et croûtons (pain de mie).

RECETTE DU GIGOT DE SEPT HEURES

1 gigot
1 pied de veau
2 carottes
3 gousses d'ail
2 oignons
1 bouteille de vin blanc sec
1 bouquet garni.

Éplucher les oignons, les carottes et l'ail, puis couper les oignons et les carottes en dés.

Faire revenir le gigot et le pied de veau.

Retirer le gigot et le pied, puis faire revenir les oignons et les carottes.

Remettre le gigot et le pied, et ajouter l'ail et le bouquet garni.

Lorsque les oignons ont bruni, ajouter le vin blanc. Laisser réduire, ensuite ajouter de l'eau à hauteur du gigot. Sel, poivre.

Faire cuire pendant sept heures, tout doucement (laisser frémir).

En fin de cuisson, faire réduire la sauce et dorer le gigot au gril.

Légumes

Haricots verts, navets, carottes, oignons nouveaux, champignons de saison, pommes de terre.

Pour servir : pré-trancher le gigot une fois en longueur, cinq à six fois en largeur en le présentant entier. On peut également le servir à la cuillère. Placer les légumes autour en bouquet et napper avec la sauce.

Pour un dîner chez vous, évitez tout ce qui ressemble à la décoration d'un plat de restaurant : pas de tomate en tire-bouchon, pas de bouquet de persil, de rondelles d'œufs durs ; pas de papier dentelle sous vos gâteaux, pas de papier gaufré autour de vos petits fours, pas de papillote sur votre os de gigot ; pas d'étiquettes ni de noms sur vos fromages (présentés sans feuilles de vigne). Et n'oubliez pas de retirer les prix de vos bouteilles de vin et d'alcool.

En revanche, si pour un grand cocktail, vous faites appel à un traiteur, ne touchez à rien de sa décoration ; ne retirez ni les papiers dentelles ni les papiers gaufrés des petits fours.

L'accueil des invités

L'exactitude est le devoir des honnêtes gens. Si l'on a plus de vingt minutes de retard, il faut téléphoner pour prévenir ses hôtes et s'excuser auprès d'eux.

Les maîtres de maison doivent être prêts avant que n'arrive le premier invité. Il serait d'une grande incorrection pour une maîtresse de maison de faire son apparition une fois que ses invités sont là. Il lui faut aller au-devant d'eux dès qu'ils sont introduits au salon et parfois même les accueillir dans l'antichambre, avoir un mot aimable pour chacun, leur témoigner la joie qu'elle a de les recevoir ; mais rapidement pour ne pas rester trop longtemps à l'écart des autres personnes. S'ils ont fait envoyer des fleurs ou s'ils ont apporté des chocolats, on les en remercie vivement mais discrètement afin de ne pas gêner ceux qui sont venus les mains vides. Si vous avez peu d'invités, vous défaites le paquet devant eux et, si ce sont des chocolats ou des bonbons, vous en offrirez après le dîner. Quand je reçois de nombreux convives, il m'est impossible de découvrir en leur présence le contenu des cadeaux. Mais je leur téléphone ou leur écris dès le lendemain pour leur exprimer mes remerciements.

Au cours d'un voyage en Turquie, il y a quelques années, je suis arrivée, comme cela est la coutume, chargée de présents pour mes hôtes. Et je reçus en retour, lors de l'habituelle cérémonie de remise des cadeaux, une dizaine de boîtes ; je n'eus pas le temps de toutes les ouvrir.

Le jour du départ, je décidai d'offrir à la femme de chambre de l'hôtel les boîtes de friandises qui n'entraient pas dans ma valise. Elle s'en montra ravie. Au moment où je parvenais à l'aéroport d'Istanbul, j'entendis hurler les sirènes d'une voiture de police qui intima l'ordre au chauffeur de s'arrêter.

Trois policiers dont les moustaches me parurent menaçantes s'avancèrent vers moi, une grande boîte à la main. Au milieu de tendres loukoums à la rose et à la pistache, trônait une turquoise plus grosse qu'une noix. La femme de chambre avait eu la gourmandise de vouloir goûter sur-le-champ les gâteries que je lui avais remises et l'honnêteté, en découvrant la pierre, d'alerter son directeur.

J'ai retenu la leçon : on doit, dans l'instant, ouvrir les cadeaux que l'on reçoit. J'avais failli, à cause de mon manque de savoir-vivre, ignorer le geste de ce seigneur oriental, sorti des Mille et Une Nuits.

Conseils utiles

N'oubliez pas, lorsque vous recevez, que vous présentez * la personne la plus jeune à la personne la plus âgée,

* Pour les présentations, voir page 315.

et les hommes aux femmes, les invités français à l'hôte étranger, les plus familiers de vos amis aux moins familiers :

« Madame Morand, puis-je vous présenter Mademoiselle Tardy ? », ou encore, « Madame, je vous présente Reinhald Traxl, un peintre autrichien qui expose à Paris ».

En faisant état des activités professionnelles, sociales, artistiques ou politiques de chacun, vous établirez entre vos convives des relations plus rapides et plus agréables.

Il serait très incorrect d'appeler Odette une personne qui s'appelle Monette et d'écorcher son nom de famille. Vous devez faire un effort de mémoire et d'attention pour respecter les noms, prénoms et fonctions de chacun de vos invités.

Au début de mon mariage, lorsque nous donnions un dîner, il me fallait saluer des personnes dont je n'arrivais pas à retenir les noms. Me souvenant d'un petit truc de théâtre, je les inscrivais dans la paume de ma main.

Si vous recevez une trentaine de personnes, vous présentez les derniers arrivants aux personnes les plus proches de la porte du salon ou vous les conduisez vers un groupe de leur connaissance. Les hommes doivent se présenter eux-mêmes mais il est d'usage de présenter les dames.

Lorsque l'un de mes invités a plus de vingt minutes de retard, je fais passer mes convives à table, estimant qu'il serait plus impoli de faire patienter davantage ceux qui sont déjà là que d'attendre un convive négligent.

À ceux de mes amis qui sont d'éternels retardataires, j'envoie une invitation avec un horaire spécial, souligné de deux traits : 20 heures au lieu de 20 h 30 pour les autres.

Cocktails et boissons apéritives

Ils se servent au salon avant le déjeuner et le dîner, dès qu'arrive le premier invité.

À servir avant le déjeuner :

• des jus de tomate ou de pamplemousse (plus légers que le jus d'orange),
• du porto,
• du champagne bien frais,
• un vin blanc sec (vin rosé à la campagne),
• du gin, du whisky,
• des eaux plates et pétillantes,
• et des glaçons (avec une pince).

Si vous recevez des Anglais ou des Américains, vous pourrez préparer à leur intention les cocktails qu'ils préfèrent et dont voici les recettes :

GIN FIZZ
Le jus d'un citron
Une dose de gin
Une cuillère à soupe de sucre semoule
Des glaçons

Mélanger le tout au shaker, servir dans un verre long drink avec le bord givré de sucre.

DRY MARTINI
2/3 de Martini dry
1/3 de gin
1 olive verte
1 zeste de citron

Et pour tout le monde, ce délicieux « Cocktail étoilé » fait d'un mélange de jus de fruits (au choix oranges, pamplemousses, pommes, ou ananas) et de jus de légumes (au choix céleri, carottes, ou concombres) plus du gingembre frais passé au mixer.

COCKTAIL « PICK ME UP »
(celui que je préfère pour me mettre en forme)

1/4 d'alcool de canne
2/4 de jus d'orange
1/4 de liqueur de gingembre
1 trait de grenadine

Mélanger le tout dans un shaker avec des glaçons.
Servir dans un verre à cocktail, garnir avec une feuille de menthe et une fraise.

À servir avant le dîner :

• jus de tomate (mais pas de jus de fruits),
• les mêmes alcools qu'au déjeuner mais pas de vin blanc ni de vin rosé,
• le bordeaux rouge qui sera le premier vin servi à table,
• du bourbon et de la vodka glacée,

Pour accompagner les boissons (aussi bien à midi que le soir) :

• des pistaches, noisettes et amandes salées,
• des œufs de cailles écoquillés,

• des canapés chauds (ramequins et allumettes au fromage) et froids dont voici deux recettes faciles à préparer :

RECETTE DES CANAPÉS AU BEURRE DE CREVETTES

Décortiquer les crevettes. Les passer au mixer avec du beurre.
Assaisonner : sel, poivre et Cayenne.
Faire légèrement griller le pain de mie.
Étaler le beurre de crevettes un peu épais. Couper les petits canapés.

RECETTE DES CANAPÉS AU CRESSON

1 botte de cresson
1 jaune d'œuf
1/4 de litre d'huile
Pain de mie.

Équeuter le cresson et garder quelques feuilles à part.
Le blanchir à l'eau bouillante et salée (une seconde).
Monter la mayonnaise.
Quand le cresson est égoutté et froid, le hacher très fin et le mélanger à la mayonnaise (très peu).
Assaisonner : sel, poivre et Cayenne.
Étaler la mayonnaise sur le pain de mie, prendre un emporte pièce rond et découper les canapés.

Évitez de servir en petit comité les pruneaux au bacon, les petites saucisses, quiches et pizzas réservées aux cocktails.

Si vous recevez des amis avant le théâtre, vous pouvez leur offrir, en même temps que les boissons, de tout petits croque-monsieur servis très chauds qui les aideront à tenir jusqu'à la fin du spectacle.

Comment passer à table ?

Lorsqu'on a un maître d'hôtel ou une femme de chambre stylée, c'est à eux d'annoncer le traditionnel « Madame est servie ». Si Madame a un titre, on entendra : « Madame la Comtesse est servie. » Si l'on reçoit un ministre ou un prince régnant, le maître d'hôtel pourra dire : « Monsieur le Ministre (ou Monseigneur) est servi », cette personnalité présidera la table et sera placée en face de la maîtresse de maison. Si un ministre ou un ambassadeur célibataire reçoit chez lui, le maître d'hôtel dira : « Monsieur est servi » et non pas : « Monsieur le Ministre ou Monsieur l'Ambassadeur est servi. »

Chez un veuf ou un divorcé, c'est sa fille aînée qui tiendra le rôle de maîtresse de maison ; on annoncera donc : « Mademoiselle est servie. »

Chez une célibataire qui n'est plus une toute jeune fille, on dira : « Madame est servie. »

Dans les familles traditionnelles et dans les dîners officiels, le maître de maison et la dame qui sera à la place d'honneur pénètrent les premiers dans la salle à manger. Mais en général c'est la maîtresse de maison, suivie de ses invités, qui entre la première.

Les manières de table

L'une de mes tantes m'a rapporté qu'au début de ce siècle elle avait noué, au cours de ses nombreux voyages en Inde, pays qui la fascinait, des relations avec le maharaja du Srinagar. Lorsqu'il vint pour la première fois en France, elle l'invita à déjeuner chez elle en même temps qu'un couple de ses amis. En entrée, elle servit les primeurs du marché, des artichauts de Bretagne à la vinaigrette. Le maharaja, le visage épanoui, détacha la première feuille, la regarda, y mordit, la trouva à son goût et, d'un grand geste, la jeta derrière son épaule. Ma tante resta sans voix. Puis, souriant de son plus exquis sourire, elle imita le geste princier et jeta la feuille qu'elle tenait du bout des doigts. Ses amis, d'abord médusés, se plièrent à cette nouvelle étiquette et bientôt, dans la salle à manger, on vit voler autour des quatre personnages, très dignes sur leur chaise, des feuilles et du foin.

Ma tante m'expliqua que, à son avis, le maharaja avait voulu tester le niveau d'éducation de son hôtesse. Il le jugea excellent.

Peu importent les suppositions de ma tante, elles ne sont peut-être que le reflet de son esprit compliqué. Je n'ai retenu que la leçon, magistrale, de politesse et depuis, lorsque je reçois chez moi des étrangers dont les manières de table diffèrent des nôtres, je ne manque pas de me conformer aux leurs.

Ce qu'il faut faire et ce qu'il ne faut pas faire à table

• Ne vous collez pas à la table. N'en restez pas éloigné de cinquante centimètres.
• Sur votre chaise, tenez-vous droit, sans raideur ni laisser-aller.
• Sous aucun prétexte, ne mangez, le coude sur la table, n'appuyez pas vos coudes ou vos avant-bras ni seulement vos poignets. Quand on pique sa viande de la main droite, on n'en profite pas pour poser son coude gauche sur la table.
• N'entourez pas votre assiette de votre bras, comme pour la protéger du voisin.
• Ne gardez pas vos mains sur vos genoux.
• Vous dépliez discrètement votre serviette, sans la faire claquer. Si elle est d'une grande taille, vous la conservez sur vos genoux, pliée en deux dans le sens de la longueur.
• Un homme ne passera jamais sa serviette dans le col de sa chemise, quel que soit « l'animal » qu'on lui servira.
• On ne se penche pas sur son assiette, on se souviendra du fameux « lève ton coude », que nous ont seriné nos parents et on élèvera sa fourchette ou sa cuillère jusqu'à sa bouche.
• Nicole Halphand, qui fut l'une de nos plus célèbres ambassadrices à Washington, m'a appris qu'au cours

d'un dîner, au premier plat on converse avec son voisin de droite, au second avec son voisin de gauche, et au dessert, vous bavardez avec qui vous plaît.

• On mange sans bruit (on n'aspire pas le potage et on ne souffle jamais dessus, on attend quelques secondes qu'il refroidisse).

• On n'incline pas son assiette pour terminer les dernières gouttes, on les abandonne.

• On mange la bouche fermée.

• On ne boit pas la bouche pleine et on s'essuie les lèvres avant de prendre son verre pour n'y laisser aucune trace de nourriture ou de rouge à lèvres. Et on s'essuie de nouveau après avoir bu.

• Lorsqu'on vous présente le plat, ne touchez pas à trois ou quatre morceaux avant de trouver celui qui vous convient. Vous prenez celui qui est devant vous et pas un autre à l'extrémité du plat. Si le morceau vous semble trop gros, ne le coupez pas dans le plat ni dans votre assiette, demandez à la personne qui sert de le couper pour vous. Toutefois, il serait plus simple, pour ne pas retarder le service, de prendre ce qui se présente.

• Ne raclez pas un os de votre couteau pour en détacher la dernière fibre de viande et ne sucez aucun os, même pas celui d'un pigeon !

• Ne tâtez pas tous les fruits avant de choisir celui qui vous semble le plus mûr.

• Les bouteilles d'eau, à la différence des carafes, ne se posent à table qu'en famille ou à un petit dîner, sans personnel de service. C'est aux hommes qu'il revient de remplir d'eau et de vin les verres de leurs voisines avant qu'elles aient à en demander. Une femme ne devrait pas, à table, se servir elle-même de boissons.

Le pain

On n'y touche qu'une fois le potage terminé ou au moment de l'entrée, on n'y goûte pas en s'asseyant à table. Le pain se rompt, il ne se coupe pas, il ne se pose jamais sur le rebord de son assiette mais sur la nappe si on ne dispose pas d'une petite assiette à pain. On ne tartine pas son pain de beurre mais on y dépose au fur et à mesure sur chaque petit morceau une noisette de beurre. La corbeille de pain ne reste sur la table qu'à la campagne (où l'on présente souvent le pain entier et que l'on rompt) ou à un repas de famille ou d'amis. Enfin, on ne sauce jamais son assiette. Si votre voisine émiette son pain, en fait de petites boulettes, c'est aussi clair qu'un panneau de signalisation : elle s'ennuie, monsieur, trouvez un autre sujet de conversation.

Il est recommandé en France, le pays du bon pain, d'en servir plusieurs sortes : aux noix, au seigle et raisins secs, aux olives noires, au müesli, aux sept céréales, au son... sans oublier notre inoubliable baguette.

Le service

Tous les plats sont présentés à la gauche de chaque convive (les vins à droite). On sert en premier la dame assise à la droite du maître de maison, puis celle à sa gauche, puis en face, celle assise sur la droite de la maîtresse de maison, celle sur sa gauche, enfin la deuxième dame à la droite du maître de maison, la deuxième à sa gauche et ainsi de suite de part et d'autre du maître et de la maîtresse de maison, qui est la dernière dame à être servie. Vient ensuite le tour des messieurs : le premier servi est celui à la droite de la maîtresse de maison puis celui à sa gauche. Le petit ballet s'arrête lorsque le maître de maison est servi.

On retire l'assiette et les couverts par la gauche et, principe absolu, on les remplace en même temps par la droite.

Pour un dîner de douze personnes, deux maîtres d'hôtel sont nécessaires.

Le vin

Il fait partie de notre culture et tient dans la gastronomie une place prépondérante. On peut garder un souvenir impérissable d'un grand cru. Il est donc inutile d'insister sur le rôle que joue le vin dans la composition d'un menu.

L'une de mes cousines reçut à déjeuner un général israélien, ami de longue date de sa mère. Juste avant de passer à table, se doutant que la cuisine de son hôtesse n'était pas casher, il l'informa discrètement qu'il ne mangeait pas de viande. Ma cousine parut consternée :

– Avram, vous mangez des huîtres, au moins ?

– Non, aucun crustacé.

Devant son embarras, il s'empressa d'ajouter :

– Cela n'a aucune importance. Deux œufs me suffiront.

Ma cousine eut alors un beau geste. Elle fit servir sa dernière bouteille de Château-Lafite 1959, un cru et une année exceptionnels. Au moment où on allait ouvrir cette vénérable bouteille son mari s'écria :

– Mais c'est inutile ! Ce vin n'est pas casher.

Le général sourit.

– Vous avez tout à fait raison. Mais je commettrais un plus grand péché encore si je ne prenais pas de ce château historique. Dieu ne me pardonnerait pas cette faute de goût.

Le mariage des mets et des vins

Le principe est d'harmoniser :

- la puissance d'un vin à la richesse d'un plat,
- la finesse d'un vin à la délicatesse d'un mets.

Un mets ne doit jamais écraser un vin, on ne sert pas :

- avec un gibier un vin blanc ou rouge léger,
- avec une sauce vinaigrette des vins rouges.

Un vin ne doit jamais dominer un mets :

- on ne sert pas un grand bordeaux rouge avec une viande blanche.

On n'associe pas :

- le sucré et le salé. Servir un Sauternes avec des huîtres est un sacrilège ;
- l'acide et l'astringent. Un grand bordeaux rouge sur une sauce à l'oseille, et c'est le vin qu'on assassine.

Se méfier des sauces aigrelettes à base de vinaigre de framboise et d'épices ; le cidre peut à peine leur résister. Les mets sucrés sont redoutables car il est très difficile de leur associer un vin. Un canard au raisin peut s'accommoder d'un vin rouge pas trop puissant. En revanche, une pâtisserie se marie rarement avec un vin liquoreux. Le champagne est une solution de facilité ; mais, un vin rouge mûr, même un peu évolué accompagne très bien un gâteau ou une sauce au chocolat.

Quelques règles simples

Adapter la graduation du vin à celle du plat :

- blanc léger.............................. poissons
- blanc corsé............. poissons, sauces blanches
- rosé.......................... viandes blanches
- rouge léger..................... viandes rouges
- rouge corsé............................. gibier

Une règle élémentaire : plus le vin est grand, plus le mets doit être simple et de bonne qualité.

Le vin et le fromage

- pâtes cuites assez neutres (edam) :
  vins rouges tanniques
- pâtes cuites typées :
  beaufort : vin blanc léger et fruité
  comté : vin jaune du Jura ou xérès
- pâtes fermentées :
  douces : vin blanc léger
  typées (munster) : Alsace même vieux
- chèvres : blanc sec
  rouge tannique frais
- Brie de Meaux Fermier à point (gras et sans amertume)
  vin rouge rond et généreux

Je vous recommande un vieux Sauternes sur un roquefort, c'est somptueux. Et un Apremont sur un beaufort.

Quelques exemples d'accompagnement

- soufflé au fromage : blanc corsé ou rosé
- poisson – alose à l'oseille : blanc sec
  paupiettes de lotte : blanc corsé – Graves
- lamproie à la bordelaise : bordeaux puissant rouge
- cèpes : bordeaux rouges (Médoc, Saint-Émilion)
- gibier : la plupart des grands vins (bourgogne, Châteauneuf-du-Pape, bordeaux rouge)
- baron d'agneau : Médoc ou (impérial !) Lafite 59
- soupe au foie gras : Clarke

Vous trouverez pages 289 à 294 des indications précises sur les vins de Bourgogne, de Bordeaux et d'Alsace.

La température (à titre indicatif)

- 8 – 10° blancs secs,
- 10 – 12° blancs corsés,
- 14 – 16° rouges légers,
- 16 – 18° rouges corsés,

Il vaut mieux un vin un peu plus frais de deux degrés qu'un vin trop chambré (il se réchauffera dans le verre pour être bu à point), car il exprime plus facilement les défauts que les arômes et la finesse.

À ne jamais faire

- Laisser une bouteille de vin blanc plus de quarante-huit heures dans un réfrigérateur.
- Rafraîchir un vin rouge avec de la glace ou dans le congélateur (ce qu'un vin blanc peut parfois supporter).
- Proposer des glaçons !

La décantation

Elle doit être réservée aux vieux millésimes des grands vins rouges, aux grandes bouteilles.

En décantant, on cherche en premier lieu à séparer les précipités qui se forment pendant le vieillissement.

Avant de décanter une bouteille il convient de la laisser reposer vingt-quatre heures debout.

Le second effet de la décantation est d'aérer le vin qui n'a pas vu l'air depuis longtemps. Cette opération exalte les arômes mais il arrive que l'effet soit contraire à celui attendu. À éviter sur les bourgognes, vins trop jeunes et trop légers.

Quand décanter une grande bouteille ? Une, deux, trois heures avant le service.

Pensez à préparer le vin dès la veille.

À l'heure du repas, le vin doit être prêt, c'est-à-dire :

- à la bonne température,
- reposé,
- décanté (pour les vieux vins).

Comment le servir ?

À la différence des plats présentés à la gauche de chaque convive, le vin se verse à la droite. Si c'est un grand cru, le maître d'hôtel indique à voix basse à chaque invité le cru et l'année : « Château-Petrus 1969 ».

Pour un dîner intime, le maître de maison l'annonce lui-même mais seulement s'il est d'excellente qualité. On saisit une bouteille par le corps et non pas par le goulot ; lorsqu'on verse le vin, on ne tourne jamais la main vers l'extérieur et on n'appuie pas le goulot contre le verre.

Pour éviter de tacher la nappe en remplissant les verres (jamais à ras bord), le maître d'hôtel tourne légèrement la bouteille et recueille la goutte sur la serviette blanche pliée en quatre qu'il tient de la main gauche.

Le vin rouge se sert en carafe (on peut présenter les vins blancs dans leur bouteille car on ne les décante pas, mais chez nous ils sont servis en carafe). Les bouteilles ne sont jamais (comme au restaurant) couchées dans un panier d'osier ou d'argent tressé mais servies debout.

L'ordre des vins

- un vin blanc précède toujours un rouge.
- un vin jeune précède toujours un vin vieux.
- un vin léger précède toujours un vin corsé.

La fumée du tabac contrarie le goût du vin.

Comment le boire ?

On le hume discrètement mais on ne garde pas son vin en bouche même si l'on est un connaisseur, et en l'avalant on ne renverse pas la tête, il descendra tout seul, surtout si on le déguste, comme il se doit, à petits traits. Avant de le boire et, après l'avoir bu, on s'essuie les lèvres.

Si vous ne buvez pas de vin, ne mettez pas votre main sur le verre pour en refuser, dites simplement « Non, merci » à la personne chargée du service ou au maître de maison avant qu'on emplisse votre verre car on ne gâche pas une goutte d'un grand vin.

Et, avant de quitter la table, videz votre verre, vos hôtes vous en sauront gré, surtout s'ils vous ont servi un grand cru. Si, par mégarde, vous renversez votre verre de bordeaux sur une jolie nappe d'organdi blanche, vous devenez rouge de confusion ; vous ne savez plus quoi faire, car il n'y a rien à faire sinon présenter vos excuses à la maîtresse de maison et lui laisser le soin de remédier à cette tache. Comme chacun a sa méthode, ne vous précipitez ni sur la salière ni sur la bouteille de vin blanc ou de Perrier pour en verser le contenu sur la table.

La fin du repas

Comment quitter la table ?

La maîtresse de maison se lève la première, imitée aussitôt par son mari et les autres hommes qui s'empresseront de se lever pour retirer la chaise de leur voisine.

On ne plie pas sa serviette quand on quitte la table, on ne la laisse pas tomber sur sa chaise ou par terre, on ne la jette pas sur son assiette, on la range sur le côté droit de son couvert. La maîtresse de maison quitte la salle à manger la première, précédant les femmes et les hommes qu'elle conduit vers le salon. Son mari est le dernier à sortir de la pièce dont il ferme la porte.

Le café et les liqueurs

Où doit-on servir le café ? À la table de la salle à manger ou au salon. À un déjeuner, il peut se servir à table surtout si la conversation est animée et qu'on ne souhaite pas la rompre. À un dîner, il est préférable que la maîtresse de maison à qui il revient de le servir l'offre au salon : les hommes le prennent debout et fument un cigare tandis que les femmes s'éclipsent pour aller se repoudrer.

Chocolats, marrons glacés et pâtes de fruits circulent de l'un à l'autre des convives en même temps que le café qui se sert deux fois. Il doit être aussi chaud au second service qu'au premier. Si vous ne prenez qu'un demi-sucre dans votre café, ne remettez pas l'autre moitié dans le sucrier, laissez-la sur votre soucoupe.

En buvant, vous tenez la soucoupe dans votre main gauche et la tasse dans la droite. Lorsque vous reposez le tout, vous ne laisserez pas la cuillère dans la tasse mais sur votre soucoupe.

Après le café, viennent les liqueurs douces (liqueur de cassis, de mûres, de groseilles, de cerises), les alcools blancs (poires, mirabelles, prunes) et les cognacs.

Tous vos invités ne prennent pas de café. Il vous faut donc prévoir des infusions. Celle-ci, « Nuit angélique », est douée de vertus... magiques. Vous verrez, elle plaira à tous. Elle est composée, à parts égales, d'un mélange :

- d'anis vert
- d'angélique
- de mélisse
- de fenouil, gingembre ou cannelle.

À laisser bien infuser.

Savoir fumer le cigare

Après le café, rien n'est meilleur qu'un cigare, vous diront certains messieurs. J'aime autant l'ami qui fume la pipe dans mon salon que celui qui fume le cigare. Le parfum d'un grand havane, comme un bon vin, me procure une certaine ivresse.

Le savoir-vivre, dit-on, est de ne jamais garnir sa poche de son cigare préféré lorsqu'on se rend à un dîner, où, en principe, on vous en offrira. Je ne suis pas du tout choquée quand un invité refuse ceux que je lui tends et reste fidèle à sa propre marque. (Un vieux dicton dit : Fidèle à son cigare, fidèle à son amour.) Il est de bon ton qu'un homme demande aux dames présentes la permission de fumer un cigare (permission qu'elles se doivent de lui accorder) mais il devra s'éloigner d'elles si la fumée les incommode.

Comment fumer un cigare ?

La première chose à ne pas faire est, selon mon ami Monsieur Davidoff, de retirer la bague.

On coupe son cigare soit avec un coupe-cigares, soit discrètement du bout des dents. On l'allume avec une allumette (pas un briquet) ou mieux encore, si c'est un excellent cigare, avec la feuille de bois dans laquelle il est enveloppé et que l'on roule avant de l'enflammer.

Autrefois, certaines dames complaisantes préparaient le cigare de « ces messieurs » en le présentant délicatement au-dessus d'une flamme. Aujourd'hui, les professionnels du cigare regrettent la dame mais réprouvent la pratique.

Un bon cigare se fume jusqu'au bout (non à moitié) et il ne devrait pas s'éteindre ; si c'était le cas, on ne le rallumera pas, on le déposera dans un cendrier.

Il vaut mieux ne pas offrir de cigares que d'en proposer de médiocres.

Cocktails et buffets

Il est devenu courant lorsqu'on reçoit un grand nombre d'invités de dresser un buffet. Mais il est encore plus difficile d'organiser un très beau buffet qu'un dîner assis. Voici trois buffets que je vous propose pour les avoir longuement mis au point. À vous d'y choisir les plats les mieux adaptés à la circonstance, au lieu, à la saison et aux invités que vous recevez. Si pour un grand cocktail vous faites appel à un traiteur, vous ne défaites pas sa décoration (vous n'enlevez ni les papiers de dentelles ni les papiers gaufrés des petits fours, ni les marques des fromages).

Buffet froid

En entrée, servez des canapés de tous genres, pain village ou pain brioché, spécialités des bons traiteurs.

Légumes

- Panier de crudités avec sauce tartare, radis, céleris, tomates cerises, poivrons rouges, jaunes, verts, chou-fleur, concombres, artichauts de Provence, champignons, œufs durs.
- Salade d'artichauts.
- Salade composée : riz, maïs, tomates, poivrons, céleris, pamplemousses, haricots verts, tagliatelles au basilic.
- Salade martiniquaise : épinards crus, avocats, poivrons, ananas, pamplemousses, crabe (assaisonné au tabasco).
- Salade de pommes de terre préparée la veille.
- Salade de lentilles (sans oublier le clou de girofle).
- Salade de haricots blancs.
- Terrines de légumes : carottes, céleris, artichauts.
- Mousse d'avocat.
- Gaspacho.
- Pâtes : chaudes, froides, à la tomate, à la sauge, aux fruits de mer, à l'aubergine, aux courgettes, en gratin, au saumon, elles sont toujours très appréciées.

Charcuterie

- Jambon de Parme, d'York ou coppa, saucisson, rillettes, andouillettes, mortadelle.

Volailles et gibiers

- Pâté de canard, terrine de foies de volaille, terrine de lapin, salade de faisans, salade de perdreaux, ou mousse de foie gras.

- Chaud-froid de poulet.
- Canard aux pêches ou aux cerises, ou canard laqué.
- Poulet en gelée, au gingembre, au citron, à l'ananas.

Viandes

- Rôti de porc (à la sauge), rôti de veau, rosbif (gelée au porto) ou gigot sauce menthe.

Poissons

- Saumon mariné à l'aneth, tartare de saumon, saumon froid ou fumé.
- Assiette nordique : harengs de la Baltique, truites et anguilles fumées, sprats, haddocks, flétans.
- Salade de homards, crevettes, crabe, langoustines, ou plateau de fruits de mer.
- Filets de soles froids à la sauce tomate.
- Pâté de poisson (généralement sans goût).
- Bar à la mayonnaise.
- Mérou sauce antillaise ou sauce gingembre.

Fromages

Il y a en France, paraît-il, 493 sortes de fromages. Vous ne pouvez pas les servir tous. À la campagne choisissez plutôt ceux de votre région. En ville, deux plateaux. Sur l'un, seulement des fromages de chèvre, sur l'autre un brie entier, un munster, un vacherin ou un reblochon, pas de portions.

Fruits

• Paniers de fruits de saison à condition qu'ils soient bien mûrs et fruits exotiques.

• Salades de fruits préparées deux heures à l'avance et parfumées à un alcool blanc de fruit (poire, mirabelle).

Entremets

Autrefois, l'ensemble des mets qui venaient après le rôti constituait l'entremets composé de « plats doux » mais aussi de légumes. Du XIVe au XVIIe siècle, l'entremets était également une sorte de spectacle, d'intermède, présenté au milieu du dîner et auquel prenaient part des baladins, des troubadours, des danseurs et des artistes en tous genres. Ce divertissement se déroulait au milieu d'un décor – une forteresse, un palais, une cathédrale – en carton-pâte réalisé à grands frais par des spécialistes. Aujourd'hui, l'entremets se limite aux mets sucrés que l'on sert après les fromages :

• mousse au chocolat (au zeste d'orange ou au café)
• mousse aux marrons, crème Chantilly
• mousse de fruits rouges
• crème renversée
• œufs à la neige
• glaces
• sorbets

et tous les gâteaux, dont la liste est infinie.

Buffet chaud

Un buffet n'est pas composé que de plats froids ou que de plats chauds. Le plus agréable est un mélange des deux. Si vous présentez les plats chauds en même temps que les froids, gardez-les sur des chauffe-plats. Pour un très grand buffet, les fruits et les entremets sont dressés seuls, sur une table à part.

- Pizzas, quiches (au fromage, aux légumes, au poisson, à la volaille, aux champignons)
- Croissants au jambon
- Pruneaux ou bananes au bacon.

Entrées

- Gratins de pommes de terre à la savoyarde ou gratins de légumes.
- Pâtes aux fruits de mer, raviolis, lasagnes, gnocchis, spaghettis à la bolognaise, etc.

Plats campagnards

- Tête de veau sauce gribiche
- Cochon de lait
- Potées
- Saucisses de Morteau aux pommes de terre
- Boudins blancs ou noirs, pommes en l'air
- Petit salé aux lentilles
- Lapin à la polenta.

Viandes et gibiers

- Carré ou gigot d'agneau
- Filet de bœuf en croûte
- Poulet au gros sel
- Canard à la serviette ou au sang ou aux navets
- Perdreaux aux choux
- Poussins grillés
- Magrets de canards aux pommes
- Oies aux légumes
- Chevreuil, cerf, chamois
- Râbles de lièvres, purée de céleri ou pommes de terre vapeur.

Poissons

- Lamproie à la bordelaise
- Lotte à l'armoricaine
- Loup grillé au fenouil.

Desserts

- Strudel aux pommes et crème Chantilly
- Tarte Tatin
- Compote de fruits tiède.

Buffet exotique

Partout, aujourd'hui, se sont ouverts de bons restaurants chinois, japonais, libanais, turcs, marocains, indiens, italiens... C'est à eux que vous pouvez vous adresser pour composer un buffet exotique et votre succès de maîtresse de maison est assuré.

- Caviar d'aubergines
- Pâtés impériaux
- Beignets de pinces de crabe
- Boudins et crabes créoles
- Scampi
- Brochettes d'agneau
- Méchoui
- Osso bucco
- Curry d'agneau ou de poulet
- Taboulé
- Couscous au mouton ou au poulet
- Pastilla (pigeons aux amandes)
- Moussaka
- Poulet au riz créole
- Crabe antillais
- Sushi et sashimi (poissons crus).

Boissons

Au mieux et au maximum!

Pour un buffet campagnard le vin et la bière peuvent être servis en tonneaux.

LES VINS

Les vins de Bourgogne

<u>Les grands crus</u>

Le vignoble de Chablis

- Vaudésir
- Valmur
- Les Preuses
- Les Clos
- Grenouilles
- Blanchots

La Côte de Nuits

- Chambertin
- Clos de Tart
- Clos de Vougeot
- La Romanée
- Romanée Conti
- Clos-Saint-Denis
- Musigny
- Grands Echezeaux

La Côte-de-Beaune

- Corton
- Chevalier-Montrachet
- Bâtard-Montrachet
- Corton-Charlemagne
- Montrachet
- Criots-Bâtard-Montrachet
- Bienvenues-Bâtard-Montrachet

<u>Les cépages</u>

vins rouges et rosés :
- Pinot noir
- Gamay noir à jus blanc

vins blancs :
- Chardonnay
- l'aligoté

Les années exceptionnelles

Pour les vins rouges	**Pour les vins blancs**
1969	1971
1976	1976
1978	1978
1979	1979
1983	1985
1985	1986
1988	1989
1989	1990
1990	1992
1996	1996
1998	1997
Trois années 78, 88 et 90 méritent une mention toute particulière. 1980 est une année à redécouvrir.	1986 est un millésime exceptionnel.

Comment les servir

– Ne secouez pas les bouteilles avant de les servir, maniez-les avec précaution.

– Les vins rouges sont servis chambrés (« la chaleur est la pire ennemie du vin ») :

16 à 17 °C pour les grands vins rouges,

12 à 14 °C pour les grands vins blancs.

– Les vins blancs et rosés sont servis frais :

10 à 12 °C pour les vins jeunes,

12 à 14 °C pour les grands crus blancs.

– Les bourgognes ne se décantent qu'au moment même où on les sert. Ce n'est pas une obligation. Tout dépend de l'âge des vins. La décantation des vins vieux risque d'abîmer les millésimes de plus de dix ans.

– Utilisez des verres à pied de forme tulipe pour les vins blancs et des verres ballon pour les vins rouges. Ne les remplissez qu'à moitié pour que le vin ait la place de tourner et de s'exprimer.
– Un bon vin blanc doit vieillir entre deux et dix ans en cave, un vin rouge entre cinq et vingt ans.
– Les crémant et les bourgogne méthode champenoise sont livrés prêts à être consommés.
– Lorsque vous entrez votre vin en cave, avant de le consommer, laissez-le reposer une à deux semaines si c'est un vin jeune, deux à trois mois s'il est vieux.

<u>Le mariage des mets et des vins de Bourgogne</u>

– Avec les fruits de mer, les poissons : bourgognes blancs secs.
– Avec les charcuteries : blancs secs, rosés.
– Avec les omelettes : rosés.
– Avec le foie gras, les volailles, les viandes blanches : grands bourgognes blancs.
– Avec les viandes : rouges légers.
– Avec le gibier, les viandes en sauce, les fromages pas trop forts : grands bourgognes rouges.
– A l'apéritif ou au dessert : un crémant de Bourgogne nature ou nuancé d'une touche de crème de cassis ou de framboise.

Les vins de Bordeaux

<u>Les grands crus</u>

Le Médoc

– Château-Lafite-Rothschild
– Château-Mouton-Rothschild
– Château-Latour
– Château-Margaux

Les Graves

– Château-Haut-Brion

Le Sauternes
– Château d'Yquem (blanc)

Le Pomerol
– Château-Petrus

Saint-Émilion
– Château Ausone
– Château-Cheval Blanc

Les millésimes

	BLANC SEC	LIQUOREUX	ROUGE
1989	très bon	exceptionnel	exceptionnel
1990	bon	exceptionnel	très bon
1991	bon	bon	bon
1992	moyen	moyen	moyen
1993	moyen	médiocre	bon
1994	bon	moyen	très bon
1995	très bon	exceptionnel	exceptionnel
1996	très bon	exceptionnel	exceptionnel
1997	moyen	exceptionnel	très bon
1998	très bon	très bon	très bon
1999	exceptionnel	très bon	exceptionnel
2000	très bon	moyen	exceptionnel

Les vins d'Alsace

Sept cépages

Ils produisent des vins qui ont droit à l'appellation d'origine contrôlée :
– Sylvaner (vin blanc, sec, frais et léger)
– Pinot blanc (vin blanc, sec, souple, nerveux)
– Riesling (vin blanc, très sec, racé, au fruité exquis)
– Tokay Pinot gris (vin blanc, sec, capiteux, opulent et corsé)
– Gewurztraminer (vin blanc, sec, charpenté, au bouquet puissant)
– Pinot noir (vin rouge ou rosé, sec, au bouquet élégant).

Les grands crus

– Altenberg de Bergheim
– Brand (Turckheim)
– Kastelberg (Andlau)
– Kitterlé (Guebwiller)
– Schlossberg (Kaysersberg et Klentzheim)
– Sommerberg (Niedermorschwihr et Katzenthal)

Zotzenberg
Winzenberg
Wineck-Schlossberg
Sporen

et une mention toute particulière pour Rangen (Thann).

Vendanges tardives et sélection de grains nobles : Ces deux mentions rares et prestigieuses couronnent les appellations d'origine contrôlée « Alsace grand cru ». Exclusivement issues des cépages muscat d'Alsace, ces « perles noires » ne sont récoltées qu'en surmaturité, lors d'années exceptionnelles.

Les années exceptionnelles

1971
1973
1976
1981
1983
1985
1988
1989
1990

Comment les servir ?

– Frais mais non glacés, dans un seau à glace mélangée d'eau (10 °C).

– Ne les laissez pas séjourner dans le réfrigérateur qui pourrait altérer leur arôme.

– Servez-les dans un verre tulipe au flanc arrondi et au pied de couleur.

– Les vins d'Alsace se boivent jeunes, de six mois à cinq

ans après leur récolte. Seuls les grands millésimes se plaisent à vieillir.
– Ne remplissez pas complètement votre verre afin de mieux préserver le bouquet du vin. Soulevez le verre et faites le tourner doucement. Buvez le vin à petites gorgées.

Le mariage des mets et des vins d'Alsace

– Pour l'apéritif : un Gewurztraminer ou un Muscat d'Alsace grand cru.

– Avec le foie gras : un Tokay Pinot gris d'Alsace grand cru.

– Avec les poissons : un Riesling Alsace grand cru.

– Avec les crustacés : un Gewurztraminer Alsace grand cru.

– Avec les volailles : un Riesling ou un Gewurztraminer Alsace grand cru.

– Avec les viandes et les gibiers : un Tokay Pinot frais.

– Avec les fromages : un Gewurztraminer Alsace grand cru.

– Avec les desserts : un Muscat d'Alsace ou, mieux encore, sélections de grains nobles.

– Pour un repas exceptionnel : un Riesling d'Alsace grand cru.

Les vins de Champagne

Symbole de la fête, du succès, de la séduction, le champagne est le vin de l'amour et de la gaieté. Il crée des ondes de bonheur et réjouit les hôtes et les amis.

Il importe de bien se repérer dans la forêt des marques, des cuvées et des étiquettes.

Pour l'apéritif, il s'agit de choisir un brut sans année ou une cuvée spéciale. Les plus fameuses sont Dom Pérignon, Cristal de Roederer, les Comtes de Champagne (Taittinger), Grand siècle (Laurent Perrier), Belle époque (Perrier Jouët), la Grande Dame (Clicquot), la cuvée William Deutz.

Des marques haut de gamme comme Krug, Bollinger, Pol Roger, Cordon rouge, Charles Heidsieck, Piper, Pommery, Lanson, Jacquart, Boizel, Henriot ne sont pas à dédaigner. Elles peuvent figurer avant le repas et sur le premier plat, si c'est du foie gras, du poisson ou des coquillages.

Les grandes marques de Reims, d'Épernay et de Tours-sur-Marne s'imposent pour des soirées de fête.

Le champagne rosé plaît aux dames. Il peut figurer au début du repas, au milieu sur l'agneau ou la poularde, sur un dessert aux fruits rouges.

Le champagne doit être servi à 9° C et laissé dans un seau avec quelques glaçons. Il est dégusté dans des flûtes et jamais dans des coupes. On ne le met pas en carafe sous peine de l'assassiner. De même, ne remue-t-on jamais la flûte à l'aide d'un *moser*. Quand l'assistance dépasse les huit convives, le champagne doit être présenté en magnum. On compte une bouteille de champagne (75 cl) pour six personnes.

Il est bon que la maîtresse de maison vérifie comment ont été lavées les flûtes. Détergents et produits chimiques annihilent la mousse et les bulles, et c'est la mort du champagne, qui ne peut s'exprimer.

Les bouteilles ne se rebouchent pas et doivent être consommées au plus tard le lendemain de l'ouverture. Il est recommandé de conserver les bouteilles en cave, allongées, et de ne pas les mettre au *freezer*.

Savoir recevoir vos amis pour un week-end

Recevoir doit être pour vous un plaisir même si vous vous pliez à une obligation, et un plaisir que partageront vos invités. Vous leur consacrerez votre temps tout en les laissant libres du leur, vous leur devez toute votre attention mais en même temps toute votre discrétion.

Si vous invitez plusieurs personnes en même temps, il est préférable qu'elles puissent trouver des intérêts communs ou complémentaires. Car quarante-huit heures de vie sous un même toit peuvent être très longues si l'on manque de savoir-vivre.

Vos invitations se feront soit par lettre, soit par téléphone (à vos intimes) deux semaines avant la date fixée. À ceux qui se rendent chez vous pour la première fois vous adressez l'itinéraire (accompagné d'un plan) le plus précis et le plus simple possible (avec votre indispensable numéro de téléphone à la campagne). Vous pouvez inviter à partir du vendredi soir ou du samedi matin.

Préparer les chambres et les menus

Avant que vos invités n'arrivent, il vous faut personnellement entrer dans les chambres et les salles de bains qu'ils occuperont pour en faire une inspection minutieuse. Rien ne remplace l'œil du maître. Assurez-vous que dans les penderies mises à leur disposition aucun vêtement n'est resté et que tout est impeccable. En hiver, faites allumer le chauffage la veille afin que les lits ne soient pas humides et que la chambre ne sente pas le renfermé. C'est en pénétrant dans sa chambre, où toutes les lampes seront allumées, que chacun de vos invités saura du premier coup d'œil s'il est vraiment attendu.

Voici les objets que vos invités trouveront :

dans leur chambre :

- une carafe d'eau et deux verres,
- des bonbons et des chocolats,
- des fruits frais ou secs (dattes, figues, pruneaux, raisins secs...) avec assiette, couverts et petite serviette.
- du papier à lettres, des crayons et stylos,
- un bloc-notes,
- des cartes postales et le guide de la région,
- des livres,
- un poste de radio,
- un valet de nuit pour monsieur,
- un plaid.

dans leur penderie :

- des cintres tous de la même couleur,
- un porte-bagages,

• une couverture et un oreiller supplémentaires, un oreiller pour la nuque à l'attention de madame,
• une trousse de couture,
• un chausse-pied pour monsieur,
• un panier d'osier ou une jolie boîte pour ranger les bijoux et les petits objets,
• des sachets parfumés ou de petits sacs de lavande.

dans la salle de bains :
• une fleur ou un petit bouquet de fleurs en soie,
• des savons dans leur emballage,
• des sels ou de l'huile de bain,
• des cotons à démaquiller dans un petit panier d'osier,
• une boîte de Kleenex dans une jolie housse,
• une boîte d'aspirine, de l'Alka-Selzer, de l'alcool de menthe avec quelques morceaux de sucre,
• un sèche-cheveux, si possible,
• en plus du gant de toilette et des serviettes de bain, un peignoir de bain est toujours le bienvenu,
• un petit nécessaire à chaussures (une brosse, un chiffon et un cirage incolore) ou de petites pochettes spéciales chaussures,
• en hiver, une bouillotte dans sa housse.

Si vos invités arrivent le vendredi soir, prévoyez un dîner plutôt tardif pour leur laisser le temps de s'installer, de visiter la maison et de faire connaissance.

Votre dîner ne traînera pas trop en longueur afin que vos hôtes aient une grande nuit de repos. Avant qu'ils ne se retirent dans leur chambre, informez-les que le petit déjeuner sera servi à la cuisine ou dans la salle à manger entre telle et telle heure. Et assurez-vous qu'ils ne manquent de rien. Bien entendu, si vous avez du personnel, faites apporter le petit déjeuner dans la chambre ou tout au moins une première tasse de thé ou de café.

Prévoir des activités

Il ne vous suffit pas d'organiser à l'avance les menus des déjeuners et des dîners, il vous faudra également prévoir un programme des réjouissances : jeux de cartes et de société, promenades à pied ou à bicyclette dans les environs, pêche, tennis, boules, golf.

Lorsque je reçois un ou deux invités dans ma petite maison de Quiberon, je leur organise un week-end de remise en forme à l'institut de thalassothérapie. Pour leur bien-être... et le mien. À Megève, durant l'été, je prévois des parcours de golf qui se terminent par quelques longueurs de piscine ou une séance de relaxation au Chalet du Mont d'Arbois.

Si vous recevez des enfants, essayez d'aménager pour eux une pièce indépendante (une grange, un grenier, un sous-sol) où ils pourront s'amuser librement. S'ils sont très jeunes, tâchez de trouver une jeune fille ou un jeune homme du village qui viendra les surveiller durant l'après-midi.

Pour que mes invités puissent rentrer chez eux sans se presser, nos week-ends se terminent le dimanche vers 18 heures après un copieux goûter au cours duquel je sers un chocolat chaud (devenu célèbre), accompagné de brioches, cakes, tartelettes, mais aussi viandes froides et salades.

Et *bye bye*!

Savoir vivre avec ses amis et les amis de ses amis

Vous êtes invitée à dîner chez votre amie Irène ; vous rencontrez ce soir-là chez elle un couple très sympathique, avec lequel vous vous découvrez de grandes affinités. Vous avez donc envie de le revoir. Rien de plus légitime, à une condition ; dès le lendemain de cette soirée vous téléphonez à Irène pour la remercier de son invitation et de l'occasion qu'elle vous a donnée de connaître les Nemours. Vous l'informez en même temps de votre intention de les revoir et, la première fois que vous inviterez les Nemours chez vous, Irène et son mari seront les premiers conviés.

Si vous n'agissiez pas ainsi, elle serait en droit de vous reprocher vos manières cavalières car nous croyons tous avoir sur nos amis un droit de propriété.

Savoir être reçu à un week-end

Invité par lettre à un week-end, vous répondez le plus tôt possible et vous joignez vos remerciements empressés, car inviter quelqu'un à passer chez soi tout un week-end, c'est s'imposer un surcroît de travail.

Vous arrivez à l'heure convenue avec des bagages élégants et raisonnables, en tenue sport (un sport élégant – surtout pas de jogging).

Vous apportez à vos hôtes un cadeau que vous leur remettrez tout de suite (et pas en partant), il témoigne de votre joie à être reçu chez eux.

Dès votre arrivée, vous vous ingéniez à être l'invité idéal, c'est-à-dire discret, aimable, courtois, souriant et léger. Le plus léger possible. Ne vous faites pas remarquer par un réveil à l'aube ni par une grasse matinée prolongée (en prenant votre petit déjeuner après 10 heures, vous gêneriez la maîtresse de maison). Pliez-vous aux habitudes et aux goûts de la majorité.

Si vous partagez la salle de bains avec vos voisins de chambre, ne vous y attardez pas trop. Rincez soigneusement baignoire et lavabo, rangez vos affaires de toilette.

Pour vous démaquiller, servez-vous de coton et non des serviettes. Faites régner le même ordre dans votre chambre. S'il n'y a pas de personnel, refaites votre lit, suspendez tous vos vêtements dans la penderie. Rien ne doit traîner.

Pour défaire votre valise, vous aurez utilisé le porte-bagages (une valise ne se pose jamais sur un lit) et demandé à la maîtresse de maison où ranger vos valises (garage, sous-sol, buanderie ou tout simplement dans le coffre de votre voiture). Ne les laissez pas en vue dans votre chambre.

Si par mégarde vous renversez votre café sur vos draps, et surtout sur le dessus-de-lit, signalez-le à la maîtresse de maison, ne cachez pas votre forfait. Et, dès votre retour, envoyez des fleurs pour vous faire pardonner.

Proposez de vous rendre au village pour acheter fromages ou desserts, de préparer un plat, de dresser ou de desservir la table, de faire la vaisselle, d'offrir le thé... Le soir, aidez à ranger les meubles de jardin et à fermer les persiennes. Jouez avec les enfants et n'ayez avec personne l'ombre d'un conflit.

Prévoyez pour le samedi soir une tenue plus habillée (joli pantalon pour vous, blazer pour votre mari).

Avant de partir, remerciez le personnel d'un billet glissé dans une enveloppe.

N'emportez pas, par mégarde ou par envie, un livre ou une cassette. Ne les empruntez pas non plus, vous pourriez oublier de les rendre.

Dès votre retour, et pas huit jours après, vous écrirez une jolie lettre de « château », même si vous êtes un habitué de la maison.

Si vous avez fait un parcours sans faute, c'est à vous que l'on pensera en premier pour un plus long week-end.

Savoir offrir et recevoir des fleurs

Savoir offrir des fleurs

Rien n'est plus facile, rien n'est plus difficile que d'offrir des fleurs. Plusieurs questions se posent :

Qui offre des fleurs ? Tout le monde. Les enfants, les femmes, les hommes.

À qui offre-t-on des fleurs ?

• Un enfant en offre à toutes les femmes de sa famille : mère, grand-mères, marraine (merveilleuse habitude qu'il ne devrait pas perdre en grandissant), et à son institutrice. Plus rarement à ses professeurs.

• Une femme en offre à des femmes mariées ou célibataires. Jamais à un homme quel que soit son âge sauf s'il exerce une haute fonction. Mais, bien évidemment, une fille peut en offrir à son père, ou à l'un de ses parents, une employée à son employeur.

• Un homme offre des fleurs à une jeune fille (il est préférable qu'il lui remette lui-même son bouquet plutôt que de le faire envoyer), à une célibataire, à une femme mariée. Jamais à un homme (sauf un employé à son employeur, un fils à son père ou le contraire).

Quand offre-t-on des fleurs ?

Aussi souvent qu'on le souhaite et qu'on le peut. Personne ne se plaindra d'en recevoir trop souvent. Les fleurs les plus appréciées sont celles que l'on a envoyées sans une raison précise, simplement pour manifester son amitié ou sa tendresse.

Quand doit-on en offrir ?

• Pour remercier d'un déjeuner ou d'un dîner.
• À l'occasion d'un événement heureux : naissance, baptême, communion, fiançailles, mariage, anniversaire, succès universitaire, remise d'une décoration.
• Pour remercier d'un service rendu.
• Pour s'excuser d'un geste ou d'un mot maladroit.
• À un enterrement.

Comment les offrir ?

Vous pouvez soit les faire envoyer, soit les apporter vous-même.
• Vous les envoyez le jour de la cérémonie à laquelle vous êtes convié, en les adressant toujours à la maîtresse de maison, jamais au couple. Vous y joignez votre carte de visite avec quelques mots de félicitations.

• Pour un dîner ou un déjeuner, vous pouvez envoyer des fleurs la veille, le matin ou le lendemain de la réception, avec vos remerciements.
• Lors d'un décès on envoie le jour des obsèques, là où a lieu la levée du corps, une couronne, un coussin ou un bouquet, accompagné d'une carte de visite. En cette seule occasion vous pouvez laisser à votre fleuriste, en toute confiance, le choix des fleurs.
• Reçu par votre famille ou par des amis intimes, vous pouvez arriver, votre bouquet à la main (sans carte de visite épinglée au papier). Je vous conseille de choisir un bouquet rond et des fleurs à tiges courtes. Si vous avez un jardin, n'hésitez pas à apporter vos roses ou vos œillets ou vos lupins, encore frais de rosée et qui sont votre fierté.

Le choix des fleurs

Il varie en fonction de la personne à laquelle vous les destinez et de la circonstance.

Un jeune homme offre à la jeune fille qu'il courtise :
• une seule ou plusieurs roses blanches, jaunes, roses mais surtout pas rouges.
• un bouquet rond de fleurs pastel.
• un bouquet de violettes.
• un gardénia blanc.
• un pot de marguerites, plus original que la traditionnelle azalée (le pot ne doit pas être en plastique mais en terre cuite).
• une jolie boîte de pot-pourri.

Un homme offre à une femme mariée : tout sauf des roses rouges.

Un homme à une femme aimée célibataire : tout, surtout des roses ou des pivoines rouges.

Un homme à une femme aimée mariée : un bouquet pastel avec, s'il ne peut résister à la tentation de lui adresser un message secret, une seule et rougissante rose au centre du bouquet.

Pour une cérémonie (naissance, baptême, communion, fiançailles, mariage) des fleurs blanches (lilas, lys) et pastel.

Une femme à une autre femme : tout sauf des roses rouges.

Les maîtresses de maison qui ont des terrasses préfèrent, ne l'oubliez pas, des fleurs en pot à des fleurs coupées.

Les fleurs que l'on n'aimerait jamais recevoir

Les chrysanthèmes, les tristes, longs et raides glaïeuls.

À une comédienne (elle est forcément superstitieuse) n'offrez jamais d'œillets.

Les fleurs de la rupture

Si vous voulez que la rupture soit totale et définitive, envoyez un grand cactus dans un pot en plastique

Les fleurs du week-end

En hiver, un bouquet de fleurs séchées, en particulier le pavé de lavande ou le petit arbre rond composé de roses sont du plus bel effet dans une maison de campagne.

Les fleurs de l'amitié

Quand une amie étrangère arrive dans votre ville, n'oubliez pas d'envoyer des fleurs à son hôtel juste avant son arrivée, accompagnées d'un mot de bienvenue.

La saint-valentin

Ce jour-là (le 14 février), un amoureux devrait envoyer à sa belle le bouquet le plus fou pour lui dire une fois encore « Je t'aime ».

Savoir recevoir des fleurs

Si vous recevez à déjeuner ou à dîner, prévoyez avant que n'arrivent les invités un ou deux vases car certains de vos convives pourraient avoir des fleurs à la main. Le savoir-vivre est de ne pas laisser le bouquet attendre à la cuisine ; il vous faut prendre le temps de le mettre dans l'eau et de l'apporter au salon où vous remercierez de nouveau la personne qui vous l'a offert.

Si vous avez reçu des fleurs le matin du jour de votre réception, vous remercierez ceux qui vous les ont adressées au moment où vous les accueillerez chez vous. Et leurs bouquets seront en vue dans le salon ou dans l'entrée.

Si vous recevez des fleurs le lendemain de votre réception, vous écrirez un mot de remerciement à leurs expéditeurs ou vous leur téléphonerez.

Petits conseils : si l'on vous envoie des roses la veille d'un départ en vacances, ne les mettez pas dans l'eau mais laissez-les sécher plusieurs jours la tête en bas, dans un endroit obscur. Vous couperez ensuite les tiges à hauteur de la fleur et effeuillerez les roses dans une coupe ou un panier. Vous pouvez y ajouter, pour les parfumer, des bâtons de cannelle, quelques clous de girofle, des feuilles de menthe poivrée et d'eucalyptus. Vaporisez de temps à autre quelques gouttes de votre parfum.

Savoir être fleuriste

À l'examen de l'étalage d'un petit fleuriste, je devine des traits de sa personnalité. Celui ou celle qui ne vend que des fleurs est, j'en suis presque sûre, enjoué, optimiste, alerte, heureux du métier qu'il fait. Et extrêmement aimable.

Celui qui expose plus d'arbustes que de roses est plus prudent, réservé, mais on peut dire d'une façon générale que les fleuristes sont des gens agréables qu'on a grand plaisir à fréquenter.

Le rôle des fleurs

Ah ! si les hommes savaient à quel point une femme est sensible à un envoi de fleurs.

Ah ! s'ils savaient à quel point une rose plaide en leur faveur.

Lorsqu'une femme retire, vite, très vite, la carte de visite épinglée au bouquet, lorsqu'elle découvre les fleurs de l'aimé, elle est... elle est tout à coup si heureuse, si gaie, si jeune, qu'elle a tout oublié, tout pardonné, elle aime de nouveau comme au premier jour.

LE LANGAGE DES FLEURS

- L'anémone vous dit : « Ne m'abandonnez pas. »
- Le bleuet : « Je vous serai toujours fidèle. »
- Le camélia : « Je mourrai à vos pieds. »
- La capucine vous jure un amour fou.
- Le cyclamen vous apporte la tendresse.
- Le géranium vous murmure : « Je m'ennuie de vous. »
- Le glaïeul témoigne de l'indifférence, voire de la froideur.
- L'hortensia vous reproche votre belle indifférence.
- L'iris, votre frivolité.
- Le jasmin vous couvre de caresses.
- La jonquille vous déclare que vous êtes son premier amour.
- Le lilas que votre amour le tyrannise.
- Le lys que votre pureté le séduit.
- La marguerite vous dit : « Je vous aime. »
- Le muguet affirme : « Je pense à vous. »
- Le myosotis, en anglais « Forget me not », vous supplie de ne pas l'oublier.
- L'œillet vous met en garde : « Attention, je risque de moins vous aimer. »
- La pensée : « Ma dernière pensée sera pour vous. »
- La pivoine avoue sa timidité.
- Le pois de senteur vous complimente : « Vous êtes l'élégance même. »
- La primevère vous propose : « Aimons-nous l'espace d'un printemps. »
- La rose blanche loue votre pureté.
- La rose jaune vous accuse d'infidélité.
- La rose rose honore l'épanouissement de votre beauté.

- La rose rouge vous jure : « Et si tu m'aimes, prends garde à toi. »
- Le souci s'inquiète de votre jalousie.
- La tulipe vous promet un amour sincère, mais bourgeois.
- La violette, délicate et subtile, s'épanouit sous votre charme.

VII

DES USAGES
ET DES BONNES MANIÈRES

J'ai, tu as, il a, nous avons, vous avez, ils ont de bonnes manières. Tout le monde croit en avoir, mais lorsqu'il s'agit de les énoncer, de les définir, de les mettre en pratique, je n'ai pas, tu n'as pas, nous n'avons pas tous une idée précise de ce qu'elles sont ou devraient être.

Qui a de bonnes manières ?

En premier, celui qui témoigne à son prochain un respect absolu ; il respecte son territoire, sa vie privée, ses goûts, ses opinions, son comportement, le choix de ses amis.

Celui qui n'est jamais indiscret.

Celui qui n'est jamais importun.

Celui qui n'est jamais gênant.

Jamais trop familier.

Il sait la mesure, les règles de l'harmonie, ignore les fausses notes. Il respecte le code des préséances, pratique les règles de la courtoisie, connaît les multiples attentions, les multiples prévenances, les multiples égards qu'un homme doit à une femme, il n'ignore rien des règles de la politesse (comment saluer ou présenter quelqu'un), les manières de la table n'ont aucun secret pour lui. Les bonnes manières sont indissociables du comportement social ; leur mécanisme complexe se déclenche dès que nous sommes en présence de quelqu'un d'autre.

Un seigneur se devait de monter à cheval et d'exceller dans le maniement des armes. Aujourd'hui, un homme ou une femme de bonne compagnie sait ce qu'il faut dire, écrire, porter en toutes circonstances.

Je me souviens d'avoir un jour entendu la duchesse de Sabran, qui comme nul autre mêlait la familiarité méridionale à la rigueur aristocratique, donner sa définition du savoir-vivre féminin. « Une femme du monde, disait-elle, n'a jamais chaud, jamais froid, jamais faim et n'est jamais fatiguée. Quelle que soit l'épreuve qu'elle traverse, jamais elle ne s'en plaint ni n'en paraît affectée. »

Et elle concluait : « Un peu de tenue, que diable ! »

Les présentations

Elles obéissent à des règles strictes fondées sur le sexe, l'âge et le statut social. Ainsi, on présente un homme à une femme :

« Madame Maury, puis-je vous présenter Monsieur Engoulevent ? »

On présente une jeune personne à une personne plus âgée, un employé à son employeur, un sous-lieutenant à un général.

Mais on présente toujours une femme, quel que soit son âge, à un souverain, un chef d'État, un prince du sang, un ministre, un ambassadeur, un préfet ou à des personnalités éminentes (académiciens, écrivains). On dira alors : « Votre Altesse Royale ou Monseigneur ou Monsieur le Président, ou Monsieur l'Ambassadeur, puis-je vous présenter Madame Charles Maury ? »

De même, on présente une jeune fille ou une jeune femme à un monsieur âgé.

S'il s'agit de deux femmes, on présente la plus jeune à la plus âgée sauf si la plus jeune occupe une fonction importante, si elle a rang d'ambassadeur ou si elle est ambassadrice, écrivain ou artiste connue.

Dans le cas de deux couples, vous présentez le plus jeune au plus âgé, ou le moins important au plus important en commençant par les femmes ; à la plus âgée vous direz : « Madame Lavallière, connaissez-vous Madame Vernon ? » De même pour les hommes ; au plus âgé : « Monsieur Lavallière, je vous présente Monsieur Vernon. »

Lorsqu'un homme salue une femme ou un homme plus âgé, il attend qu'elle (ou il) veuille bien lui tendre la main, ce n'est pas à lui à en prendre l'initiative. Une femme assise ne se lève pas quand un homme vient la saluer (à moins que ce ne soit un monsieur très âgé ou une personnalité très connue). Une jeune fille, en revanche, se lève pour tout le monde sauf pour un jeune homme de sa génération. De même un jeune homme, présenté à un homme âgé ou à un supérieur hiérarchique, attendra que ce monsieur lui tende la main. Si celui-ci ne le fait pas, il se contentera d'une légère inclination de la tête ou du buste. La personne à qui on a été présenté doit engager la conversation. En aucun cas, une jeune fille, et encore moins une femme, répondra à un homme « Enchantée, monsieur », mais simplement : « Bonjour, monsieur », ou « Bonsoir, monsieur ». Un homme suivra la même règle et ne dira que : « Mes hommages, madame » (les hommages étant réservés aux femmes mariées) ou « Mes respects, mademoiselle ». « Enchanté » est donc à bannir des présentations.

En aucun cas, un homme présentant sa femme dira : « Madame Bovary », mais toujours : « mon épouse ».

Dans une réunion publique ou parmi une assistance nombreuse hommes et femmes se présentent eux-mêmes en articulant clairement leurs nom et prénom (on ne donne jamais son grade ni son titre). Une femme dira « Madame Charles Bovary », une demoiselle « Claire Mareuil ».

Les poignées de main

Nous nous accordons tous à dire qu'en France nous abusons de la poignée de main mais nul ne se risque à en faire un usage plus modéré. En règle générale, on ne devrait pas tendre la main à une personne que l'on rencontre pour la première fois, il faudrait se contenter d'un sourire (pour la femme) et d'une inclination du buste (pour l'homme).

L'usage veut que l'on se dégante avant de saluer quelqu'un, homme ou femme. Mais il est admis qu'une femme garde son gant, surtout lors d'une rencontre dans la rue. L'homme devrait la prier de ne pas se déganter. Une poignée de main révèle un caractère ou un sentiment affectif. Une poignée de main prolongée et insistante traduit une intention amoureuse ou une vive affection. Broyante, elle est une preuve de vitalité ou d'autoritarisme. Molle, elle trahit l'indifférence, l'ennui, le spleen. Il y a des mains douces et fermes qui réchauffent et rapprochent, d'autres, moites et fuyantes, qui éloignent. Ne secouez pas la main que l'on vous tend et ne tendez pas deux doigts à moins que vous ne souffriez d'une arthrose aiguë. On regarde dans les yeux, non à droite ou à gauche, la personne que l'on salue et on esquisse un sourire.

Les présentations professionnelles

Les participants à un séminaire, suivant l'habitude américaine, portent désormais un badge sur lequel chacun a inscrit son nom, son prénom, sa nationalité et le nom de son entreprise. Les présentations sont donc inutiles.

Il est de règle pour un nouvel arrivant de faire la tournée des bureaux et de se présenter à ses collègues. On peut être seul ou accompagné de son supérieur hiérarchique qui se charge alors des présentations. Si on est seul, on décline son nom, son prénom et sa fonction : « Antoinette Crespin, je suis la nouvelle assistante de Monsieur Tournebois. » Il est recommandé d'avoir pour chacun un sourire et un mot aimable.

Le baisemain

À l'époque féodale, les hommes-liges baisaient la main de leur seigneur en signe d'hommage et de soumission. Puis l'usage a gagné les cours royales et l'épiscopat. Plus tard, alors que naissaient le roman courtois et la galanterie, on prit l'habitude de baiser la main des dames de haut rang, la main de sa dame et celle des dames d'un certain rang.

Aujourd'hui, le baisemain ne se pratique que dans un certain milieu, il ne s'est jamais répandu dans la petite-bourgeoisie et encore moins dans les classes populaires.

Mais beaucoup d'hommes, même titrés, oublient que le baisemain ne se pratique *jamais* dans la rue ni dans un lieu public, une gare, un café, un restaurant ou autour d'un court de tennis, encore moins sur une plage. De même, un homme ne doit pas élever jusqu'à lui la main qu'on lui tend, ce qui est incorrect, mais s'incliner vers elle, même s'il souffre d'un lumbago. Il doit l'effleurer de son menton et pas de ses lèvres. Lors d'une réception à Versailles, je remarquai que, sur les centaines d'hommes présents, rares, très rares étaient ceux qui savaient faire le baisemain. La plupart ne s'inclinaient pas mais élevaient cavalièrement ma main jusqu'à leurs lèvres ; certains allaient jusqu'à y déposer un baiser mouillé, d'autres regardaient ailleurs tandis qu'ils me saluaient ou ne prenaient pas la peine de retirer la main de leur poche.

Et nous étions à Versailles dans la galerie des Glaces ! Si Madame de Pompadour eût été parmi nous, elle se fût dit sans doute que ces personnages déguisés en pingouins avaient de bien étranges manières et que Monsieur de Saint-Simon se fût fait une joie de se gausser d'eux.

À une réception, un homme ne baise pas la main de toutes les femmes présentes, mais seulement celles de la maîtresse de maison et des dames âgées. On ne fait pas le baisemain à une jeune fille. En règle générale, on ne baise jamais une main gantée, sauf celle d'une amie chère, mais ce baiser au creux du poignet laisse entrevoir une douce intimité.

On pratique le baisemain en tenant compte du lieu, des circonstances, du rang social et des traditions. Un homme saluera très courtoisement la femme d'un de ses employés mais il ne lui fera pas de baisemain. De même, en présence d'une étrangère, non habituée à cet hommage, il se contentera d'une respectueuse ou amicale poignée de main.

Les baisers

En France, non seulement on se tend la main, mais on s'embrasse. Et l'avez-vous remarqué ? Moins on se connaît, plus on s'embrasse. Certains s'embrassent deux fois (un baiser sur chaque joue, ce qui est bien suffisant) d'autres, emportés par leur élan, s'embrassent trois fois, à la mode de Bretagne, certains vont jusqu'à quatre, ce qui est quatre fois trop.

Pourquoi généraliser ces effusions inutiles ?

Pourquoi ne pas réserver nos baisers à ceux que nous aimons vraiment ?

Du bon usage du vouvoiement et du tutoiement

Le vouvoiement a longtemps été une marque de distinction, un attribut social ; il était de règle, parmi les aristocrates, de se vouvoyer entre époux de même qu'entre parents et enfants.

On ne tutoyait que ses serviteurs.

Aujourd'hui, dans certaines familles, les parents continuent d'exiger que leurs enfants les vouvoient ; ils considèrent que cette forme de langage maintient les distances, écartent l'irrespect et la familiarité.

D'autres instituent le vouvoiement pour *faire chic*, pour jouer aux *grands* et en imposer aux autres. Il est alors franchement ridicule, surtout dans certaines régions où règnent la simplicité et la bonhomie.

À Marseille, un bourgeois qui vouvoierait son fils serait la risée de ses voisins. En revanche, à Lille, son prestige social pourrait en être accru. Encore que le vouvoiement a perdu son prestige, il a cessé d'être le signe d'une parfaite éducation.

Le vouvoiement peut même devenir l'expression du mépris, voire une insulte lorsque, brusquement, on vouvoie quelqu'un que jusqu'alors on tutoyait.

À l'opposé, pour deux amoureux rien n'est plus romantique que le *vous*. Il y a dans le jeu amoureux quelque chose de théâtral, d'excessif, auquel s'accorde la pompe du « vous ».

Les amants, qui se livrent l'un à l'autre, conservent, par coquetterie peut-être, ce dernier voile, cet ultime mystère, se retranchent dans ce jardin secret comme pour faire durer l'incomparable plaisir de la conquête.

Le tutoiement aujourd'hui est une institution parmi les jeunes qui l'adoptent à l'instant même des présentations. Les moins jeunes glissent du *vous* au *tu* dès qu'ils commencent à se fréquenter, c'est dans l'air du temps, c'est *plus cool*, disent-ils.

Dans certaines professions, le tutoiement est presque obligatoire ; ne pas s'y soumettre est interprété comme un signe de comportement asocial.

Si l'un de vos amis est promu à une haute fonction, ne le tutoyez jamais en présence de ses collaborateurs, ni au cours d'une cérémonie officielle.

Si un étranger vous tutoie d'emblée, ne marquez aucune surprise et faites de même ; il ne connaît pas les usages français.

Il serait faux de croire que le vouvoiement est la marque d'une bonne éducation ; que le tutoiement entraîne la familiarité, le laisser-aller. Tout est dans le propos, l'intonation, la nuance, la manière.

Les prophètes tutoyaient Dieu.

Savoir vivre au restaurant

Ce soir, vous dînez au restaurant avec des amis. Ce soir, pas de courses, pas de cuisine, c'est la fête.

Si vous voulez qu'elle soit vraiment réussie :

– Faites un effort de toilette : en sortant de l'université ou de votre bureau, revenez chez vous pour prendre un bain, vous détendre, refaire votre maquillage et votre brushing avant de revêtir un ensemble fraîchement repassé. N'oubliez pas de mettre quelques bijoux, des boucles d'oreilles et un soupçon de parfum.

– Monsieur, choisissez un restaurant calme : la meilleure cuisine ne saurait s'accommoder du bruit. S'il faut dresser l'oreille pour saisir au vol ce que dit son voisin de table et hausser la voix pour se faire entendre, avant même le café on n'a qu'une envie : fuir. Il n'y a pas de bon dîner qui ne soit accompagné d'une vraie discussion, tranquille et suivie. Invitez donc vos amis dans un lieu où les tables sont suffisamment distantes les unes des autres.

Le restaurant est le seul lieu public dans lequel les hommes précèdent les femmes : ils y entrent les premiers et leur tiennent la porte. Ils les aident à retirer leurs manteaux, se chargent de les confier au vestiaire et gardent le ticket.

La banquette est toujours réservée aux femmes qui s'asseyent les premières. Si c'est vous qui invitez, vous avez déjà pensé à un plan de table et placez vos invités comme vous le feriez chez vous.

Même si la carte est somptueuse, ne mettez pas une heure à choisir une entrée et un plat, ne montrez pas trop d'hésitation, ne changez pas d'avis en cours de route et ne soyez pas déçue lorsque arrive votre assiette. Si vous êtes invitée, ne vous décidez ni pour le caviar ou le homard (trop chers) ni pour les sardines ou les carottes râpées (trop modestes).

C'est toujours l'homme qui passe la commande au maître d'hôtel (les femmes ont toujours tendance à le faire à leur place) et c'est lui qui choisit les vins. À table une femme ne se sert jamais elle-même de vin ni d'eau ; elle en demande à son voisin (qui aurait dû s'apercevoir que son verre était vide).

On attend que tout le monde soit servi avant de manger, sauf si vous êtes nombreux et que vos voisins vous prient de ne pas les attendre. Cependant, pour une entrée ou un plat froid le savoir-vivre serait de patienter jusqu'à ce que le dernier soit servi.

On ne discute pas avec le maître d'hôtel, on ne hèle pas le serveur ; on ne frappe pas son verre de son couteau pour attirer son attention : on les appelle « Maître d'hôtel » ou « Garçon » dès qu'ils sont à portée de voix. Lorsque vous êtes invitée, ne vous livrez à aucune réflexion désobligeante si le service est trop lent ou la sole trop sèche, gardez le sourire. Quand c'est vous qui invitez, rayez ce restaurant de votre carnet, sans manifester votre mécontentement.

On ne fume cigarettes et cigares qu'au café après avoir sollicité l'autorisation de ses convives.

Monsieur, demandez l'addition (pas la note) que vous ne discutez pas à table devant vos invités. Pendant que vous réglez rapidement, les autres regardent ailleurs et continuent à converser.

Les femmes, à table, ne devraient sortir ni leur rouge à lèvres ni leur poudrier ni leur peigne. Elles ne devraient le faire qu'au *Room powder*, l'endroit où l'on peut aussi se repoudrer.

Lorsque vous quittez votre place, vous ne tournez pas le dos aux personnes assises à la table voisine ; vous longez leur table face à eux.

Aujourd'hui, dans certains bistrots à la mode, il est devenu courant de serrer la main du patron et de faire la bise à la patronne. Pourquoi pas ? En tout cas, on salue le maître d'hôtel mais on ne lui tend jamais la main.

Ayez l'élégance de ne pas demander l'addition pour la passer en note de frais, il vaut mieux revenir la chercher ou demander par téléphone qu'on vous l'envoie.

Une femme seule au restaurant

La France compte près de cinq millions de femmes célibataires ; certaines d'entre elles, divorcées ou veuves, qui pourtant vivent bien leur solitude, ont du mal à franchir, non accompagnées, la porte d'un restaurant. Pourquoi ? Parce que Messieurs les restaurateurs les relèguent au fin fond de la salle et les servent avec une mine renfrognée. N'en tenez pas compte, exigez une bonne table, surtout si vous commandez un vrai dîner avec un bon vin. Une femme seule n'a aucune (bonne) raison de s'attarder à une table de restaurant. À l'inverse du restaurant, il n'est pas recommandé d'entrer seule dans un bar. Mieux vaut être accompagnée d'un homme. Vous pouvez vous jucher sur un tabouret mais votre cavalier devra rester debout près de vous.

Savoir réserver une table

Il est prudent de téléphoner pour réserver une table. Il est toujours désagréable de s'entendre dire en entrant dans un restaurant : « Nous sommes complets. »

La duchesse de Windsor, accompagnée de quelques amis, connut un soir à Paris pareille déconvenue. L'un des hommes qui l'entourait lui suggéra alors :

– Wallis, dites qui vous êtes, on vous trouvera une table.

Elle le toisa de haut :

– Si je dois dire qui je suis, c'est que je ne suis personne.

Savoir inviter au restaurant

Lorsque j'invite plusieurs amis à dîner dans un grand restaurant, pour être sûre d'une soirée réussie, je passe dès le matin voir le maître d'hôtel de cet établissement, je discute avec lui de l'élaboration du menu, d'un menu unique pour tous. Je conviens également du choix des vins, de la composition et de la disposition du bouquet de fleurs central. Je fais rédiger trois ou quatre cartes de menu sans oublier le nom des vins et leur millésime. Le service sera plus rapide et surtout plus silencieux. Mes convives ont ainsi l'impression d'être reçus chez moi ou, en tout cas, d'avoir été l'objet d'une attention particulière.

Si une femme invite un homme au restaurant

Autant il est admis que, à un repas professionnel, une femme invite un homme à déjeuner et règle l'addition (pour le compte de sa société) autant, pour un dîner entre amis, je trouve parfaitement inélégant qu'un homme, sous prétexte d'égalité des sexes, perde son prestige afin de gagner quelques centaines de francs.

Il y a deux catégories d'hommes : ceux qui au restaurant s'emparent de l'addition même s'ils sont invités et qui sous aucun prétexte ne laisseraient une femme sortir son carnet de chèques. Et il y a les autres, trop nombreux, qui avec un parfait détachement voient passer devant eux billets ou cartes de crédit sans complexe ni scrupule.

Voulez-vous savoir sur-le-champ si un homme qui a, comme on dit, « des moyens » est un gentleman ou non ? Faites-lui passer le test du restaurant.

Il y a deux moments décisifs :

Le choix du restaurant : ce monsieur vous invitera-t-il dans le petit chinois de son quartier, dans une brasserie ou dans le dernier bon restaurant signalé par le Guide Michelin ?

Second moment crucial : la lecture du menu et de la carte des vins. Si ce monsieur commence par vous demander : « Vous ne prenez pas d'entrée, n'est-ce pas ? », vous connaissez la suite : vous aurez droit à l'eau, à la rigueur au thé. Et, bien entendu, vous serez privée de dessert.

S'il vous a emmenée dans une brasserie où vous avez choisi la choucroute, vous vous délectez déjà à l'idée de l'accompagner d'un Riesling bien frais. Mais vous entendez ce monsieur demander :

– Garçon ! Deux bières pression !

Et puis il y a le galant homme qui estime que rien n'est trop beau pour une femme, qui insiste pour que vous goûtiez aux huîtres et au saumon, au canard et à tous les desserts. Et qui, dès le début de la soirée, voudra voir pétiller dans votre coupe et dans vos yeux les reflets dorés d'un champagne rosé.

Savoir vivre avec son régime

Il n'y a pas de régime heureux ; sinon je l'aurais rencontré. De tous ceux que j'ai essayés, je garde le souvenir d'un combat sans merci et sans joie contre soi-même qui crie famine, contre l'obsession de manger, des images sataniques de soufflé au chocolat, de *spaghetti alla rabbiata*, de foie gras frais, de tartines beurrées. Je garde le souvenir d'une victoire à la Pyrrhus, d'un marché de dupes : on troque quelques kilos cédés à prix d'or, contre un sentiment d'injustice, un abîme de frustration permanente et de mauvaise humeur caractérisée.

Avez-vous remarqué qu'il y a encore plus de livres de régime que de livres de cuisine ? Ce qui tendrait à prouver qu'on a trouvé mille bonnes recettes pour accommoder le bœuf, mais pas une seule pour s'accommoder d'un menu minceur.

Celles qui comme moi entreprennent, à chaque retour du printemps, de redevenir une Sylphide ont l'impression d'entrer en religion, d'être exclues du monde des bons vivants. Chaque matin, alors que le soleil se lève, vous plongez dans l'abstinence, vous vous flagellez au gant de crin, et aucune punition n'absout votre péché de gourmandise.

Y a-t-il un savoir maigrir ? Oui, en voici les règles :

Libre à vous de vous astreindre à un régime, à la seule condition de ne pas l'imposer aux autres.

• Ne parlez à personne (sauf à votre médecin) de votre problème de poids et de régime, sujet éminemment ennuyeux et impudique.

• À table, faites semblant de partager le même repas que les autres, laissez dans votre assiette tout ce qui vous est interdit, nul ne s'en apercevra.

• Autant que votre ligne, surveillez votre bonne humeur ; si elle baisse plus rapidement que votre poids sur la balance, croquez vite une bonne tablette de chocolat pour rétablir l'équilibre.

Si vous voulez bien vous nourrir, ne plus connaître de digestions difficiles, ne plus souffrir d'acidités, de lourdeurs, de ballonnements, et en plus, perdre du poids, essayez le régime dissocié.

Il est de règle de ne jamais mélanger, au cours du même repas, protides et lipides (viande, œufs, poisson, fromage, lait) et glucides ou hydrates de carbone (pommes de terre, riz, pâtes, pain, légumes secs). En effet, leur association entraîne une incompatibilité lors de la digestion. Elle détermine des processus de fermentation, source d'indigestion.

Un repas tel qu'il est conçu habituellement est souvent une source d'indigestion et de prise de poids par sa seule composition faite d'une entrée, d'une viande avec du pain, d'un légume avec du pain, d'un fromage avec du pain, d'un fruit ou d'un dessert fait de céréales et de sucre. La viande ne peut être associée ni au pain ni au fromage ; et le fromage ne peut être associé au pain ;

enfin, les fruits ont de fortes chances de bloquer le processus de digestion.

Il est donc conseillé de composer son menu de trois éléments : une salade, un légume et un seul aliment fait de glucide ou protide ou lipide. Les fruits supprimés du repas sont pris le matin à jeun ou dans l'après-midi vers 16-17 heures.

Les fruits constituent à eux seuls un repas et ne doivent jamais être mangés après un lipide, un protide ou un glucide.

Quant aux melons, ils doivent être dégustés seuls comme les pastèques, on peut donc faire un repas de melons ou de pastèques exclusivement.

Quelques règles pour se nourrir correctement

• Ne manger que si l'on a vraiment faim et ne jamais manger à satiété. Jamais entre les repas sauf les fruits dans l'après-midi.
• Ne pas manger fruits acides et amidons au cours d'un même repas.
• Ne pas manger protides et hydrates de carbone au cours du même repas.
• Ne pas manger protides et acides au cours du même repas.
• Ne pas manger lipides et protides au cours du même repas.
• Ne pas manger sucre et protides au cours du même repas.
• Prendre le lait seul.
• Ne pas boire pendant les repas pour ne pas diluer les sucs digestifs mais deux heures après le dernier repas ou une demi-heure avant le suivant.

Jamais de pâtisseries ni de sucreries.

Une seule exception à cette règle d'or : le chocolat noir à 99 % de cacao.

Savoir être végétarien

À Marrakech, à un congrès de banquiers, tous accompagnés de leurs épouses, j'ai rencontré, il y a quelques années, un très jeune couple népalais d'une grande beauté. Ils étaient tous deux de Katmandou ; lui était habillé à l'occidentale, elle portait un sari qui soulignait la grâce juvénile de son corps et l'extrême finesse de ses traits. Je devais être attirée par leur charme car à plusieurs reprises, au cours des festins qui ponctuèrent ce séjour, je me retrouvai à table assise à côté d'eux. Je remarquai vite que leurs assiettes étaient toujours presque vides et que l'un et l'autre ne mangeaient rien. Bouddhistes, ils étaient par conviction religieuse de stricts végétariens. Outre la viande et le poisson, ils excluaient de leur alimentation les œufs. Et ils ne pouvaient même pas manger les légumes qui avaient été cuits avec de la chair ou de la graisse animale. Or, les buffets marocains croulaient sous le poids des couscous impériaux, des dorades royales, des farandoles de tajines, des montagnes de gâteaux. Mais pas un seul légume cru ou cuit à l'eau en vue, à peine quelques radis. Je me proposai de demander pour eux une salade de tomates ou d'aubergines. Ils se récrièrent, m'assurant que tout était parfait. Leur discrétion, leur modestie, leur volonté de ne pas se faire remarquer m'enchantèrent.

Nos végétariens occidentaux ne sont pas tous hélas ! des non-violents. Ils entendent manifester haut et fort leur réprobation à l'égard des carnivores, qu'ils confondent parfois avec les cannibales. Comme tous ceux qui mènent un combat, ils tombent vite dans l'excès, ils deviennent insociables, refusent d'aller dîner dans des restaurants autres que végétariens comme s'ils étaient des lieux de perdition. Chez eux, leur table est si maigre, si triste avec ses brins d'algues, ses graines de sésame et son soja à toutes les sauces que leurs amis la fuient. Devenus membres d'une secte, ils en ont épousé tous les travers.

Végétariens des pays riches, mangez ce qu'il vous convient, mais laissez-nous manger ce qu'il nous plaît !

Savoir sortir

Savoir vivre au théâtre

D'abord, il faudrait arriver habillé. Cet effort de toilette est une politesse que l'on doit aux acteurs. Une « belle salle » ajoute au plaisir du spectacle.

Ensuite, on doit être à l'heure ; les retardataires qui dérangent toute une rangée et font perdre des répliques sont regardés d'un mauvais œil.

Enfin, il faut se taire : on ne commente pas la pièce ou le jeu d'un acteur à l'oreille de son voisin, on ne croque pas de bonbons, on ne froisse pas de papiers. Et, si vous n'aimez pas le spectacle, vous ne vous lèverez pas pour témoigner votre désapprobation, vous attendrez l'entracte pour vous éclipser.

Savoir vivre à l'Opéra

À l'Opéra, le spectacle se déploie sur scène et dans la fosse d'orchestre avec tant d'ampleur, de majesté, de faste, qu'il procure des émotions et un plaisir esthétique très vifs.

Notre gratitude et notre admiration envers les chanteurs, les divas, le chef d'orchestre et les musiciens s'expriment non seulement par des ovations enthousiastes et prolongées mais aussi par le soin particulier que nous avons apporté à notre tenue. Une soirée à l'Opéra ne serait pas une fête si nous n'étions accordés à la beauté de la représentation. C'est-à-dire raffinés des pieds à la tête. Point n'est besoin d'une grande tenue de gala ; une jolie robe habillée et un costume sombre suffisent. Autrefois, il était d'usage qu'une femme ne porte pas à l'Opéra une robe décolletée dans le dos. Pour ne pas troubler le monsieur assis derrière elle ?

Quels que soient votre amour et votre connaissance de l'Opéra, ne chantonnez pas les grands airs durant le spectacle, les mélomanes sont venus entendre une diva et ne supportent qu'un silence religieux.

Si vous êtes deux couples à vous rendre à un spectacle, les deux femmes s'asseyent au milieu, chacune ayant à côté d'elle le mari de l'autre.

S'il s'agit de deux femmes et un homme, l'homme s'assied entre elles. S'il y a deux hommes et une femme, c'est elle qui sera entourée de ses cavaliers. Dans une loge ou une baignoire, les femmes sont assises au premier rang.

Ce sont généralement les hommes qui se chargent du vestiaire et de l'achat du programme.

Savoir se comporter en société

Savoir dire oui, savoir dire non

Écoutez les peuples européens dire non : No. Non. No. Ne. Na. Nein. Nie. Nèt. Nem. Mais ce chœur unanime se dissout lorsqu'il s'agit de dire oui : Yes. Oui. Si. Ano. Ya. Hej. Da. Igen. Ha. Tak. À croire que refuser, rejeter, s'opposer constitue une caractéristique fondamentale de la nature humaine, tandis qu'accepter ne serait qu'un luxe sans racine réelle. Quoi qu'il en soit, à l'échelle individuelle, savoir dire oui et dire non exige du caractère.

Il y a des invitations, des mariages, des baptêmes auxquels vous ne pouvez vous dérober, des obligations que vous devez accepter. Et, quel que soit l'ennui que ces contraintes vous infligent, votre oui doit être « franc et massif ». Et, en aucun cas, vous ne vous décommanderez au dernier moment. Mais, si on vous invite à participer à un projet qui ne vous intéresse pas, si on vous demande un service que vous ne pouvez pas rendre, ou un objet que vous n'avez envie ni de prêter ni de donner, ayez le courage de dire un non franc (mais peut-être pas massif). Ne vous engagez pas dans la voie difficile du mensonge, ne cherchez pas une excuse plausible, ne vous fourvoyez pas dans un faux-fuyant. Dites : « Non, non merci » ou « Non, cela m'est impossible. » Vous n'avez pas de raisons à donner. Prenez le risque de déplaire sans vous infliger un complexe de culpabilité. Mais n'attendez pas la dernière minute pour dire non.

Nous avions parmi nos amis un célibataire d'une bonne quarantaine d'années, Charles, play-boy international aux ressources plutôt modérées.

À la surprise générale, il se fiança. Il nous présenta une jeune fille, héritière d'une fortune construite sur le béton. La jet-society se retrouva à Cannes pour le mariage. Les hélicoptères et les Rolls déposaient dans un ballet ininterrompu têtes à couronner et découronnées, suivies d'une meute de photographes et de journalistes. Les chaînes de télévision étaient venues couvrir l'événement mondain le plus brillant de l'année. Après une longue bousculade, le protocole s'organisa et les invités purent enfin prendre place dans la mairie.

On n'attendait plus que le marié.

Cinq minutes passèrent, puis dix, puis vingt-cinq. La mariée, dans une somptueuse robe de dentelle, perdue dans ses mètres de traîne et de voile, attendait au bras de son père.

L'agitation montait, les va-et-vient se faisaient plus nombreux, plus précipités. Des gens entraient, sortaient. Les langues se déliaient, chacun livrait ses suppositions. Enfin, le fiancé arriva, visiblement il avait enterré sa vie de garçon dans un fût de champagne. Fort agacé par son retard, Monsieur le Maire supprima le discours qu'il avait préparé et procéda immédiatement à la lecture du Code civil :

– Monsieur Charles T., acceptez-vous de prendre pour épouse Mademoiselle Catherine B., ici présente ?

– Non.

Le maire resta sans voix. Dans un silence glacé, il répéta sa question d'un ton peu assuré. On entendit un retentissant :

– Non. Non et non.

Trois jours plus tard, nous débarquions, mon mari et moi à Nairobi. À l'hôtel, avant d'aller dîner, nous descendîmes au bar. La salle était déserte, à l'exception d'un couple d'amoureux tendrement enlacés dans la pénombre.

Au moment où mon mari commandait deux whisky-sour, une voix s'éleva :

– Edmond, toi ici ?

– Charles ! Que diable fais-tu au Kenya ?

– Comme tu vois, je chasse... Quand j'ai l'occasion de chasser, je dis toujours oui.

Savoir rire et sourire

Il y a bien des façons de rire et de sourire. On rit comme un bossu, comme une baleine, on rit dans sa barbe, sous cape, on rit jaune, on rit aux anges.

Un rire léger, cristallin communique quelque chose de sa bonne humeur, de sa gaieté. Un gros rire gras qui éclate comme des cymbales et que l'on entend à trois lieues irrite, exaspère, horripile.

Il importe donc de savoir rire, ni trop fort, ni trop longtemps ni mal à propos, ni à tout propos, ni à gorge déployée. Le rire doit être subtil, bref, et toujours l'expression authentique d'une joie, d'un plaisir ou la conséquence d'une situation comique ou ridicule.

Le sourire vrai agit comme un charme, parce qu'il dit votre confiance, votre désir de plaire, votre affection, votre indulgence, votre simplicité. Le sourire accroche le regard, désarme la critique ou le reproche, le sourire, c'est une proposition de paix.

On dit aussi que le sourire est le symbole de la féminité, que tout le mystère de la Joconde réside dans l'ébauche de son sourire. On dit que l'amour mystique que Dante éprouva pour Béatrice, et Pétrarque pour Laure, serait né d'un sourire – presque divin.

En attendant d'accéder à ces hautes sphères, faisons du sourire l'allié privilégié du savoir-vivre et méfions-nous des sourires crispés, forcés, niais, des sourires moqueurs, hautains, provocants, des sourires de pitié et des sourires-rictus.

Chaque personnalité a son sourire – et on peut apprendre à le décoder.

Savoir rire de soi mais pas des autres

Il est des situations ou des événements si comiques qu'ils provoquent un rire, parfois un fou rire, irrésistibles. On en rit. Tout le monde en rit. Mais rire du ridicule des autres, de leurs insuffisances, de leurs gaffes, de leurs manques, parfois même de leur bêtise, c'est trop facile et c'est méchant. Il n'est pas très glorieux de se faire valoir aux dépens d'autrui. Pour mettre en valeur son esprit, pour faire un trait d'humour, on n'hésite pas à railler le voisin, avec d'autant plus de férocité qu'il est incapable de repartie.

« Quand on court après l'esprit, on attrape la sottise », dit Montesquieu. Et sans doute aussi le dédain, voire le mépris.

Offenser un souverain, un chef de parti, une personnalité marquante peut être une preuve de courage, car on encourt des risques. Blesser ou vexer un inférieur relève d'un comportement contraire au savoir-vivre dont la règle essentielle est la tolérance et surtout le respect de l'autre, quel qu'il soit.

Mais libre à chacun de se moquer de soi ! D'exercer sa verve, son humour et son intelligence à ses dépens. Le corollaire de « Connais-toi, toi-même » pourrait être « Ris de toi-même ».

Savoir vivre avec ses colères

De toutes les émotions qui nous agitent, la colère est sans doute la plus puissante ; telle une vague, elle nous submerge, coupe net nos moyens de contrôle ; la machine s'affole, se détraque et notre bonne éducation vole en éclats comme un bouchon de cratère.

Une forte contrariété, une indignation que fait naître la mauvaise foi d'un interlocuteur et nous voilà momentanément déconnectés de notre cortex, siège de la raison, et soumis à notre système limbique, siège de nos émotions. Notre visage change alors de couleur, il est soit blanc de rage, soit rouge de colère, notre voix n'a plus les mêmes intonations, elle est *blême*, les muscles de notre visage se contractent, le rythme cardiaque s'accélère, on ressent des palpitations douloureuses, le rythme respiratoire lui aussi se modifie, on a le souffle court, l'impression de haleter. La température de la peau s'élève, d'où une impression de chaleur, d'étouffement, on desserre sa cravate, déboutonne son col de chemise, on ouvre la fenêtre... Toutes ces réactions sont dues à une brusque décharge d'hormones, dites hormones de stress, l'adrénaline, l'acétylcholine, la noradrénaline... Sous l'influence de ces hormones, on n'est plus soi-même, on dit n'importe quoi, le plus souvent des horreurs, on fait n'importe quoi, on a envie de tuer ! Et souvent cette envie est si forte qu'on en meurt ! Oui, on peut mourir de colère !

Heureusement, cet accident est rare, et la tempête s'apaise, la crise se résorbe, le calme et la raison reviennent.

Peut-on éviter de se mettre en colère ?

Oui et non.

Oui, si l'on est capable de se livrer à une double investigation :

• L'analyse des raisons de sa colère : qu'est-ce qui la provoque ? Le sentiment d'injustice, l'envie, la jalousie, l'humiliation, l'espoir d'une vengeance, la peur de l'échec ?

• L'analyse des caractéristiques de l'individu dont la vue ou le comportement vous irrite. Quelque chose dans son physique ou son attitude vous rappelle peut-être quelqu'un que vous n'aimez pas ?

Oui, vous pouvez éviter de vous mettre en colère si vous disséquez chacune de vos crises pour déterminer ses causes objectives, qui ne dépendent pas de vous, et ses causes subjectives, nées dans votre inconscient. Vous saurez alors quelle est la part de responsabilité de l'interlocuteur qui vous a mis en colère et quelle est votre propre part, pourquoi vous vous êtes mis en colère. Et c'est sur vous, sur la part qui vous concerne, que vous pouvez agir.

Doit-on maîtriser sa colère ?

Oui et non.

Non, car une colère est parfois un exutoire salutaire, elle vous permet de vomir un poison capable de faire « tourner » votre sang.

Oui, on doit se dominer pour ne pas se laisser aller à des gestes ou à des mots sinon irréparables, du moins dommageables pour vous, pour l'autre, pour l'avenir de vos relations, surtout si cet autre est votre conjoint, un parent ou un ami proche.

Que faire lorsque quelqu'un devant vous se met en colère ?

Rester calme et patienter jusqu'à ce que l'orage passe. Ne rien dire qui puisse envenimer le conflit. Ne pas tenter un geste qui puisse être mal interprété. N'oubliez pas qu'une personne en colère a perdu l'esprit. D'une façon générale, ne montrez aucun signe de désapprobation ; au contraire, faites-lui comprendre que vous êtes de son côté, que vous lui donnez raison...

Que faire après s'être mis en colère ?

D'abord un exercice physique violent mais bref. Une course à pied, une partie de foot ou de tennis, un rude travail ménager, livrez-vous à n'importe quelle dépense physique, seule capable d'éliminer, de brûler les toxines provoquées par cette brusque décharge d'adrénaline. Sinon elles encrasseront vos artères et votre cœur risquerait d'en souffrir. Il paraît qu'au Japon les entreprises mettent à la disposition de leur personnel des personnages de son à l'effigie de leurs patrons et on engage vivement chacun à les cogner de toutes ses forces pour se vider de sa bile.

Une fois les dégâts physiques réparés, restent les dégâts relationnels. Vous devez vous excuser d'être *sorti de vos gonds*. Le plus prudent serait d'écrire une lettre, quelques lignes de regret, car au téléphone un mot pourrait relancer le conflit. Choisissez donc de renouer avec la politesse. Et enfin livrez-vous à une enquête sur vous-même, découvrez le moteur de vos passions. C'est passionnant. Et ne prenez jamais une décision sous l'empire de la colère, il n'est, dit-on, pire conseillère.

À ne pas confondre : la colère et l'indignation. La première est une passion aveugle et généralement égoïste, la seconde soulève le meilleur de nous-mêmes, nous pousse à dire non et, quels qu'en soient les risques, à refuser ou à dénoncer une action indigne. C'est l'indignation, ce n'est pas la colère, qui incite Voltaire ou Zola à accuser, à défier l'arbitraire royal ou l'injustice républicaine.

L'indignation fait partie du savoir-vivre.

Savoir s'arrêter de fumer

Un homme ou une femme qui dès son réveil cherche à tâtons ses cigarettes et aspire la fumée comme un noyé une bouffée d'air, qui vit la tête dans un nuage et les pieds dans la cendre et les mégots, qui brûle les nappes, les draps et même les serviettes de bain, dont les cheveux, les vêtements, l'appartement et même le pain empestent le tabac, est difficilement supportable. Si vous-même n'êtes pas fumeur, les cigarettes de votre conjoint vous agressent comme des pistolets braqués sous votre nez qui lentement vous assassinent. Les fumeurs, c'est vrai, ne respectent pas les non-fumeurs. Est-ce par manque de savoir-vivre ? Non, car ils sont soumis à un besoin qu'ils ne contrôlent plus. J'ai vu un ami, au cinéma, mettre une cigarette à la bouche sans l'allumer, puis, n'y tenant plus, aller aux lavabos pour inhaler la dose de nicotine que son organisme réclamait. Aujourd'hui, dans les TGV, une seule voiture est réservée aux fumeurs et les avions sont tous non-fumeurs. Une question : les non-fumeurs respectent-ils les fumeurs ? Certains, vous l'avez constaté, tels des Croisés, veulent délivrer le monde de ceux qu'ils jugent plus dangereux que les Infidèles, les fumeurs responsables du plus grand mal, la pollution. Cigarettes et déchets industriels, pour eux c'est le même tabac ! Ne devraient-ils pas faire preuve de plus de tolérance ?

Paradoxalement, le vrai conflit entre conjoint fumeur et conjoint non-fumeur éclate lorsque le fumeur décide de cesser de fumer. La vie devient un enfer, l'air pur irrespirable, on vit sur de la dynamite et certains mots à peine prononcés mettent le feu aux poudres.

L'homme (ou la femme) en manque de nicotine, agité de tics, en proie à l'obsession, cherche désespérément un objet de substitution, suce des bonbons, vide le réfrigérateur, prend du poids, atteint les sommets de l'irritabilité, empoisonne son entourage. Et, quelques semaines plus tard, retourne à son tabac. Avant d'affronter l'épreuve d'une désintoxication, un fumeur devrait s'assurer de la solidité de ses motivations et ne se l'imposer que s'il n'a d'autre alternative que la victoire.

Pour ménager son entourage, il devrait se ménager une retraite, s'enfermer à la campagne, voyager, changer d'habitudes. Sinon il serait plus sage de s'épargner et d'épargner aux autres cet inutile combat contre le démon et ne s'astreindre qu'à de courtes pauses : cesser de fumer un week-end par mois, le temps de se décrasser les poumons. Remporter de petites victoires est plus glorieux qu'une victoire à la Pyrrhus.

Et il y a ceux qui, décidés à arrêter, quittent définitivement la cigarette, sans un regard en arrière, comme on quitte une femme que l'on n'aime plus. Et dont on garde à jamais la nostalgie.

Il y a quelques années, à Quiberon, alors que je passais devant la piscine des bains bouillonnants, un homme immergé dans l'eau jusqu'au cou, un bonnet sur la tête, me fit de grands signes. Je ne le reconnus pas sur-le-champ car son visage s'était beaucoup arrondi. C'était notre regretté Jean-Pierre Hutin, le producteur de la célèbre émission télévisée « Trente millions d'amis ».

Le soir même, devant un verre, il m'expliqua qu'il avait arrêté de fumer. Il était passé brutalement de quatre paquets par jour à rien. Il était descendu jusqu'au dernier cercle de l'enfer.

– Pourquoi as-tu pris cette décision ? lui demandai-je.

– À cause de Mabrouk Junior, me répondit-il simplement... La fumée l'intoxiquait, il respirait moins bien.

Et il passa sa main sur la tête de l'animal, assis à ses pieds.

Mabrouk Junior était le chien-loup vedette de ses émissions. Le lien qui unissait cet homme à son chien était tout à fait extraordinaire. Il ne le quittait jamais, préférait déjeuner dans un bistrot avec Junior que dans un trois étoiles où son chien n'était pas admis. Mais se désintoxiquer du tabac pour le bien-être d'une bête, voilà qui méritait d'être dit.

Savoir ne pas trop parler de soi

Comme chacune d'entre nous, j'ai parmi mes amies une femme, je l'appellerai Hélène, qui, le mot hélas ! n'est pas trop fort, est une caricature de l'égocentrisme.

Apparemment, c'est une femme comblée : elle est belle, elle est riche, généreuse, conviviale. Mais aucune de nous ne voudrait être à sa place. Pourquoi ? Parce que son égocentrisme est tel qu'il a fait fuir ses maris (elle en a eu trois), les hommes qui sont passés dans sa vie et ses amis.

Dès qu'elle a un nouveau chagrin d'amour, son égoïsme file toutes voiles dehors. Elle oublie même au téléphone le traditionnel, l'élémentaire : « Bonjour, comment vas-tu ? »

C'est de son état d'âme et de lui seul qu'il est question depuis des années ; dans toutes les conversations il n'y a de place que pour elle.

Ne parler que de soi est le comble de l'impolitesse ; ce travers, chez Hélène, a fini par masquer toutes ses qualités.

Je sens qu'un jour prochain, comme les autres, je quitterai le navire.

Savoir vivre avec ses amis exige qu'avant de parler de soi on s'intéresse à eux.

Savoir ne pas écrire

Écrire l'histoire de sa vie qui n'a rien d'extraordinaire, raconter son « vécu », pas très différent de celui du voisin, retracer son itinéraire qui n'est pas un chemin de croix, évoquer ses rencontres, publier ses poèmes d'enfant, le fruit de ses réflexions, la somme de ses mémoires semble devenu pour chacun une obligation, un « must » de l'édition. Une maladie du siècle.

« Comment ? Vous n'écrivez pas ? Comment ? Vous n'avez rien publié ? » entend-on çà et là sur le ton du plus vif reproche.

Doit-on écrire son livre ? Rainer Marie Rilke répond à cette question dans *Lettres à un jeune poète* :

« Demandez-vous à l'heure la plus silencieuse de votre nuit : suis-je vraiment contraint d'écrire ? Confessez-vous à vous-même : mourriez-vous s'il vous était défendu d'écrire ?... Il suffit, selon moi, de sentir que l'on pourrait vivre sans écrire pour qu'il soit interdit d'écrire. »

Voilà qui est clair. Si donc on transgresse cet interdit c'est pour satisfaire sa vanité. Car il est facile de se convaincre de l'inutilité de ses écrits. Entrez dans une librairie : en septembre, on est emporté par le fleuve des romans, romans-fleuves et romans brefs ; en avril, par la ruée des best-sellers et entre-temps par le raz de marée des guides, des albums, des biographies, des essais. Et, pour chaque livre, combien d'arbres abattus !

Ayant lu ces lignes, vous êtes en droit de vous demander si je vois la paille dans l'œil du voisin et pas la poutre dans le mien. Vanité des vanités... tout n'est que vanité.

Mais il y a pire que les gens qui écrivent un livre. Ce sont ceux qui parlent des livres qu'ils ont écrits. Qui impitoyablement ramènent, réduisent toutes les conversations à un point unique où brille leur œuvre. Qui sans rougir, sans écrémer ce petit lait, vous rapportent les propos d'un flatteur sur leur livre « le plus beau, le plus prophétique de l'année ».

Il y a encore pire que les gens qui parlent de leur livre. Ce sont ceux qui vous en infligent la lecture. Vous allez innocemment dîner chez eux et, avant même que vous ayez retiré votre manteau, ils vous servent des « pages sublimes ». Et, pris dans ce piège mortel, vous maudissez toute la littérature.

Savoir écrire un livre ou savoir vivre, *that is the question.*

Savoir vieillir

Les femmes qui n'ont pas été en leur belle jeunesse de splendides créatures ont un avantage sur celles qui l'ont été : elles vieillissent bien, car elles n'ont pas perdu, en cours de vie, un bien qu'elles n'ont jamais possédé, la beauté. Débarrassées avec l'âge du souci de plaire ou du déplaisir de n'y point parvenir, elles acquièrent une sérénité, une plénitude, une bonne humeur que leur envient celles qui furent belles.

Rares en effet sont les jolies femmes qui prennent des rides sans prendre de l'aigreur, qui acceptent de n'être plus le point de mire d'une assemblée. Ah ! ces compliments, ces regards adressés à une autre qu'elles, aussi cruels que des flèches empoisonnées.

Afin de rattraper ce bien qui chaque jour leur échappe, commence alors une course éperdue et pathétique pour remonter le temps, remonter les muscles, remonter l'horloge biologique. Et dans cette ascension impossible même les plus intrépides trébuchent et plongent dans la déprime, voire la noire dépression. Certaines préfèrent perdre la vie que l'image de leur beauté. Car il n'y a pas que les stars qui meurent de vieillir.

Edmond et moi connaissions une femme qui, chaque fois que son amant ne tenait pas sa promesse de divorcer de son épouse, se faisait faire un lifting, ignorant que les rides de l'épouse étaient plus sécurisantes que sa fausse jeunesse.

Savoir vivre, c'est donc apprendre à vieillir. C'est se construire un système de valeurs qui ne repose pas sur la seule apparence. L'intelligence, la culture, les qualités morales, le courage et la fermeté d'âme (la *virtus* des

Romains) confèrent à une femme une beauté plus belle que la beauté et qui s'appelle le charme.

Je ne préconise pas de renoncer à la beauté physique, je ne préconise pas un retour aux cheveux gris et à la peau rêche, bien au contraire, j'admire celles qui entretiennent leur corps avec un soin et une discipline exemplaires jusqu'à la fin de leur vie.

Lors de mon dernier voyage à Bruxelles, sur le chemin de l'aéroport, j'engageai la conversation avec le chauffeur de taxi ; cet homme charmant me parla de sa clientèle. Il préférait « charger » les femmes, plus ouvertes, me dit-il, plus chaleureuses, plus inattendues que les hommes. Il me raconta cette histoire : la veille, une dame l'avait appelé par téléphone. Arrivé devant chez elle, il attendit qu'elle entrât dans sa voiture. Comme elle ne bougeait pas, il s'aperçut qu'elle était aveugle et il descendit pour l'aider à s'y installer.

– Où dois-je vous conduire, Madame ?

– Vous n'êtes donc pas mon chauffeur habituel ? 28, rue de l'Amigo.

Il crut s'être trompé lorsqu'il s'arrêta devant un institut de beauté.

– Mais oui, cher Monsieur, c'est bien là que je me rends tous les mois pour un soin du visage. À mon âge, c'est une politesse que je dois aux autres et à moi-même.

Le chauffeur de taxi ajouta :

– Ça c'est une femme ! Non seulement elle est aveugle mais en plus elle a quatre-vingts ans !

Le seul danger serait de n'entretenir que son corps, de n'exister que par lui. Parce que, un jour, inexorablement, il nous lâchera. Il faut donc, le plus tôt possible, s'amarrer à des bases solides qui empêcheront la dérive ; ces bases vitales sont vos enfants et petits-enfants, vos amis et vos centres d'intérêts : cinéma, voyages, bridge, jardinage, lecture, théâtre...

« Il faut cultiver son jardin », disait Candide. Cultivez le jardin de toutes vos passions, afin qu'elles croissent et s'épanouissent et vous enracinent dans un présent heureux.

Savoir mentir

« L'honnête homme, à Paris, ment dix fois par jour, l'honnête femme vingt fois par jour, l'homme du monde cent fois par jour. On n'a jamais pu compter combien de fois par jour ment une femme du monde »... voilà ce qu'écrivait à la fin du siècle dernier l'intelligent monsieur Hippolyte Taine.

On ne pourrait pas vivre en société, ni même en couple, sans mentir, cela chacun de nous le sait. Mais, à vrai dire, pourquoi ment-on ? Parce que l'on risque de chagriner l'autre et de se faire mal voir. On ment pour ne pas déplaire. Allez donc dire à votre amie que la robe dont elle semble si fière la ridiculise ! On ment aussi pour se protéger, pour protéger l'autre et éviter un inutile conflit. Imaginons que votre mari soit jaloux de votre cousin Paul et qu'il se montre désagréable en sa présence. Vous décidez de voir Paul en tête à tête et de n'en rien dire à votre mari. C'est un mensonge par omission, le plus gentil, le plus généreux des mensonges. Car enfin, si vous avez caché à votre mari votre déjeuner avec Paul, c'est parce qu'il souffre d'allergie. Et vous l'aimez trop pour être à l'origine d'une de ses crises.

On ment par vanité, c'est le mensonge le plus courant. On se flatte d'un succès qu'on n'a pas eu, on rapporte un compliment que l'on n'a pas reçu, on enfle son bien, le prix de sa voiture ou de sa robe, pour un supplément de considération.

L'homme politique ment pour séduire mais dans ce domaine l'inflation est telle que le politicien en arrive à oublier que son électorat est intelligent et qu'on ne berne pas longtemps l'intelligence.

On ment par paresse, pour éviter d'avoir à faire un récit trop long ou compliqué. On va au plus facile, on ment aussi lorsque le mensonge paraît plus vraisemblable que la vérité. On ment pour être cru ! Il y a dans la vie de chacun de nous des coïncidences si incroyables que l'on se trouve dans la frustrante nécessité de ne pas pouvoir les raconter !

Et on ment, le plus souvent, par excès d'imagination, pour le plaisir de broder, d'embellir, de parer la vérité de plus de couleurs qu'elle n'en a. C'est un mensonge esthétique, un mensonge magnifique qui nous plonge dans le charme et dont personne n'est tout à fait dupe, ni le conteur ni l'auditeur ; chacun flotte entre la fiction et le réel, on est dans le roman.

J'ai remarqué et vous aussi, n'est-ce pas ?, que l'on ment surtout à ceux que l'on aime. Alors je vous souhaite d'être très heureux et d'avoir beaucoup, beaucoup de petits mensonges entre vous.

Savoir dire la vérité

C'est à la fois très facile et très difficile car il y a des vérités simples à dire mais insupportables à entendre. Alors parler ou se taire ? Se décharger sur l'autre d'une vérité lourde à porter ou l'assumer seul ? Il est très courageux de dissimuler la vérité, à seule fin de protéger celui qu'elle pourrait blesser. En revanche, ne pas avouer sa propre faute, ses manques, sa faillite, sa faiblesse, son péché, son crime pour ne pas porter atteinte à son propre confort, à l'image que l'on veut donner de soi sans se soucier des devoirs que l'on a envers les autres est pire qu'une lâcheté, c'est une totale inélégance.

Et, pour conclure, je rapporterai cette réponse que j'ai faite à mon mari : « Si tu ne veux pas savoir la vérité, ne me pose pas de questions et je ne te mentirai pas. » Il m'a aussitôt répondu : « D'accord, mais à la condition que tu ne m'en poses pas non plus. »

Le savoir-vivre des gens maladroits

Vous êtes invitée à prendre le thé chez l'une de vos amies. Alors que vous reposez votre tasse sur la table (serait-ce un peu de myopie, un peu de distraction, un peu de maladresse ?), elle glisse de votre main et se brise.

Vous êtes en week-end chez votre collègue de bureau et, par inadvertance, vous cassez un bibelot, une lampe, un vase. Ou tout simplement, en jouant au ballon, la vitre d'une fenêtre.

Vous vous confondez en excuses, c'est la moindre des choses. Mais n'ayez pas la légèreté de vous en tenir là. Vous ne pourrez pas vous sentir quitte à si bon compte, il vous faut réparer votre geste, remplacer ce que vous avez cassé. C'est parfois très simple, parfois presque impossible : la tasse est peut-être un Sèvres ancien, le vase un Gallé ou un Lalique. Peu importe : le savoir-vivre exige que vous assumiez vos responsabilités.

Insistez auprès de votre hôtesse pour connaître l'adresse de l'antiquaire susceptible de vous trouver l'objet brisé ou un autre d'une valeur équivalente. Et n'attendez pas que le temps passe : plus vite vous vous acquitterez de cette dette, plus on vous en saura gré.

Un conseil : en visite chez vos amis, si vous êtes myope, résignez-vous à porter des lunettes ; ils préfèrent sans doute être privés du plaisir de voir votre bel œil bleu plutôt que d'être privés de leurs chers bibelots, prunelles de leurs yeux.

À Rome, invitée par l'ambassadeur de France dans son Palais Farnèse, la plus belle ambassade du monde, je me suis trouvée assise à côté d'un jeune architecte qui venait de recevoir le Prix de Rome. Lorsque arriva le dessert, nous discutions encore, d'un ton très animé, d'art moderne. On nous servit des profiteroles. Je remarquai tout de suite que mon voisin avait omis de retirer de son assiette, en même temps que le rince-doigts, le napperon d'organdi blanc. Ravie, j'attendais la suite. Mon brillant architecte versa sur ses trois profiteroles, comme je l'espérais, trois grosses cuillères de chocolat chaud. Du coin de l'œil, je le vis s'escrimer avec sa fourchette et sa cuillère ; il jetait des regards inquiets sur l'assiette de sa voisine, sur la mienne, sur celle des autres convives. Tous, nous dégustions tranquillement notre dessert. Ne comprenant pas ce qui lui arrivait, il voulut, d'un grand coup de fourchette, trancher ce nœud gordien. Ses profiteroles résistèrent, mais pas l'assiette qui se brisa net en projetant dans mon décolleté le napperon, le chou et le chocolat.

Bref, mais profond silence. La table nous dévisageait. Pour ne pas pouffer de rire, chacun suivit l'exemple de l'ambassadeur et prit le parti de n'avoir rien vu. Il y eut, comme au cinéma, un fondu-enchaîné.

Atterré, mon beau Prix de Rome plissait ses magnifiques yeux verts. Je le rassurai de mon mieux :

– Ce n'est pas grave. Vous avez tout simplement oublié de retirer ceci de votre assiette.

Et je lui montrai le coupable que je tenais entre mon pouce et mon index.

– Mais d'où vient ce napperon ? Je ne l'ai pas vu.

– Et si vous mettiez vos lunettes, cher Monsieur ?

Il avait péché par excès de coquetterie. Et moi, je payais cher mon goût de la plaisanterie.

Savoir vivre une gaffe

Si vous parlez trop, si vous tenez des propos irréfléchis ou inconsidérés, un jour ou l'autre, votre imprudence vous mènera droit à la gaffe. La gaffe que rien ne peut rattraper, une gaffe irréparable, qui est accueillie, comme le dit si joliment Paul Claudel, « par un de ces silences que l'on peut qualifier d'assourdissant ». Que faire ? Rien. Se taire.

Je me souviendrai toujours de ma confusion un jour que je demandais étourdiment à un homme que je connaissais peu, il est vrai :

– Comment va votre épouse ? Est-elle là ce soir ?

– Non... Je regrette, Madame, elle est toujours morte !...

Je me souvins alors, mais un peu tard, que je lui avais adressé des condoléances quelques semaines auparavant.

J'ai bafouillé maladroitement un mot d'excuse : « Pardon, je n'arrive pas à croire à sa disparition. »

L'hypocrisie

Le coup de griffe et le sourire, la médisance et la flatterie sont monnaie courante dans tous les milieux et à tous les âges. Sous le masque de l'ami, veille un ennemi et son jeu est si subtil qu'il faut souvent du temps avant que le masque ne tombe.

Que dire aux hypocrites ? Qu'ils mènent une politique à court terme et vouée à l'échec. Qu'ils pratiquent un savoir-vivre trop fragile, qui ne fera illusion qu'un temps.

La flatterie

Les flatteurs sont plus intelligents et plus bienveillants que les hypocrites, car ils n'usent que de l'éloge ou que du compliment. Ils ont une excuse : l'incommensurable faiblesse, l'incommensurable crédulité, vanité, orgueil de ceux qu'ils encensent et qui ne trouvent pas exagérées les flagorneries dont ils sont l'objet. Puisque nous n'avons pas assez de vertus pour nous défier des louanges, nous ne pouvons en vouloir à ceux qui nous les décernent. Apprenons à garder la mesure.

La familiarité

Les présentateurs américains de radio et de télévision ont l'habitude d'appeler par leur prénom la personne qu'ils interviewent alors qu'ils la voient pour la première fois. En présence de la Première Dame des États-Unis, ils font preuve de la même familiarité. Car, outre-Atlantique, elle fait partie des mœurs, elle est dans la rue. Les chauffeurs de taxi, les serveurs, les vendeurs vous couvrent de mots doux : « *Honey, Darling, Sweet heart* ».

En France, les journalistes, sans aller jusqu'à cette désinvolture, présentent Catherine Deneuve et non Madame Catherine Deneuve, Jacques Chirac et non pas Monsieur le président de la République. Pourquoi perdre le respect des bonnes manières ? Pourquoi ne pas attendre de bien connaître quelqu'un avant de l'appeler par son prénom et d'être son familier pour se permettre une familiarité ?

Savoir emprunter

Il n'y a aucune raison valable d'emprunter. Demander à une amie de vous prêter une robe du soir, sa maison de campagne, ou une belle voiture pour le cortège du mariage de votre fille, est une solution de facilité contraire au savoir-vivre. Vous sollicitez quelqu'un parce que cela vous arrange et vous épargne des frais. Votre convenance, votre plaisir passent donc avant ceux de l'autre.

Entre parents, ces choses peuvent exister. Il suffit, pour que tout se passe bien, de ne pas en faire une habitude, de prendre certaines précautions et de respecter la loi sacro-sainte de l'échange : quand vous empruntez quelque chose, vous rendrez quelque chose. Ainsi, si vous empruntez une robe, il vous faudra avant de la restituer la donner au teinturier même si vous ne l'avez pas tachée (il y a toujours une trace de transpiration ou de parfum). Et vous y joindrez, en la rapportant à la personne qui vous l'a prêtée, un bouquet de fleurs ou une boîte de chocolats accompagnant un mot de remerciement.

Vous occupez la maison de campagne d'un de vos amis ? Bien sûr, tout au long de votre séjour, vous en prenez le plus grand soin et vous suivez à la lettre les consignes que l'on vous aura données.

Vous avez par inadvertance cassé un objet ou abîmé un meuble ? Vous le remplacez ou vous le faites réparer.

Avant de quitter les lieux, vous inspectez chambre par chambre, coin par coin, pour vous assurer que rien ne cloche, que tout est dans un état impeccable (même si cela ne l'était pas à votre arrivée).

Dans la cuisine, vous faites disparaître tous les petits restes (beurre, confiture, salades, fruits) et vous n'y laissez que des produits non entamés ; vous remplacez les boîtes de thé, de café et tout ce que vous avez consommé. Vous donnez au pressing le linge de maison dont vous vous êtes servie (sans oublier les torchons), vous en réglez le montant. Quant au téléphone, soit vous l'utilisez grâce à une carte téléphonique, soit vous vous servez de votre portable.

Avant de partir, vous vous assurez que tous les robinets sont bien fermés, les lumières, la radio et la télévision éteintes. Il faut que rien ne trahisse votre passage si ce n'est le beau présent que vous offrirez à vos hôtes accompagné d'une lettre de remerciement.

Avant de rendre la voiture que l'on vous a confiée, vous faites le plein d'essence, un lavage et vous remerciez d'un mot et d'un petit cadeau.

Emprunter de l'argent ?

Jamais. Et à personne. On ne devrait emprunter qu'à la banque, qui est là pour ça, ou à ses parents. Demander une somme, même faible, à un ami ou un proche, c'est compromettre vos relations avec cette personne. Pourquoi ? Pourquoi emprunter de l'argent serait-il plus risqué et plus répréhensible qu'emprunter un objet ? Pour mille et une raisons sans doute pas très claires. Demander de l'argent, c'est d'abord avouer que l'on est dans le besoin, dans la gêne, et cet aveu est aussi pénible à faire qu'à entendre. Demander de l'argent, c'est déposséder l'autre d'un bien consommable, le dilapider à sa place, c'est-à-dire le faire disparaître sans être vraiment assuré de le voir réapparaître. Il faudrait donc, avant d'emprunter ce que personne n'aime prêter, être sûr que l'on ne peut pas agir autrement et, dans ce cas, prendre d'indispensables précautions. Au moment où vous empruntez à quelqu'un 1 000 euros par exemple, remettez-lui un chèque de la même valeur, qu'il pourra encaisser dans un délai dont vous serez convenus. Si vous devez échelonner vos paiements, préparez trois chèques, le premier et le deuxième de 350 euros, le troisième de 300 euros. Vous n'aurez pas, ainsi, souhaitons-le, à reparler de cette dette au moment de son échéance. Il vous faudra évidemment proposer d'y ajouter le montant des intérêts si la somme empruntée est importante et la durée du prêt assez longue.

Si c'est à vous que l'on emprunte de l'argent et si vous savez que cette personne aura le plus grand mal à vous le rendre, offrez-lui la moitié ou le tiers de ce qu'elle vous demande, en précisant que ce n'est pas un prêt mais un don. Ainsi, il vous sera plus facile de lui refuser un emprunt ultérieur. Connaissez-vous cette repartie d'Henry de Montherlant ? « Il a conçu pour moi une grande admiration du jour que j'ai refusé de lui prêter de l'argent. »

Savoir ne jamais emprunter ni une robe, ni une maison de campagne, ni un mari (on risquerait de ne pas le rendre), ni de l'argent est la règle d'or du savoir-vivre. Suivie de très près de son corollaire : ne solliciter de quelqu'un une faveur, un service, une recommandation que le plus rarement possible.

Le savoir-vivre du bon citoyen

Voter

Voter est un devoir civique auquel beaucoup se dérobent sous prétexte que la politique ne les concerne pas, que tous les partis se valent, que les promesses électorales sont du vent... oubliant ainsi que leur vote peut être une sanction. Les politiciens, enfin conscients d'avoir perdu de leur crédibilité, commencent à changer de langage. Notre bulletin de vote peut les y contraindre davantage.

La politique, qu'on le veuille ou non, est notre affaire à tous.

Je connais une féministe qui se flatte de n'avoir jamais eu de carte d'électrice, de n'avoir jamais voté de sa vie et d'avoir entraîné dans son sillage son fils et sa fille. Quand on lui demande pourquoi, elle se lance dans l'apologie de l'individualisme et récuse le mythe du suffrage universel. Le vote, dit-elle, est l'illusion de la liberté, l'illusion du pouvoir. Les combats menés par les femmes pour obtenir le droit de vote, elle n'en a cure : « La politique est restée une affaire d'hommes. »

Je reconnais bien là les contradictions dans lesquelles s'épanouissent certains intellectuels et marginaux. Les bons citoyens, eux, se font un devoir de voter, ne serait-ce qu'en déposant un bulletin blanc.

Savez-vous qu'autrefois, les messieurs, qui seuls votaient, se découvraient avant d'accomplir ce devoir civique !

Savoir vivre avec son environnement

Mers poubelles, plages goudronnées, algues empoisonnées, rivières acides, forêts incendiées, villes irrespirables, vaches folles, moutons tremblants, est-ce là le monde que nous léguons à nos enfants ? Plus sensibles que nous à la préservation de la nature, les jeunes générations nous ont rendus écologistes. Nous sommes tous Verts quand la couche d'ozone se déchire.

Nous savons que la ressource la plus précieuse de notre planète, l'eau, risque un jour prochain de manquer. Notre premier devoir est donc de l'économiser. Apprenons à nos enfants à fermer les robinets lorsqu'ils se lavent les dents plutôt qu'à laisser couler l'eau inutilement, à éteindre la lumière lorsqu'ils quittent une chambre, à jeter leurs papiers et bouteilles vides dans les corbeilles prévues à cet effet.

Les pays scandinaves et la Suisse, où je vis, font preuve à cet égard d'un sens civique beaucoup plus développé que le nôtre. Des amendes sévères punissent ceux qui ne respectent pas les règles d'hygiène.

Les cours d'instruction civique à l'école devraient se faire sur le terrain et non sur les bancs d'une classe. La vue d'oiseaux englués dans le mazout, d'algues qui asphyxient la faune marine et de forêts dévastées apprendraient à nos enfants, mieux que les meilleurs discours, à prendre conscience des dangers qui menacent notre planète et de l'urgence qu'il y a à la sauver.

Et, bien évidemment, les adultes doivent leur donner le bon exemple.

La pollution sonore : certaines mairies ont installé dans les quartiers piétonniers ou commerçants des haut-parleurs qui diffusent à longueur de journée une musique assourdissante dont les effets affectent la santé des jeunes enfants, et la nôtre. La rue est trop souvent, par son niveau sonore, source de nuisances. Pétarades, ronflements de moteurs, hurlements de sirènes de police, coups de freins et marteaux-piqueurs, voitures déversant des flots de musique... Nous vivons dans un champ de stridence, une culture du décibel. Il est temps d'y remédier, les effets nocifs du bruit sont depuis longtemps dénoncés. Merci de nous réapprendre le silence, mesdames et messieurs les maires.

Puis-je ajouter une autre requête : en été, le nombre d'hommes qui dans nos villes se promènent en short et sandales, nous infligeant la vue de leurs mollets velus, est en nette progression. Depuis peu, ils ont passé la mesure en mettant sous notre nez leur torse nu, ventru, pansu... Ne pourrait-on en ville recommander le port d'une chemise, ou d'un tee-shirt ? Les touristes n'échappant pas à la règle, bien sûr. Un torse nu que la jeunesse a quitté, un short froissé, des sandales poussiéreuses dans la galerie des Glaces, le musée du Louvre ou l'abbaye de Vézelay ont de quoi choquer le citoyen le plus libéral.

VIII

LE SAVOIR-VIVRE DES AMOURS SECRÈTES

Le mari infidèle

Savoir vivre son infidélité

L'infidélité d'un soir est une aventure. Deux soirs, c'est déjà une liaison.

Avoir une liaison est un accident ou un incident, parfois heureux, parfois malheureux, qui peut arriver à n'importe lequel d'entre vous, messieurs. Et même si vous êtes encore amoureux de votre épouse.

Certes, vous n'êtes plus amoureux comme aux temps des prémices, mais des milliers de liens vous unissent à celle qui partage votre vie depuis des années. Et pourtant, vous avez éprouvé le besoin irrépressible, ou presque, de céder aux plaisirs d'une liaison. Pourquoi ?

Séduire, dites-vous, il n'y a que ça de vrai. Surtout si celle que l'on désire est, ou semble, inaccessible. Un top modèle, une princesse, une star, une femme vertueuse.

Celui qui détient le pouvoir de séduire, résiste difficilement à la tentation de l'exercer. Éprouver la violence du désir, les émotions qu'il fait naître, c'est retrouver l'ardeur de ses vingt ans. Rien ne flatte mieux notre virilité, dites-vous, rien ne satisfait davantage notre orgueil, que de voir une femme belle, bien mariée et qui aime son mari céder à nos avances.

Prendre une maîtresse, c'est échapper à la routine qui s'installe après quelques années de mariage, c'est surtout combler les manques dont nous souffrons tous, hommes et femmes.

Les maris que j'ai interrogés m'ont donné des raisons moins générales : certains ont trompé leur épouse parce qu'elle était trop jalouse, d'autres parce qu'elle était trop souvent absente, ou encore en mal de dépression. Il est un point sur lequel ils étaient unanimes : un homme trompe une épouse qui a cessé de lui dire « tu es beau, je t'aime », une épouse qui ne pose plus sur lui un regard empli d'admiration et de désir. Une épouse qui vieillit, s'alourdit, se néglige. Ils invoquent également le goût de l'aventure : ne pouvant être Tintin au Tibet, ils affrontent les périls où les jettent leurs mensonges et petites trahisons.

Prudence et sagesse

• Monsieur, choisissez une maîtresse ayant les mêmes « contraintes » que vous : un conjoint, des enfants, et un emploi. Ainsi aucun de vous ne voudra mettre son couple en danger. C'est du moins ce que chacun de vous déclare. Vous êtes à égalité, soumis aux mêmes obligations : agir avec la même prudence, veiller à ne faire souffrir personne. Vous vous accordez tous deux une simple aventure (comme s'il en existait !) qui durera ce que dure le désir, ou votre bon plaisir.

• Si, par malchance, votre maîtresse est célibataire, annoncez-lui dans les plus brefs délais, sans ambages ni équivoques, que vous ne divorcerez pas, que vous aimez votre femme et que vous ne ferez rien qui puisse troubler l'équilibre de votre famille, ni week-ends clandestins, ni nuits de folie hors du lit conjugal. Cartes sur table : vous n'aurez que des temps de liberté limités, ces fameux « cinq à sept » aujourd'hui devenus des « treize à quinze ». Vos espaces sont restreints : le quartier où vous habitez, celui où votre couple a ses habitudes, celui où travaille votre épouse, celui où habite sa mère, celui où demeure sa meilleure amie, vous sont interdits. Dans les petites villes, il ne vous reste plus beaucoup de lieux de promenades et de rencontres secrètes.

• Apprenez à mentir vite, bien, et avec la plus grande innocence. Afin de n'être jamais pris de court, préparez des parades, inventez des scénarios et, quoi qu'il arrive, même pris sur le fait, niez avec la plus grande véhémence.

Les signes qui trahissent votre infidélité

Plus votre liaison vous occupe l'esprit, plus vous semez, peut-être à votre insu, des indices qui risquent d'alerter votre épouse.

• Vous êtes devenu plus coquet que vous ne l'étiez jeune homme : attentif comme jamais au pli de votre pantalon, à la couleur de votre chemise, au repassage du col, au choix de vos cravates (que vous avez d'ailleurs renouvelées, ah quel danger !). Le matin, devant votre miroir, vous vous regardez de face, de profil, vous bombez le torse, rentrez le ventre, et brossez vos cheveux dix fois de suite pour dissimuler une calvitie naissante. Le soir, dans la salle de bains, vous avez, en cachette, inauguré votre premier pot de crème que vous dissimulez derrière vos baumes après rasage. Pis encore, vous avez fait teindre vos cheveux gris.

• Vous voilà au régime ; vous n'aimiez que les cassoulets et les confits d'oie, les plats crémeux ou épicés, vous ne vous nourrissez désormais que de grillades, de légumes vapeur et vous avez troqué les bordeaux capiteux contre des litres d'eau minérale.

• Vous détestiez la gym, vous en faites tous les jours. Avec des haltères de plus en plus lourdes.

• Tonnerre de Brest ! Vous avez acheté une moto, un casque et un blouson, vous ne circulez plus que sur ce bolide tandis que votre voiture dort au garage. Et vous ne parlez plus que de l'ivresse de circuler sans entraves. Si ce signe n'avertit pas votre femme, c'est qu'elle a décidé de ne rien voir, surtout pas ce qui l'aveugle.

• Vous rentrez à la maison de plus en plus tard, vos réunions, dites-vous, commencent à 18 heures, se succèdent, s'éternisent. Et le matin, vous partez vraiment très tôt. Encore des réunions ?

• Désormais – ah, quelle nouveauté ! –, vous détestez les dimanches. Pourquoi ce brusque changement ? C'est une journée vide, qui s'étire. Vous tournez en rond, prenez et reposez votre portable dix fois, vingt fois, vous l'allumez et l'éteignez, et enfin trouvez un prétexte pour sortir seul. Vous filez comme un voleur pris sur le fait. Eh oui, mener une double vie n'est pas chose facile.

Comment rompre une liaison ?

Un jour, vous vous apercevez, à l'exemple de Swann, que votre maîtresse n'est pas votre genre. Vous vous demandez, vous aussi, ce qui a bien pu vous plaire chez elle. Vous n'aurez plus qu'une envie, rompre. Que faire si elle s'accroche à vous ? La noyer ? Bien sûr que non. La décourager ? Oui, mais sans la moindre brusquerie. On ne rompt pas d'un jour à l'autre. Il vous faut, avec regret, lui expliquer que vous vous êtes tous les deux fourvoyés dans une voie sans issue. En désespoir de cause, annoncez-lui que votre épouse et vos enfants ont appris votre liaison et que vous leur avez juré de rompre

Vos deux couples se connaissent

Imaginons que vous ayez loué une villa en Espagne avec un couple d'amis. La promiscuité, de l'aube à la nuit, la semi-nudité dans la chaleur de l'été, une brusque montée du désir... Vous voilà, quel désastre, l'amant de la meilleure amie de votre femme. D'un commun accord, vous êtes tombés dans les bras l'un de l'autre.

Pourquoi, de toutes les situations possibles, avez-vous choisi la plus dangereuse ? Est-ce le goût du péril qui pimente, aiguise votre plaisir ? Vivre au bord du précipice peut tenter ceux dont la vie est trop tranquille. Est-ce le pouvoir de faire souffrir votre conjoint qui vous emplit d'aise ? Ne vous récriez pas, le désir de vengeance existe en chacun de nous et nous pouvons haïr ceux que nous aimons le plus. L'idée de voir votre épouse sûre d'elle, frivole, s'écrouler en mille morceaux si vous lui assenez la vérité, vous confère la puissance d'un démiurge. Une certaine félicité. Tromper son conjoint, c'est détenir une supériorité sur lui, même si cette supériorité conduit au drame.

Soyez un homme qui cède à certaines de ses pulsions mais pas à toutes, soyez un homme responsable.

Tant que durent ces vacances en Espagne sous le même toit, si vous ne voulez pas que le scandale explose, réfrénez vos élans, rien dans votre comportement ne doit inquiéter votre épouse et le mari de votre maîtresse. S'ils découvraient votre forfait, commis presque en leur présence, leur ressentiment et leur colère n'auraient plus de bornes.

Dès votre retour, si votre liaison persiste, évitez de vous rencontrer à quatre, inventez pour vos deux couples un prétexte de rupture.

Si vos enfants se fréquentent, trouvez des raisons valables d'espacer leurs rencontres, de ne pas recevoir chez vous les enfants de votre douce amante.

Évitez de lui écrire, en particulier des mots compromettants, de laisser la moindre preuve de votre infidélité : ni photos, ni cadeaux (ne gardez pas les cravates et les pochettes qu'offrent la plupart des femmes amoureuses, oubliez-les dans le dernier tiroir de votre bureau).

Imaginons ce qui a des chances d'arriver : votre épouse découvre que vous la trompez, et avec sa meilleure amie. Drame, cris, colère, injures.

Dans son indignation votre femme commet une faute : elle avertit le mari de votre maîtresse, qui sans elle n'aurait rien su, de la trahison dont ils sont les deux victimes. Vous avez des comptes à rendre à deux personnes qui vous en veulent à mort. Imaginons que ce mari, sous le coup de la colère et de l'humiliation, prenne la décision de divorcer. Et qu'en revanche, votre épouse, fine mouche, se garde d'envenimer la situation et se contente de vous abreuver de reproches.

« – Sous le même toit, répète-t-elle en pleurant, et avec ma meilleure amie. Comment as-tu pu ? »

– Mais ma chérie, ne m'en veux pas, je ne voyais qu'elle à la maison ! »

Grâce à vos déclarations, vos regrets sincères, le désespoir que fait naître en vous le seul mot de divorce, elle finit par minimiser votre aventure ; doucement le drame s'apaise. Votre couple sort renforcé de cette épreuve, mais dans le cœur de votre épouse vous n'êtes plus le chevalier à la brillante armure.

Votre maîtresse est plus âgée que vous

Lorsque vous étiez un jeune homme, séduire une femme de dix ou quinze ans votre aînée vous semblait une entreprise autrement plus difficile et excitante que d'embobiner une jeune adolescente. Face à ce défi, toutes vos facultés s'aiguisaient. Vous vous souvenez encore du temps où vous étiez étudiant, timide, inexpérimenté, taraudé par la peur de l'échec. À peine échappé à la tutelle parentale, vous ne rêviez alors que conquêtes féminines. Les infirmières surtout – était-ce l'influence du cinéma ? – vous faisaient fantasmer. Il ne s'agissait pas seulement de les séduire, il fallait, comme vous le dites cavalièrement, assurer la suite. Et à l'idée d'une défaillance, vous étiez pris de panique.

Les maîtresses de votre jeunesse vous ont tout appris, elles vous ont révélé certains mystères féminins, vous ont donné confiance en vous. Parce qu'elles étaient vos aînées, elles vous ont transmis des parcelles de leur précieux savoir et vous ont guidé, jeune novice, sur les chemins de la gloire. Elles ont fait votre éducation sentimentale. Au souvenir du prestige, du surcroît d'aisance que vous conférait leur conquête, vous éprouvez à l'égard de ces tendres, indulgentes et tourbillonnantes maîtresses un sentiment d'infinie gratitude. C'était l'âge d'or !

Aujourd'hui marié, sûr de vous, entreprenant, vous voilà l'amant d'une femme plus âgée que vous. Plus âgée de combien ? Vous n'en savez rien et, bien sûr, vous ne ferez rien pour le savoir. Qu'elle ait huit, dix ou quinze ans de plus que vous, quelle importance ? Si elle a su vous plaire, si vous avez su lui plaire, n'est-ce pas là l'essentiel ? Ayez la finesse de lui faire sentir qu'en cédant à vos avances c'est elle qui vous accorde un privilège ; elle qui n'attend des hommes mariés que ce qu'ils peuvent donner, c'est-à-dire pas grand-chose. En retour, elle dispense à profusion sa gaieté, son esprit léger, indépendant, sceptique. Liaison sans conséquences autres que plaisantes, à l'abri du reproche, du ressentiment, des larmes et des regrets. Heureux homme !

Vous fondez un second foyer

Directeur d'une multinationale, vous voyagez beaucoup, notamment en Afrique, et vos séjours sont parfois longs. Las d'habiter un hôtel sans charme, vous vous installez dans une maison entourée d'un jardin où embaument les frangipaniers. Vos soirées sont enfin moins tristes. On devine la suite. À l'instar des Africains qui, dès qu'ils le peuvent, ouvrent « un deuxième bureau », vous prenez une maîtresse. Et peu à peu, l'habitude et le plaisir aidant, vous créez un second foyer. Tant que votre épouse n'en a même pas le soupçon, il vous est possible de gérer la situation. Mais si elle découvre votre trahison, le ciel lui tombe sur la tête, elle voit tout en noir.

Deux possibilités s'offrent alors à vous : soit vous rompez votre liaison et sauvegardez votre mariage ; soit – surtout si un enfant est né de votre aventure africaine – vous arrivez à convaincre votre femme d'accepter cette situation, si cruelle pour elle. Si vous êtes sincère et éloquent, vous arriverez peut-être à lui faire comprendre les raisons qui vous ont conduit à briser votre solitude. Tant de liens vous unissent à votre épouse légitime – enfants, années de vie commune, racines, culture, et intérêts économiques –, qu'elle parviendra peut-être à accepter ce qui est. Mais elle est en droit d'attendre des assurances. L'aveu « C'est toi que j'aime, c'est toi ma vie » fera encore battre son cœur. Si elle est sûre de votre amour, elle pardonnera. Mais n'oubliera pas. Un accommodement est en vue. L'exotisme n'a qu'un temps.

La légèreté et l'inconstance masculines nous ont habitués à ces écarts de conduite. Les enfants naturels ne sont plus, depuis fort longtemps, l'apanage des princes.

Quant à vos enfants légitimes, ils auront moins de difficultés à accepter ce demi-frère ou cette demi-sœur.

Vous êtes l'amant de la meilleure amie de votre fille

Caroline vient de réussir son bac, elle invite son amie Isabelle à passer des vacances en Ardèche, dans votre maison de campagne. L'été est au beau fixe. Les deux jeunes filles se promènent en bikini dans la maison, passent avec vous des heures dans la piscine, à nager ou jouer au volley. Isabelle, d'une gaieté folle, plaisante du matin au soir, et son corps, éclatant de jeunesse, est doré comme une brioche. Il vous éblouit, ou plutôt vous aveugle au point de vous faire oublier qu'elle est la meilleure amie de votre fille, qu'elle a vingt-cinq ans de moins que vous, qu'elle est sous votre toit, et que votre famille vous entoure.

Un après-midi, à l'idée de séduire ce tendron, vous perdez la tête. Vous vous arrangez pour vous trouver seul avec elle. Et commettez une faute dont, hélas, vous ne prenez la mesure qu'une fois votre délit accompli. Vous vous affolez, vos proches pourraient vous détester, vous ne savez plus quoi faire. Vous êtes éminemment coupable, vous en êtes conscient, mais trop tard.

Ne pouvant réparer l'irréparable, limitez les dommages. De peur que votre fille, ou votre femme, ne flaire quelque chose, demandez à Isabelle, aussi troublée que vous par ce qui lui arrive, de trouver un prétexte qui justifie son départ immédiat. Assurez-vous qu'elle ne dira pas un mot à votre fille. À votre retour, arrangez-vous pour ne plus revoir Isabelle, et rien dans vos propos ou votre conduite ne doit trahir l'attirance que vous avez eue pour elle.

Si votre fille, qui aime tellement Isabelle, découvrait votre secret, son désenchantement serait immense. Un : elle perdrait une amie. Deux : l'amour et l'admiration qu'elle a pour vous risqueraient d'en souffrir. Quant à votre épouse, mieux vaut ne pas penser à la réaction qu'elle aurait. Bonjour tristesse !

L'épouse infidèle

Pour la première fois, un soir de *blues*, vous cédez aux charmes, aux déclarations, aux attentions quotidiennes d'un homme rencontré quelques semaines plus tôt au supermarché : au tournant d'une allée, vos Caddie s'étaient heurtés, et votre genou sérieusement écorché. Confus, empressé, inquiet, l'homme ne vous avait pas quittée, portant vos sacs jusqu'à votre voiture. Parce qu'il semblait vraiment désireux d'avoir des nouvelles de votre blessure, vous aviez eu la faiblesse de lui donner vos nom, adresse, téléphone. Fleurs, appels, invitations avaient suivi. Et, un certain soir, l'abandon dans ses bras. Depuis, un tumulte dans votre cœur que rien n'apaise.

Si votre amant est marié, vous êtes plus rassurée, il est aussi peu libre que vous l'êtes. Mais s'il est célibataire, comment gérer votre liaison ?

Première découverte : au fil du temps vous prenez conscience que vous aimez deux hommes à la fois, le mari et l'amant, une tendresse infinie pour l'un, une curiosité, une attention, un désir pour l'autre.

Savoir vivre son infidélité

Un homme et une femme infidèles recourent aux mêmes mots, aux mêmes arguments, vivent les mêmes situations, éprouvent les mêmes émotions, risquent les mêmes dangers. Nous avons, en infidélité, le même comportement.

Si votre amant est célibataire, et semble animé d'une grande passion, annoncez-lui vos intentions dès le premier jour : vous n'entendez pas divorcer, ni prendre des risques qui compromettraient l'équilibre de votre famille.

Chez vous, si vous ne voulez pas trahir votre liaison, ne changez aucune de vos habitudes, restez égale à vous-même. Si vous semez de nombreux indices votre mari, même peu attentif, finira par devenir soupçonneux. Quels indices ?

• Un soir, vous rentrez les cheveux aussi courts et blonds que ceux de Sharon Stone. De saisissement, conjoints et enfants ont poussé un cri. Un cri d'alarme.

• Vous êtes plutôt paresseuse, on connaît vos grasses matinées, votre goût de la sieste et des flâneries. Brusquement, vous voilà d'une activité débordante, presque fébrile. Finies les longues heures au téléphone, vous allez d'une course à l'autre, renouvelez votre lingerie (indice suprême). Vous chamboulez l'appartement, changez les meubles de place, le tissu des fauteuils, puis des dessus-de-lits puis vous accrochez de nouveaux rideaux. Ce besoin d'un renouveau est aussi éloquent qu'un aveu. Une folie de rangement, tous les placards vidés de la première étagère à la dernière, est également révélatrice.

• Imaginons que vous soyez une parfaite maîtresse... de maison. Si dans la même semaine votre mari constate à deux reprises que vous avez oublié de préparer le dîner et que le réfrigérateur est désespérément vide, il pourrait s'inquiéter.

• Si vos oublis se répètent, si vous faites preuve de négligences inhabituelles, votre conjoint se posera sans doute des questions : « Mais qu'est-ce qu'elle a dans la tête ? » Et là, il brûle, soyez sur vos gardes.

• Vous faisiez de la tapisserie. Vous avez jeté votre ouvrage et prenez désormais des cours de réflexologie plantaire. On pourrait en conclure, très mauvais jeu de mots, que vous prenez votre pied ailleurs.

• Êtes-vous sûre, si votre mari vous pose des questions, de savoir mentir avec un à-propos et un aplomb sans faille ? Si vous rougissez, cherchez vos mots, les mains moites et le cœur battant, renoncez à courir des dangers trop grands pour vous et pour lui.

• Indice fatal : vous remplacez le bon grand lit matrimonial par d'étroits, raides et froids lits jumeaux. Si en découvrant ce changement hautement significatif votre mari accepte cette séparation de corps, alors il a décidé de garder les yeux fermés. Certains hommes refusent de voir ce qui devrait les alerter. Pourquoi ? Par orgueil ? On ne trompe pas un homme tel que moi ? Par peur du conflit ? Par crainte d'une souffrance trop lourde à gérer, d'un danger à affronter, d'une rupture ?

En conclusion : votre inconscient vous joue des tours. Il sème à votre insu des indices destinés à alerter votre mari, et vous-même. Il vous laisse clairement entendre : attention danger.

Que faire si votre mari découvre votre liaison ?

Niez tout et en bloc. Jouez l'indignation : « Ta jalousie t'égare, comment peux-tu douter de moi ? » Et surtout assurez-le de votre amour. Votre famille vaut bien ces ruses et ces mensonges qui ramènent la paix, le sourire et peut-être un regain d'ardeurs.

Si la preuve de votre liaison est irréfutable, indiscutable, irrécusable, et si vous ne souhaitez pas divorcer, prouvez à votre mari que c'est avec lui que vous voulez vivre. Votre aventure n'a été qu'une incartade, une passade et rien d'autre. Si vous lui assurez que vous y mettrez fin, vous pourrez calmer sa fureur mais il vous faudra plus pour atténuer sa souffrance. Mettez-vous à sa place !

Qu'est-ce qu'une femme cherche dans une liaison ? Comme l'homme, plaire, plaire encore, plaire jusqu'aux portes de la nuit. Sentir bouillonner en soi des énergies nouvelles, l'envie d'entreprendre, de donner, de s'ouvrir au monde. Être jeune, goûter à une légère irresponsabilité, se laisser emporter. Désirer et être désirée. Aimer et être aimée, entourée, séduite.

Vous êtes célibataire, votre amant est marié

Pourquoi avez-vous choisi, ou accepté, d'avoir une liaison avec un homme marié ? D'être, selon les Anglais, « Back street », selon les Espagnols, « la casa pequeña », selon les Africains, « le deuxième Bureau ». En France, celle à laquelle l'hypocrisie bourgeoise ne donne même pas de nom !

Parce que les célibataires sont rares ? Parce que l'homme qui vous faisait une cour assidue était un séducteur auquel vous n'aviez pas la force de résister ? Ou parce que, trop attachée à votre liberté, vous n'avez pas l'intention de bouleverser votre vie ?

Vous risquez, si votre liaison dure sur un mode très plaisant, de vous attacher à cet homme, sa présence peut vous devenir indispensable, vous voulez avoir des projets, ou plus, en commun... Là les choses se compliquent. La liaison qui n'était que plaisirs et légèreté devient source de souffrance et d'ennuis. Et vous ne respectez plus le contrat que vous aviez implicitement signé en acceptant de devenir la maîtresse d'un homme marié.

Le savoir-vivre vous impose une inaltérable, inébranlable discrétion et l'acceptation de multiples contraintes :

• N'exigez pas de voir votre amant, marié et père de famille, plus qu'il ne le peut. Ni le week-end, ni les jours de fête, ni durant les vacances. Ne soyez pas celle par qui le scandale arrive. Ne le forcez pas, surtout si ses enfants sont très jeunes, à partir trois jours, même trois petits jours, avec vous à Belle-Île ou à Prague, sous prétexte qu'il part seul pour suivre un séminaire. Certes il part sans sa femme, mais avec ses collègues.

• Vous devez accepter de ne rencontrer votre amant que dans des quartiers éloignés de son domicile et le moins possible dans les lieux publics, réservés, eh oui, à sa femme. La maîtresse, ne l'oubliez pas, est la femme de l'ombre. Votre amant vous demandera de partager ses soucis (votre écoute est si complaisante, si attentive...), mais jamais il ne vous associera à ses festivités. Le jour où on lui remettra la Légion d'honneur, vous ne serez pas conviée. C'est au bras de sa légitime épouse qu'il se présentera à ses amis. Rien de tout cela ne doit vous étonner. Dès le premier jour, votre relation, l'une des plus difficiles qui soient, souffre d'un déséquilibre manifeste et constant.

• Ne cherchez pas à rencontrer sa femme pour voir à quoi elle ressemble, ni aucune de ses amies. Ne fréquentez ni son coiffeur, ni les cafés, les restaurants, les boutiques où elle a ses habitudes.

• Ne cherchez surtout pas à rencontrer ses enfants dans l'espoir insensé d'en faire des alliés. Ils doivent tout ignorer de votre existence. L'un de mes amis, un homme d'âge mûr, longtemps veuf inconsolable, rencontra à un dîner de charité à Genève une femme qui lui fit perdre la tête. Il lui demanda de s'installer chez lui, la combla d'attentions, satisfit à ses moindres désirs : voyages, réceptions, galas... Cette dame se comporta bientôt en maîtresse de maison, ce qui n'eut pas l'heur de plaire aux enfants et petits-enfants de son amant. Ils firent barrage Aux assauts de séduction qu'elle déploya, ils restèrent de marbre. Bientôt elle dut quitter avec larmes et bagages un amant dont elle avait eu la faiblesse de prendre possession trop vite et trop complètement.

• Ne téléphonez jamais au domicile de votre amant. Et la nuit ne donnez pas un coup de fil anonyme pour le simple plaisir de troubler le sommeil conjugal. Si votre numéro de téléphone s'affichait sur l'écran de son appareil, vous seriez vite démasquée. De quoi auriez-vous l'air ?

• N'interrogez pas votre amant sur sa femme, ce qu'elle porte, ce qu'elle aime, ce qu'elle fait.

• Ne lui posez aucune question sur sa vie et son intimité conjugales.

• Ne changez rien à vos habitudes, conservez vos amis, ne sacrifiez aucune de vos soirées dans l'espoir d'entendre votre amant sonner à la porte. Lancez-vous dans des projets qui n'appartiennent qu'à vous, vous risqueriez sinon de réduire votre vie à une peau de chagrin. Si vous passez vos soirées et vos week-ends à attendre qu'il vous appelle, vous voilà en train de gâcher votre temps. Et votre courte vie.

• N'établissez ni la date ni le lieu de vos vacances en fonction de ceux de votre amant, qui lui part avec sa famille.

• Ne perdez pas votre esprit d'indépendance, n'oubliez pas que c'est l'une de vos qualités qui l'a le plus séduit.

• Quel que soit votre âge, si vous êtes divorcée ou veuve, avec ou sans enfant, le désir de vivre auprès d'un homme aimé, de partager chaque instant de sa vie, de bâtir des projets avec lui, subsiste en vous même si vous le niez, même si vous proclamez votre volonté de vivre indépendante. Indépendante, oui. Seule, non. Alors ne choisissez pas la difficulté en ayant une longue liaison avec un homme marié et père de jeunes enfants.

• Préservez votre équilibre en ne fondant aucun espoir en votre amant, que celui d'un bonheur menacé, court et délicieux – un bonheur de femme.

Si les célibataires sont rares dans les villes, ils sont très nombreux dans nos campagnes. À bon entendeur, salut !

Vous avez plusieurs amants

J'ai une amie, divorcée, qui habite Magny-en-Vexin, je ne sais trop pourquoi. Dès que le soir tombe – et en hiver il tombe très tôt – elle se barricade dans sa chambre et vit dans l'angoisse d'être cambriolée, inquiétée, agressée. Elle a fait poser des barreaux à ses fenêtres et des systèmes d'alarme à ses portes, mais rien ne calme ses frayeurs. Rien sinon une bonne chaleur humaine, de préférence masculine.

Ne réussissant pas à avoir un seul homme à demeure, elle a été amenée, au fil du temps, à prendre plusieurs amants, un pour chaque nuit de la semaine. L'un des amants est belge, il vient en France régulièrement pour ses affaires, le deuxième, italien, représente les pâtes Panzani. Le troisième, l'anesthésiste de l'hôpital voisin, s'invente des gardes de nuit, c'est le cas de le dire. Le quatrième est garde républicain à Matignon ; sa famille vit dans le Limousin. Le cinquième est bridgeur professionnel, il lui est aisé de brouiller les cartes. Le sixième, un extra, est écossais, il vend son saumon sauvage en France, ses visites dépendent de la pêche et des commandes.

À entendre mon amie, chacun de ses amants croit être le seul à fouler le tapis persan de sa chambre à coucher. Chacun a son placard où sont rangés pyjamas, baskets et affaires de toilette. Comme chez Barbe Bleue, il y a chez elle des portes closes que l'on ne doit jamais avoir la curiosité d'ouvrir.

Jusqu'à ce jour, mon amie est bien gardée, son secret aussi. La seule indiscrète, c'est moi.

Vos enfants découvrent votre liaison

Si votre conjoint apprend que vous avez un amant, scènes de ménage et disputes en tous genres sont inévitables. Vos enfants, même s'ils n'en sont pas les témoins, sentent une menace, un danger rôder autour d'eux ; car toute l'atmosphère de la maison est changée. Votre mutisme, vos tensions permanentes, votre irritation, vos mines fermées les plongent dans l'angoisse. À leurs questions, vous répondez à peine ou pas du tout et les voilà malades d'inquiétude. Qu'est-ce que maman a fait pour que papa soit si fâché ?

S'il vous arrivait d'avoir des propos désagréables ou violents avec leur père en présence de vos enfants, ne faites surtout pas comme s'ils n'avaient rien entendu ni rien compris. Même un nourrisson aurait besoin d'être rassuré ! Ayez le plus tôt possible une conversation avec votre enfant et dites-lui la vérité. Comme lui, vous avez des moments de colère, de jalousie, ou d'impatience. Mais le conflit qui vous oppose à son papa n'entame en rien l'amour que vous portez à lui, votre enfant, qui restera toujours et inconditionnellement votre trésor. Si vous avez cessé d'aimer votre conjoint, dites-le à votre enfant. Expliquez-lui que l'amour conjugal peut changer de nature ou connaître un déclin et une fin, à la différence de l'amour qu'un père ou une mère porte à son enfant. Car ce qui le terrorise le plus ce n'est pas que ses parents aient cessé de s'aimer, mais qu'ils puissent ne plus aimer leur enfant. Il voudrait qu'à chaque seconde vous lui réaffirmiez votre amour.

Si vous choisissez de divorcer, ayez séparément une conversation avec chacun de vos enfants. Expliquez-leur qu'ils auront désormais deux maisons. Comme ils vous tiennent bien sûr responsable de la fracture familiale et du désordre qui s'ensuit, ils condamnent votre conduite. Il vous faut encourir leurs reproches, formulés ou non, subir leur désapprobation. Ne fuyez pas vos responsabilités.

Si vous voulez connaître exactement la position et l'avis de vos enfants, consultez-les directement ou par l'intermédiaire d'un tiers neutre. Tenez le plus grand compte de leurs sentiments.

Et surtout, comportez-vous en adulte : n'émettez aucune critique qui puisse ternir l'image que vos enfants se font de leur père et de leur mère.

Ne prenez pas vos enfants en otage, n'en faites pas de la monnaie d'échange.

Si une fois séparé ou divorcé vous vivez avec quelqu'un d'autre, n'obligez pas vos enfants à faire sa connaissance. Laissez-leur le temps de s'habituer à leur nouvelle vie, de retrouver un équilibre avant de leur demander d'accepter quelqu'un qui, en aucun cas, ne pourra jouer le rôle de père. Informez vos enfants de votre liaison mais ne la leur imposez pas trop vite car il leur faudra beaucoup de temps et d'efforts, de votre part et de la leur, pour supporter cette révolution dont ils sont les victimes.

Savoir vivre une rupture

Attention ! savoir rompre avec son amant ne s'improvise pas. Cela exige de l'humour, un sens aigu de l'élégance, un goût du scénario, de la mise en scène. Une rupture se prépare comme un complot, se mûrit comme une vigne au soleil, et n'éclate que lorsque sont écartés les risques de reproches, de rancunes, de vérités jamais bonnes à dire.

Le mieux ne serait-il pas de régler un petit ballet et de partir sur la pointe des pieds, comme une danseuse, après un dernier entrechat ?

La fameuse lettre de rupture n'échappe pas, si retenue soit-elle, à une certaine amertume toujours regrettable. Lisez plutôt :

Jean-Pierre,

Dans quelques jours, il y aura quatre ans que nous nous connaissons. Aurais-je attendu cette date anniversaire pour célébrer notre rupture ? Une rupture plusieurs fois annoncée et toujours remise.

Je te quitte ce soir. Je ne te reviendrai pas.

Je te quitte parce que nous n'avons aucun projet en commun, même pas celui de cette rupture. Oui, nous avons eu, ensemble, quelques petites querelles, elles revenaient, elles étaient nos saisons. Ciels clairs, ciels brouillés, brumes matinales, orages, beau fixe. Avec toujours la même origine : basses pressions dans ton hémisphère, hautes tensions dans le mien. Et pas d'équateur, pas de zone où nous rencontrer dans un égal climat.

Je garde de toi des images en blanc et noir ; le blanc du désir, le noir de l'absence.

Blanc, noir, blanc-noir, dans notre kaléidoscope, ont vite tourné au gris.

Dites-moi, monsieur, le gris est-il la couleur de la vie ?

Je ne te quitte pour personne. J'aurais pu attendre de t'échanger contre quelqu'un d'autre, mais ce troc eût été indigne. Je te quitte pour moi.

Tu ne pouvais pas m'aimer. Donc je ne pouvais pas t'aimer. Donc nous n'étions pas aimables. Voici, en résumé, l'histoire de notre brève rencontre. Elle eût été plus brève si je n'avais aimé l'illusion d'aimer.

N.

Le savoir-vivre des amours homosexuelles

Le PACS, Pacte civil de solidarité, confère un statut institutionnel au couple homosexuel. Il permet à deux personnes du même sexe d'enregistrer leur union. Les pacsés bénéficient désormais de certains droits comparables à ceux des couples mariés. Exception notable : l'adoption d'un enfant ne leur est pas permise. Cette loi fonde le droit d'une vie en couple pour tous, reconnue par l'État.

Nous sommes loin de la réprobation, du mépris dont souffraient les homosexuels. Pourtant, à les écouter, à les voir défiler lors de la *Gay Pride*, on est surpris de constater chez certains, en même temps qu'une grande gaieté, et une évidente frivolité, un désarroi, peut-être même une désespérance. Comme si vivre et se reconnaître comme un homosexuel restait une épreuve difficile. Si nos grandes villes acceptent et font une place aux homosexuels la campagne les rejette encore.

Le savoir-vivre des homosexuels

Tant que vous habitez sous le toit familial, n'affichez pas vos penchants par des tenues extravagantes, des bijoux, des amitiés exclusives. Comportez-vous le plus discrètement du monde. En présence de vos parents n'ayez à l'égard de votre ami aucun geste qui puisse les choquer. Ne leur faites pas de confidence surtout s'ils ne vous posent aucune question. Même s'ils soupçonnent quelque chose, ils craignent de vous entendre confirmer leurs doutes.

En revanche, vous pouvez vous confier à un frère, ou à une sœur, plus âgé. Avec eux vous n'aurez aucune difficulté à parler de votre préférence sexuelle, désormais admise et légalisée. À la différence de vos parents, vos frères et sœurs ne se sentent nullement coupables de vos pulsions.

Avec vos amis : vivez dans la clarté. Présentez-leur votre, ou vos compagnons. S'ils manifestent de la gêne, il vous faudra soit attendre qu'ils s'habituent à vos fréquentations, soit chercher des amis libérés de vieux préjugés. Le temps où Claudel accusait son ami Gide d'abomination est révolu.

Dans votre milieu professionnel : vous n'avez aucune information à transmettre à personne. Mais ne cherchez pas la provocation par vos propos ou par une tenue vestimentaire différente.

Avec les femmes : mes amies et moi-même recherchons l'amitié des homosexuels. Pourquoi ? Parce que leur amitié est dénuée de toute ambiguïté. Ils ont de plus à notre égard des attentions que bien des don juans n'ont pas. Ceux qui déclarent que les homosexuels sont misogynes se trompent, encore un préjugé à combattre.

Certains hommes mariés acceptent d'avoir parmi leurs amis des homosexuels, avec lesquels non seulement ils ne sont pas en compétition dans leurs relations avec les femmes, mais qui peut-être les rassurent sur leur propre virilité. D'autres les fuient. Pourquoi ?

Les *gays* ont de la fidélité une conception différente de la nôtre. Un couple homosexuel accepte, en tout cas tolère plus aisément l'infidélité du conjoint. Nombreux sont ceux qui mènent deux ou trois liaisons régulières, de front, durant des années. Ils ont donc peu recours au mensonge, comme si cette frénésie amoureuse était la norme.

Vous êtes bisexuel

Vous êtes marié depuis quelques années, des enfants sont nés de votre union, ils ont grandi. Votre insatisfaction croît jusqu'à devenir noire dépression. Un changement s'est opéré en vous, vous découvrez que ce sont les hommes qui vous attirent. Votre sexualité, contrariée depuis votre enfance, se manifeste, s'affirme, se libère.

En premier lieu, prévenez votre femme qui, bien sûr, a perçu dans vos relations un net refroidissement, une forme d'indifférence qu'elle attribuait à une tout autre cause : elle vous imaginait dans les bras d'une brune voluptueuse. La vérité lui sera sans doute cruelle, mais son amour-propre souffrira moins. Il vous faudra prendre ensemble une décision. Soit s'accommoder de cette nouvelle situation – c'est possible si votre épouse, ne supportant pas de vous perdre, opte pour la cohabitation, mais ce n'est ni simple ni peut-être souhaitable –, soit rompre le plus vite possible, à chaud, avant que les cris et le ressentiment ne détruisent l'équilibre de chacun, déjà ébranlé. Vous informerez vos enfants sur les raisons de votre divorce après avoir pris conseil auprès d'un psychothérapeute. Il s'agit de leur dire la vérité sans les traumatiser par des demi-mensonges.

Savoir vivre les amours homosexuelles féminines

Les femmes ont, depuis l'Antiquité, eu beaucoup moins à souffrir de leur homosexualité que les hommes. Elles ont soulevé moins de scandales et essuyé moins d'insultes. Aucune d'elles ne fut incarcérée ou condamnée aux travaux forcés comme le fut Oscar Wilde.

Les cheveux courts et le pantalon qui étaient autrefois les signes distinctifs de la « garçonne » sont désormais ceux de toutes les femmes, de sept à soixante-dix-sept ans. Les homosexuelles qui ne se sont jamais mariées, qui n'ont pas eu d'enfants sont très rares et se recrutent surtout dans les milieux intellectuels, artistes ou sportifs : Gertrude Stein, Romaine Brooks, Marguerite Yourcenar, Amélie Mauresmo. La grande majorité des lesbiennes ont eu des maris, des enfants, des amants.

C'est depuis l'essor des mouvements féministes que les homosexuelles font entendre leur voix, osent affirmer leur préférence et revendiquer leurs droits. Mais leur nombre, moins de 3 % de la population, et leur bisexualité expliquent leur modération et le fait qu'elles ne constituent pas un groupe distinct dans la société.

À la différence des homosexuels toujours en chasse, les lesbiennes qui vivent en couple font souvent preuve d'une fidélité exemplaire.

Le savoir-vivre d'une homosexuelle ne devrait se distinguer en rien de celui d'une hétérosexuelle : élégance, discrétion, respect de l'autre.

Quelques règles de savoir-vivre

Si vous invitez un couple d'hommes ou de femmes homosexuels, vous leur adressez deux cartons d'invitation même s'ils partagent le même domicile. Si vous les recevez en week-end, vous prévoyez deux chambres. À moins que ce couple ne vous ait annoncé son union, rien dans votre comportement ne doit laisser deviner que vous savez que ces deux amis vivent ensemble.

IX

SAVOIR VOYAGER

Allez à Bora Bora, allez en Patagonie, vous n'épaterez personne. Aujourd'hui, tout le monde voyage, tout le monde veut aller le plus loin possible.

Mon premier tour du monde, je l'ai effectué lorsque j'avais dix-huit ans. Rien n'aurait pu m'empêcher de partir tant je brûlais d'envie de voir ce qui se passait sur notre planète ; je voulais savoir si l'Amérique c'était comme au cinéma. Pendant quatre mois, j'ai emprunté tous les moyens de communication, même le pousse-pousse à Singapour ; j'ai entendu parler toutes les langues, côtoyé toutes les races et apprécié bien des sourires. J'ai pris quelques risques, éprouvé des peurs bleues mais, à mon retour, je ne pensais qu'à repartir. Le voyage, c'est un virus. Lorsqu'on l'attrape, on ne s'en débarrasse plus. On fait route ensemble et le plaisir de partir ne s'émousse jamais, à la condition de savoir voyager.

Savoir faire et défaire ses valises

À quinze ans, on n'a pas le choix, on subit le sac à dos. Adulte, on aime le confort, si possible le grand confort.

Le rêve de chaque femme est de voyager entourée de ses malles-cabines, mais seules les reines (en exercice) le peuvent encore.

Plus une femme emporte de vêtements et d'objets, plus elle satisfait sa féminité en recréant, là où elle se pose, son univers familier. Elle imagine que, dépouillée de tel vêtement, elle se dépouille de son pouvoir de séduction. Or, c'est bien connu, les maris détestent les bagages, ils brandissent toujours la même menace : « Et surtout, pas de valises ! »

Partagée entre les exigences de mon époux et l'obligation de ne manquer de rien, j'ai appris au fil du temps à composer une valise comme on compose un menu de fête. Tout mais en petite quantité.

Comment je fais mes valises *

J'installe dans mon *dressing-room* tous les vêtements que j'ai décidé d'emporter et je choisis en même temps les sacs, les chaussures, les bas, les gants et les bijoux qui s'y assortiront.

Dans ma valise, j'étale d'abord la lingerie, les foulards, les gants, les mouchoirs rangés dans des housses d'organdi ou de plastique. Viennent ensuite les pulls, les chemisiers, les tailleurs, les robes et en dernier les robes du soir. J'ai l'habitude de bourrer de papier de soie les manches des robes pour qu'elles ne se froissent pas.

Tous les vêtements, robes, tailleurs, vestes, sont rangés sur des cintres très légers en velours et chacun sous une housse de plastique transparent.

Dernière maniaquerie : avant de boucler les sangles, je recouvre le tout d'un petit drap en plumetis blanc.

LES LISTES DE VOYAGE

Pour femmes

Vêtements

Collants (clairs, foncés, noirs)
Bas (clairs, foncés, noirs)
Porte-jarretelles (blanc, noir)
Culottes et soutiens-gorge (blancs, noirs)
Combinaisons
Chemises de nuit
Robe de chambre
Mules

* Les pages 394 à 399 sont extraites de *Heureuse, et pas fâchée de l'être*, éd. J.-C. Lattès,

Mouchoirs, pochettes
Foulards, châles, gants, ceintures
Pantalons
Tailleurs
Chemisiers
Pull-overs
Robes (de jour, du soir)
Chaussures (sport, ville, soir)

À ajouter en été

Maillots de bain
Sandales
Robes et pantalons de plage
Foulards (soie, coton)
Shorts, paréos, tee-shirts
Lunettes de soleil
Sac de plage
Chapeau de paille
Turbans
Bonnet de bain (obligatoire en piscine)
Palmes

Trousse de toilette

Lait – coton-démaquillant pour les yeux – eau de toilette ou parfum – crèmes pour le visage – lait pour le corps – savon – gant de toilette – déodorant – cotons-tiges – brosse à dents – prise multiforme – dentifrice – shampooing – crème à bronzer – peigne – séchoir – rouleaux – voilette – brosse à cheveux – boules Quies – pierre ponce – miroir grossissant – nécessaire à ongles – vernis – dissolvant.

Petites affaires

Téléphone portable
Bijoux fantaisie

Passeport ou carte d'identité
Devises étrangères
Cartes de crédit
Permis de conduire international
Cartes de visite
Agenda
Lunettes
Appareil photo et pellicules
Fer de voyage à vapeur
Médicaments (aspirine – vitamines – pilules – etc.)
Trousse de couture
Livres

– En voyage et en week-end, j'emporte les cosmétiques que j'utilise tous les jours mais en modèle réduit.
– Je joins également une série de petits sacs en nylon, pliés dans une pochette, de différentes tailles pour y ranger différents achats.
– Je colle sur ma valise, pour à l'arrivée la distinguer des autres, un signe distinctif : une pastille rouge ou, autour de la poignée, deux scotchs de couleurs différentes.

Pour hommes

Vêtements

Pyjamas – robe de chambre – pantoufles – caleçons – chemises (de jour, sport, du soir) – boutons de manchettes
Cravates – foulards – pochettes – mouchoirs
Ceintures
Chaussettes
Costumes (de ville, sport, habillé)
Chaussures (ville, sport) et leurs embauchoirs
Manteau – imperméable
Chapeau

À ajouter en été

Maillots de bain
Sandales
Shorts
Tee-shirts
Lunettes de soleil

Trousse de toilette

Crème à raser
Rasoir mécanique ou électrique, lames, prise multiforme
Lotion après-rasage, eau de toilette, déodorant
Savon
Brosse à cheveux
Cotons-tiges
Brosse à dents
Dentifrice

Petites affaires

Téléphone portable
Passeport ou carte d'identité
Cartes de crédit
Devises étrangères
Permis de conduire international
Cartes de visite
Agenda, porte-documents
Lunettes
Une paire de lunettes de rechange (il est si facile de les perdre !)
Appareil photo et pellicules
Jumelles
Boules Quies
Livres
Photos des enfants !...

Si votre mari est sportif, n'oubliez pas ses raquettes ou ses palmes, ses clubs de golf ou son fusil, ses permis de chasse, de pêche, ses cartes de club. S'il est joueur, des jeux de cartes.
Enfin les porteurs ont refait leur apparition dans les gares alors que nous avons tous maintenant des bagages à roulettes. Aimables et visibles de loin grâce à leur tenue rouge, ces porteurs connaissent le numéro de quai de chaque train avant qu'il ne soit affiché.

Comment je défais mes valises

Dès que j'arrive à l'hôtel ou chez des amis, je passe immédiatement dans la salle de bains et j'ouvre grand le robinet d'eau chaude de la baignoire ; je suspends mes robes au-dessus : la vapeur les défroisse instantanément.

J'accroche mes vêtements déjà sur leurs cintres dans la penderie, je range dans les tiroirs mes pochettes de lingerie et d'accessoires. Le tout ne dure pas un quart d'heure.

Savoir vivre sans bagages

Depuis trois jours vous fignolez votre valise, vous réfléchissez à ce que vous devez nettoyer, laver, repasser, pour n'emporter que vos plus beaux vêtements dans un état impeccable. Vous les avez placés sous un plastique pour éviter qu'ils ne se froissent. Vous êtes heureuse de partir, d'aller à l'étranger, loin peut-être.

À la descente d'avion, encore étourdie par plusieurs heures de vol, vous voyez défiler des dizaines de valises ; puis, brusquement, le tapis roulant s'immobilise sans vous avoir rendu la vôtre. Renseignement pris : elle a rejoint une autre destination, on ignore où elle se trouve.

Il y a deux possibilités :

La première : vous piquez une crise de nerfs, vous traitez la compagnie aérienne de tous les noms, vous accusez votre mari de..., peu importe de quoi, il a tort puisque vous n'avez pas vos bagages, alors que lui a les siens. On vous regardera tempêter, vous serez moins jolie et même franchement agaçante, car enfin le responsable de l'erreur dont vous êtes victime n'est pas là, mais à des milliers de kilomètres. On ne peut rien faire pour vous que des recherches.

Seconde possibilité : vous perdez votre sourire (c'est la moindre des choses), mais pas votre calme (c'est formidable). Car vous savez que c'est à cette minute précise que l'on vous jugera. Si vous vous souciez des autres et de l'image que vous voulez donner de vous, vous arriverez à surmonter ce très fâcheux désagrément. Vous dites d'une voix claire : « Bon, ce n'est pas tragique. » Et immédiatement vous gagnez une immense considération. Des années plus tard on se souviendra de vous avec admiration : « Quelle femme ! »

Il y a quelques années, je partais seule présider un gala de bienfaisance à Seattle, au fin fond des États-Unis. Après un vol épuisant et de troublantes turbulences, j'arrivai à l'aube ; vous imaginez la suite : « *No suit case, maame.* »

Mon gala était pour le soir même. Et je n'avais pas ma superbe robe Cardin faite pour cette occasion, je n'avais pas mes escarpins assortis, je n'avais pas mon sac de soirée. Rien – je n'avais rien – rien que mon expérience de comédienne ; l'avantage de ce métier c'est qu'il vous apprend à surmonter des séries de catastrophes : un trou de mémoire, un partenaire qui n'entre pas en scène, un faux pas...

Après des heures de recherches, il apparut que ma valise était restée à Paris : il était donc impossible de l'avoir avant au moins vingt-quatre heures.

Je me suis rendue à l'hôtel ; avant même de prendre un solide petit déjeuner à l'américaine et un long bain chaud, je donnai les vêtements que je portais pour un repassage express. Plongée dans la baignoire, je réfléchissais : à Seattle, je n'allais pas en quelques heures trouver une robe du soir. De l'avis des vendeuses américaines, je suis trop « *typically French* ».

J'ai donc acheté la meilleure brosse à dents de la ville, un superbe nécessaire de maquillage, une paire d'escarpins noirs et vous ne devinerez jamais la suite :... des épingles de nourrice et six mètres de tissu d'un rose flamboyant que j'ai drapé sur moi comme un sari. Avec un ravissant bijou trouvé au drugstore du coin et mon aplomb, j'ai gravi les marches du podium, bombardée par les flashes des photographes et, devant la foule des invités, j'ai répondu à la question :

– De qui est votre robe ?

– De Pierre Cardin, *of course* !

Savoir voyager

Savoir vivre en automobile

Le code de la route édicte les règles à suivre pour bien conduire, celui du savoir-vivre, les règles pour bien se conduire en automobile ; les principales lois du code de la route concernent :

– L'état de la voiture : les femmes, qui conduisent beaucoup plus prudemment que les hommes, oublient cependant d'entretenir leur voiture. Or, un moteur déréglé, des pneus usagés ou défaillants, des phares de travers ou borgnes, un essuie-glace tremblotant peuvent être à l'origine d'un accident.

– Le respect des priorités et de la signalisation routière. Si on ne ralentit pas en traversant une agglomération, aux abords d'une école, d'un croisement, c'est le drame.

– La vitesse et l'alcool, qui souvent se conjuguent, sont les causes numéro un des accidents de la route.

Pourquoi les Français détiennent-ils en Europe le triste record des accidents de la route ? On ne peut accuser ni nos constructeurs automobiles ni notre infrastructure routière. Alors ? Serions-nous moins responsables, moins prévoyants, moins pacifiques et moins civiques que nos voisins européens ?

Comment conduire une automobile ? S'il est difficile de répondre à cette question, il est heureusement simple de savoir comment se conduire en automobile.

Si vous êtes le conducteur

Conformez-vous aux goûts de vos passagers pour :

• Le choix de l'itinéraire : autoroute ou départementale ?

• L'allure : si vos passagers se cramponnent aux accoudoirs, c'est qu'ils redoutent la vitesse, modérez votre allure et conduisez en souplesse, sans freinage brusque ni départ en trombe. Pour une conduite sportive, attendez d'être seul à bord.

• Le tabac : avant de fumer, demandez-leur si votre cigarette ne les dérange pas. Même s'ils sont très polis, ne vous autorisez pas un cigare, sauf si vous voyagez avec votre femme et qu'elle n'ait pas le choix. Si vous jetez vos cendres par la fenêtre, le vent les rabattra invariablement sur le visage du passager assis derrière vous ; alors qu'à portée de votre main vous avez un cendrier.

• La température : si vous baissez votre vitre, assurez-vous que la personne derrière vous ne tremble pas de froid. Et, si vous roulez toutes fenêtres fermées, qu'aucun de vos passagers n'étouffe.

• La musique : vous souhaitez rouler en écoutant France-Musique ou vos cassettes de Julien Clerc. Oui, mais vos passagers partagent-ils vos goûts ?

Il y a une place d'honneur dans la voiture : c'est celle à l'arrière droite. Elle revient donc à votre passager le plus âgé.

En ville, s'il pleut, vous ralentissez avant d'aborder une flaque d'eau pour ne pas asperger les piétons en bordure des trottoirs. Vous n'empruntez pas les couloirs réservés aux bus ou aux deux roues. Si un chauffard vous coupe net la route, vous double à droite, vous rentre dedans, freinez à fond, mais ne dérapez jamais dans la colère et l'insulte. Contrôle de soi-même et courtoisie sont les qualités les plus rares d'un automobiliste, celles qui le distinguent des autres.

Si vous raccompagnez l'une de vos passagères jusque chez elle, vous vous arrêtez devant son domicile. Il est bon, avant d'ouvrir les portières, de vérifier que nul n'arrive ni à droite, ni à gauche. Vous descendrez de voiture pour la saluer et vous ne démarrerez qu'une fois refermée la porte de son immeuble.

Mais, il faut bien le reconnaître, les Parisiens ne brillent pas par leur sens de la serviabilité. Invités à un dîner, ils oublient de proposer à l'une des convives de la raccompagner chez elle, c'est tout juste s'ils acceptent de la déposer à une station de taxis.

Le stationnement

Dans les grandes villes, asphyxiées par une circulation de plus en plus dense, les nerfs des conducteurs d'autobus, des chauffeurs de taxi, des gens pressés sont mis chaque jour à rude épreuve parce qu'un automobiliste, insoucieux des autres, s'est garé en double file, à un angle de rue, sur un bateau, sur le trottoir, n'importe où, n'importe comment, bloquant la circulation. Ne pas respecter l'interdiction de stationner est encore un mal français.

À New York, où le nombre des voitures est le plus élevé du monde, les problèmes de stationnement n'existent pas. Pourquoi ? Parce que les contraventions pour un stationnement interdit sont extrêmement élevées, appliquées sur-le-champ, et nul ne peut les faire « sauter ». Une voiture mal garée est enlevée dans le quart d'heure qui suit. Les automobilistes utilisent donc les parkings et empruntent pour leurs déplacements en ville le taxi ou le métro.

Pourquoi n'aurions-nous pas dans nos grandes villes, à l'exemple de Rome, des minibus électriques qui circulent en permanence ?

Si vous êtes le passager

Vous observez les mêmes règles de bienséance que votre conducteur. Même si vous êtes son épouse, ne discutez ni ne critiquez l'itinéraire qu'il a choisi et dont il est le seul responsable. Cette querelle, hélas fréquente entre époux, est particulièrement gênante pour les autres passagers (« Je t'avais bien dit qu'il fallait prendre le pont à gauche, mais comme toujours tu n'en fais qu'à ta tête »), car souvent elle peut dégénérer en scène de ménage et apparaître comme une manifestation d'agressivité. De même, abstenez-vous de formuler des remarques sur la conduite de celui qui est au volant, il est seul maître à bord. S'il se tait, respectez son silence afin de ne pas le déconcentrer ou alors ayez une conversation « fluide », sur des sujets qui ne déchaînent aucune controverse. Prévoyez pour la route des chocolats et des bonbons. J'ai toujours dans ma boîte à gants Kleenex, alcool de menthe, aspirine. Si vous êtes passagère, munissez-vous de bagages « sages », pas de paquets encombrants ni de sacs de toutes sortes. Ayez un parfum discret pour ne pas contraindre les autres à voyager le nez au vent.

Insistez pour que l'on ne vous raccompagne pas jusque chez vous, mais que l'on vous dépose à une station de taxis, de bus ou de métro. Il y a un proverbe arabe qui dit : « Si ton ami c'est du miel, ne le mange pas tout. »

Savoir vivre en autocar

Si vous voyagez à plusieurs, restez mêlé à votre groupe, partagez la conversation générale et ne faites pas bande à part. Témoignez de la courtoisie à vos compagnons de route, offrez-leur bonbons, friandises et journaux ; cédez votre place à une personne âgée, moins bien placée que vous, ou à un enfant séparé de ses parents. Aux arrêts, aidez à descendre les personnes âgées ou les femmes encombrées d'enfants et de bagages à main. Ne faites pas attendre les autres, ne soyez pas le dernier à rejoindre votre place.

À l'arrivée, pensez à offrir discrètement un pourboire au guide et au chauffeur.

Savoir vivre à moto

Les écuyères d'aujourd'hui ont pris la mâle résolution de rattraper le temps perdu. Casquées et cuirassées, elles ont enfourché de grosses cylindrées et, ivres de vitesse, caracolent de par le monde. Si tel est leur bon plaisir, pourquoi pas ? Mais peut-on leur demander d'être plus sensibles que les « motards » aux problèmes de la pollution ? D'abord de la pollution sonore : il serait si simple de ne pas faire tourner son moteur un quart d'heure avant de partir, mais juste au moment du départ. S'amuser avec la manette des gaz, c'est ne témoigner aucun respect envers les autres ; la politesse veut que, la nuit, on ne réveille pas tout un quartier de ses pétarades. Et, pour ne pas polluer encore plus l'atmosphère, il est impératif de changer souvent de pot d'échappement.

Lorsqu'on se gare, on s'applique à ne pas gêner la circulation des piétons sur le trottoir, ni celle des automobilistes sur la chaussée.

Savoir vivre en train

Les hommes aident leurs voisines à hisser leurs bagages. Chaque fois que vous quittez votre place, vous vous excusez auprès de la personne que vous dérangez ; vous retirez votre manteau mais pas vos chaussures et vous ne mettrez pas vos pieds sur le fauteuil vide d'en face. Plutôt que de lire le magazine de votre voisin pardessus son épaule, empruntez-le-lui dès qu'il l'aura terminé.

Si vous utilisez votre portable, ayez la politesse de vous déplacer afin de ne pas déranger vos voisins. Un local est prévu à cet effet dans les TGV.

Si vous emportez des provisions de bouche, prévoyez des sandwichs sans mayonnaise ni fromage odorant. Des fruits pas trop juteux, des gobelets en carton et des serviettes en papier que vous ferez disparaître dans la boîte placée à cet effet près de votre siège.

Prévoyez des jouets, des jeux, des cahiers de dessin et des crayons de couleur pour vos enfants afin qu'ils se tiennent tranquilles. S'ils pleurent ou font un caprice, n'engagez pas avec eux une épreuve de force, cédez pour ne pas gêner les autres voyageurs.

Quant à votre chat ou votre chien, gardez-le sur vos genoux ou mieux encore dans son panier si le voyage n'est pas trop long.

Si vous voyagez de nuit, proposez aux personnes qui partagent votre compartiment de choisir entre leur couchette et la vôtre. Les relations seront d'emblée sous le signe de la courtoisie. Avant d'éteindre, vous leur souhaiterez le bonsoir, et le bonjour au réveil.

Au wagon-restaurant

Il n'y a pas, madame, de préséance : chacun est servi à son tour. Autrefois, il n'était pas question de répondre à un voisin auquel vous n'aviez pas été présentée. Aujourd'hui, non seulement vous pouvez engager une conversation avec un monsieur courtois mais, s'il vous offre un verre de son vin ou un café, acceptez-le (ce que n'aurait jamais osé votre grand-mère qu'un rien scandalisait).

En entrant dans le wagon, comme en en sortant, vous faites un léger signe de tête à vos voisins immédiats.

Savoir vivre en avion

Attendre en pleine canicule d'août cinq heures l'avion Londres-Paris parce que nos aiguilleurs du ciel ou nos pilotes sont en grève peut vous paraître injuste, inadmissible, intolérable. Mais pourquoi devenir violent et vindicatif? Pourquoi déverser votre colère sur la tête du personnel au sol qui, lui, n'y est pour rien. En revanche, il serait plus efficace d'exprimer votre mécontentement dans une lettre adressée au directeur de la compagnie aérienne, ou mieux encore au syndicat responsable du désordre.

Que faire durant ces longues heures d'attente ? Ne pas se laisser gagner par la mauvaise humeur et s'efforcer de passer ce moment le plus agréablement (ou le moins désagréablement) possible : installez-vous dans un café, puis, si l'attente continue, achetez un roman policier bien noir pour que votre situation vous paraisse plus rose.

En temps normal, acceptez avec le sourire les formalités de douane et les consignes de sécurité.

Pendant le vol, ne vous déplacez pas sans raison dans les couloirs car la liberté de mouvement, surtout en classe touriste, est fort restreinte ; et n'obligez pas votre voisin à se lever mille fois pour vous laisser le passage.

Si vous voyagez avec votre chien, vous pouvez le garder à côté de vous en cabine si son poids ne dépasse pas six kilos.

Ne dérangez pas inutilement les stewards ou les hôtesses pour leur demander l'heure d'arrivée, le nom de la ville que vous survolez ou parce qu'une zone de turbulence vous donne des inquiétudes. Si le déjeuner à bord est franchement médiocre ou insuffisant, une fois encore, ne vous en plaignez pas auprès du personnel mais par une lettre adressée à la compagnie. D'une façon générale, si l'on veut qu'une critique ait une chance d'aboutir, c'est toujours au responsable qu'il faut s'adresser, pas aux intermédiaires.

En quittant l'avion, n'oubliez pas de répondre par un sourire au salut du personnel de bord.

Toutes les femmes qui ont l'habitude des longs trajets emportent dans leur bagage à main une tenue de jogging ou, en été, une robe-chemise confortable en coton, un petit nécessaire de toilette (pour le démaquillage et le maquillage plus une petite bombe d'eau minérale pour se rafraîchir le visage), une paire de ballerines et un châle car les couvertures des compagnies aériennes sont légères.

Quant à moi, à peine montée dans l'avion, avant que le repas soit servi, je me change, je retire mes bas et m'installe à mon aise pour la nuit. Je dîne légèrement et bois beaucoup d'eau. Je me réveille bien avant le petit déjeuner pour avoir le temps de me préparer... comme si j'étais chez moi ou presque.

Savoir vivre en bateau

C'est sur les quelques mètres carrés d'un bateau de plaisance que se découvrent le vrai caractère et le niveau d'éducation de chacun. Plus l'espace est restreint, plus stricte doit être l'observance des règles du savoir-vivre. Un voilier de rêve se transforme en galère dès lors que l'un des occupants s'approprie le territoire, l'eau potable, les fruits et les boissons glacées, le matelas au soleil, sans se préoccuper du confort ou du plaisir des autres.

Une croisière est un voyage d'agrément quand on l'effectue en compagnie de gens sportifs, habitués à l'esprit d'équipe ou de gens courtois qui savent partager et offrir.

Si vous n'êtes pas seul dans votre cabine, il vous faudra, dans ce lieu exigu que vous allez partager plusieurs nuits, redoubler d'attention : ne pas laisser traîner vos vêtements, vos maillots, vos lunettes, vos produits solaires. Ne pas imposer votre nudité à l'autre, ne pas monopoliser la salle d'eau. Être toujours un modèle de discrétion. Et de bonne humeur. Savoir rire, c'est savoir vivre.

Sur une coque de noix, il est essentiel de se plier aux consignes d'ordre, de discipline, de sécurité imposées par l'équipage.

Sur un paquebot, la vie est plus facile, car on circule plus librement sur une surface plus vaste. On se doit, en croisière, d'être sociable, de participer aux réjouissances organisées à bord et de s'y amuser. Le passager à la triste mine, le solitaire, le taciturne, qui contemple, l'œil hautain, la lippe dédaigneuse, ses congénères en train de danser, n'est pas un homme du monde. L'intelligence est de découvrir celle des autres.

Vous devez savoir que l'on ne porte pas de tenue de soirée le jour de l'arrivée à bord, ni la veille du départ.

Si j'en avais le loisir, je serais de toutes les croisières musicales et culturelles et cela pour plusieurs raisons ; sur un bateau tout concourt au rêve : le décor grandiose de la mer, les couchers de soleil, les ciels étoilés, la lune rousse, le miroitement de l'eau, la douceur de la brise nocturne. Sur un bateau, on est coupé de son passé, seul compte l'instant présent où tout peut arriver. L'équipage et le capitaine, superbes dans leurs uniformes blancs, vous prennent en charge, vous entourent de mille attentions, vous font une cour discrète. Les passagers sont élégants, les spectacles de qualité, le service raffiné.

Sur un bateau, cet espace clos entouré d'un espace infini, être célibataire est un avantage. Les rencontres sont plus faciles, les conversations plus légères. Tout ressemble à une coupe de champagne. Oui, sur un paquebot, si l'on est romantique ou aventurière, on pourrait être mieux seul qu'à deux.

Savoir vivre à l'hôtel

Réservations et annulations

Si vous réservez une chambre d'hôtel par téléphone, il vous est demandé de confirmer par une lettre ou un fax vos dates d'arrivée et de départ. Si vous êtes sensible au bruit, n'oubliez pas de spécifier que vous souhaitez une chambre calme donnant sur cour ou jardin et gardez le double de votre lettre. Si vous connaissez déjà l'hôtel pour l'avoir habité, vous pouvez demander la chambre 22 si c'est celle-là qui vous avait convenu.

Si vous annulez vos vacances ou changez leurs dates, prévenez suffisamment à l'avance votre hôtel pour que l'on ne vous tienne pas rigueur de cette modification et que l'on ne vous catalogue pas parmi les clients peu sérieux.

Arrivée

Vous arrivez tard dans la nuit ? Attendez-vous à un service réduit et n'hésitez pas à aider le gardien de nuit à monter vos bagages. Évitez de faire du bruit ou de parler à voix haute dans les couloirs, de claquer les portes de l'ascenseur et de votre chambre. Si vous allumez votre poste de radio ou de télévision, baissez le volume.

Votre chambre ne vous convient pas ? C'est ennuyeux, mais ce n'est pas un drame. Avec votre plus beau sourire demandez à la direction de vous en changer, dès que l'une de celles que vous désirez sera libre. Rien ne sert de récriminer. Ne formulez jamais une critique en présence d'autres clients, attendez d'être en tête à tête avec un responsable de la direction. Si une femme de chambre déménage vos affaires d'une chambre à une autre, n'oubliez pas de l'en remercier.

Séjour

Comportez-vous dans votre chambre comme vous le faites chez vous · ne jetez ni les cendres ni les mégots, ni vos cotons de démaquillage par terre, mais dans les cendriers et la corbeille. Prenez la peine de vider votre baignoire et n'y faites pas tomber vos serviettes ; rangez vos vêtements et vos chaussures dans les placards ; ne laissez pas traîner vos bijoux, montres, lunettes, monnaie, vous les retrouverez plus facilement dans les tiroirs. Ainsi vous ferez preuve de considération à l'égard de la femme de chambre ; les contraintes du service l'obligent à terminer les chambres avant le déjeuner ; aussi sachez ne pas quitter la vôtre après midi. En sortant, éteignez les lumières et la télévision.

Plus vous respectez le personnel hôtelier, mieux vous serez servie et les sourires qu'ils auront pour vous rendront votre séjour encore plus agréable.

La salle à manger

En entrant dans la salle à manger de l'hôtel où vous avez pris pension, vous saluez légèrement de la tête vos voisins de table. Vous ne vous faites remarquer ni par une tenue vestimentaire extravagante, ni par des rires ou des propos bruyants, ni par des critiques ou des remarques à haute voix.

Pour le déjeuner, vous n'entrerez pas dans la salle à manger en maillot de bain ni même en short ou pieds nus. Le soir vous porterez une robe plutôt habillée et votre mari une veste et un foulard à la place de la cravate (indispensable en hiver).

Conformez-vous aux horaires des repas et n'arrivez ni avant l'heure ni trop après l'heure.

Dans certains hôtels, il existe un service spécial réservé aux enfants ; il serait préférable pour votre tranquillité et celle de vos voisins que vous fassiez déjeuner et surtout dîner vos enfants avant vous. S'ils sont très jeunes, soyez auprès d'eux pour veiller à leur tenue et au bon déroulement de leur repas. Si ce service n'existe pas, exigez d'eux qu'ils ne courent pas entre les tables, qu'ils ne fassent pas de caprice et se comportent normalement. (S'ils n'aiment pas le poisson ou la viande évitez de leur en faire servir, le dîner se déroulera plus calmement.)

Ne laissez pas vos gouttes, vos sirops et vos comprimés sur votre table ; par discrétion, apportez-les et remportezles à chaque repas. (Et si vous les preniez dans votre chambre ?) Vous ne donneriez pas de vous l'image d'une femme que la maladie amoindrit.

Le salon

N'occupez pas toujours le meilleur fauteuil et n'y laissez pas votre tricot ni vos journaux pour vous le réserver. Ne soyez ni familière ni importune ; avant de vous joindre à des bridgeurs ou des joueurs de tennis, attendez d'y être invitée.

Départ

La veille de votre départ, prévenez la direction de l'hôtel et en partant n'oubliez pas de remercier femmes de chambre, bagagiste, concierge et tous ceux qui vous ont servi. (Le service est compris dans votre note mais il n'est pas interdit de laisser un pourboire.) En prenant congé, remerciez le directeur pour le confort de son établissement et l'accueil qui vous a été réservé. Vous serez pour lui un modèle de courtoisie !

Dans un palace, les tentations sont grandes et sont partout : dans la salle de bains s'empilent des serviettes douces, moelleuses, des gants de toilette plus blancs que blanc ; sur le plateau du petit déjeuner, l'argenterie étincelle ; sur la table, des cendriers en porcelaine attendent.

Comment résister au moment de faire votre valise à la tentation d'emporter un petit souvenir ? En résistant jusqu'au bout. Invitée chez des amis, vous n'emportez rien, n'est-ce pas ? Alors, faites-en de même à l'hôtel.

Dites-vous que dans le prix de votre chambre n'est pas compris celui de la petite cuillère qui vous fait envie. N'ayez jamais l'humiliante surprise de voir facturer sur votre note le prix du peignoir de bain que vous avez subtilisé... par mégarde. Avant de quitter votre chambre, assurez-vous que vous laissez à César tout ce qui appartient à César.

Je garde de mon premier séjour dans un palace un souvenir inoubliable. C'était à New York, à l'hôtel Sherry Netherland sur la Cinquième Avenue. Jérôme Brière, directeur de Unifrance-Films, m'avait demandé de représenter la France pour la sortie du film *Un cheveu sur la soupe*, dont j'étais l'une des vedettes auprès de Louis de Funès. Nous devions rester trois jours à New York et rentrer la veille de Noël. Or, je ne sais pas pourquoi je m'étais mis en tête de passer la nuit du réveillon à Broadway. Mais, entre mes désirs et la réalité, il y avait une bourse vide et le prix exorbitant d'une nuit d'hôtel.

Que faire ?

Séduire la petite femme de chambre de mon étage. Je lui racontai d'un ton théâtral toute une histoire, il me fallait absolument rester ici une nuit de plus, une toute petite nuit, et je n'avais pas les moyens de m'offrir le plus petit hôtel. Dix minutes plus tard, je quittai ma luxueuse chambre avec joie et bagages et me retrouvai dans une buanderie où l'on entassait le linge sale. C'était un réduit de quelques mètres carrés, sans fenêtre et équipé d'un monte-charge dont toutes les poulies grinçaient terriblement. Mais qu'importe ! Les rues de New York brillaient de toute leur splendeur et je m'y promenai, émerveillée, durant de longues heures, un hot-dog dans une main, un Coca-Cola dans l'autre. Ce soir-là, le Père Noël n'était pas mon cousin !

Savoir vivre en vacances

Savoir vivre dans une location

Vous avez loué un chalet, un mas, une maison de campagne ou un appartement pour une ou plusieurs semaines : si élevé que soit le montant de cette location, vous n'êtes qu'un locataire provisoire et en aucun cas vous ne pouvez vous comporter en propriétaire des lieux : il vous est loisible de modifier la disposition des meubles, de ranger dans un placard bibelots et peintures mais, le jour de votre départ, il vous faudra remettre chaque chose à sa place. Durant votre séjour, supposez que vous avez loué votre propre appartement et comportez-vous comme vous aimeriez que votre locataire (imaginaire) se comportât chez vous. Si vos enfants ont couvert les murs de dessins, il vous faudra les lessiver ou nettoyer les rideaux s'ils les ont salis.

Un objet cassé, une nappe brûlée se remplacent, un jardin s'entretient, s'arrose. Si les pommes et les abricots abondent dans le jardin de votre propriétaire, vous pouvez en consommer, mais n'en faites pas vos gelées et confitures, mangez le fruit, n'emportez pas l'usufruit!

Le jour où vous signez votre contrat de location, l'agence ou le propriétaire vous remet un inventaire : lisez-le attentivement avant de le signer (pas après) pour vous assurer que le nombre de draps, de couverts, de casseroles vous convient. C'est avant de prendre possession des lieux (pas après) qu'il vous faut en discuter et demander qu'on y ajoute ce qui vous paraît nécessaire.

L'habitude se généralise en France d'échanger son logement contre un autre à l'étranger. Surtout aux États-Unis. Par exemple, vous avez un chalet au-dessus de Grenoble, vous pouvez, par l'intermédiaire d'une agence spécialisée, l'échanger (gratuitement) contre une maison à Los Angeles ou n'importe quelle ville des États-Unis. De part et d'autre, on fait alors assaut de civilités : non seulement on brique, on astique, on répare, on embellit son intérieur mais on garnit le réfrigérateur de boissons, les vases de fleurs, les lits de jolis draps. On agit en somme comme si l'on prêtait l'endroit que l'on habite à un ami très cher. Et n'oubliez pas de laisser, dans l'appartement que vous avez occupé, une lettre de remerciements à vos hôtes.

Savoir vivre sur les plages

La mer, le sable, l'air sont pollués. Raison de plus pour réagir contre le laisser-aller général. Les règles du savoir-vivre s'imposent plus que jamais à tous ceux qui se préoccupent de l'environnement. On n'abandonnera sur le sable ni les bouteilles de boissons ni les flacons de produits solaires ni les papiers, ni rien du tout. Avant de quitter l'endroit que l'on occupait, on ramasse dans un sac poubelle tout ce qui s'y trouve et on le dépose dans les endroits prévus.

Ayez le bon goût de ne pas apporter votre transistor à la plage ; c'est durant les vacances que l'on peut réapprendre le silence.

Vous aimez jouer au ballon, au volley ? Tant mieux, mais ne poussez pas de hurlement chaque fois que vous marquez un point. Et, si le parasol de votre voisin est inoccupé, ne vous y installez pas à sa place, ce serait du sans-gêne ; lorsque vous secouez votre serviette de bain, éloignez-vous pour n'envoyer de sable à personne.

On ne s'habille ni ne se déshabille en public, même si l'on est Vénus sortant des flots ; en tenue de bain, on évite des enlacements et des embrassements trop suggestifs et, lorsqu'on fait des courses au village, on porte une tenue qui ne choquera personne. Les touristes débraillés, surtout dans les pays musulmans, sont trop souvent ressentis comme une véritable agression.

Savoir vivre dans un club

Dans un club de vacances, des centaines de personnes se trouvent durant deux ou trois semaines plongées dans un bain bouillonnant de gaieté et de familiarité.

En présence de vos compagnons de voyage, ne vous livrez pas à des comparaisons de vacances passées ailleurs. Ne dites pas si vous êtes au cap Skirring : « Ah ! c'était tellement mieux à Phuket ! »

On connaît le portrait du parfait clubiste : levé à l'aurore, il tambourine à la porte de ses voisins pour les entraîner à grand bruit dans une partie de pêche, un match de tennis, un footing, une randonnée à ski, une excursion... Du matin au soir on ne voit et n'entend que lui. À midi, il pille le buffet, tape sur l'épaule de chacun, interpelle ses amis d'une table à l'autre, apostrophe et tutoie tout le monde. Increvable, il danse toute la nuit, arbore, ouvertes sur un poitrail velu, des chemises où flambent des perroquets ; il s'empare du micro, joue au chanteur de charme ou raconte de grosses blagues, se croit irrésistible. Il obéit sans doute à certaines règles, mais certainement pas à celles du savoir-vivre. Si vous croisez ce personnage, rien ne vous oblige à subir ses assauts : avec le sourire, vous pouvez lui faire comprendre que vous êtes un affreux solitaire et que vous entendez le rester ; il n'est pas interdit de se faire remarquer par ses bonnes manières, sa discrétion, sa courtoisie.

Mais savoir vivre, c'est aussi s'interdire de faire sentir à l'autre qu'il n'a pas de savoir-vivre, de s'ériger en juge des bonnes manières. Rien dans votre comportement ne doit laisser filtrer de votre réprobation ; nul regard critique, nulle ironie. En présence d'un importun, on ne montre aucun signe d'impatience mais on s'arrange pour filer à l'anglaise.

Savoir vivre dans un camping

Il est encore plus difficile de savoir vivre dans un camping que dans un club de vacances, car la promiscuité y est beaucoup plus grande, le confort minimum et on ne dispose d'aucun service.

Aussi la tension monte-t-elle vite : attention aux scènes de ménage qui prennent feu aussi vite que les pins qui vous entourent. Dès votre installation, imposez-vous une double discipline :

- ne pas gêner le voisin.
- ne pas gâcher la nature et l'environnement.

On est rigoureusement tenu de ne jamais jeter au fond d'un ravin ou de dissimuler derrière un arbre des papiers, des boîtes, du verre brisé ou des bouteilles.

On est rigoureusement tenu de respecter les arbres, de ne pas casser leurs branches ni d'arracher l'écorce des troncs. Et surtout de ne jamais allumer, sous aucun prétexte, un feu dans une pinède, on risquerait de déclencher un drame. L'équilibre d'une rivière est devenu fragile, les moindres déchets peuvent la polluer. Et le temps des lavandières est bien fini : on ne fait plus sa lessive, même sans phosphate, dans nos cours d'eau pollués.

Le savoir-vivre du parfait voyageur

Ce qu'il ne faut pas faire quand on voyage en groupe

- Ne pas se singulariser par une tenue trop négligée ou trop sophistiquée, ne pas se faire remarquer, ni par son comportement, ni par ses propos.
- Ne pas parler fort ou chanter à tue-tête.
- Ne pas raconter, à tout propos, des histoires belges ou corses.
- Ne pas se livrer à des excès de table, ni à un jeûne ostentatoire si l'on ne juge pas la nourriture à son goût.
- Ne pas demander systématiquement un changement au menu.

• Ne pas se plaindre du climat, du confort de l'hôtel, du service, des horaires de départ, du guide, d'avoir trop de musées à visiter ou pas assez.
• Ne pas oublier une valise ou un vêtement à chaque étape.
• Ne pas faire sortir toutes les valises de la soute aux bagages pour s'assurer que sa petite mallette a bien été chargée.
• Ne pas s'ériger en juge, ni faire étalage de son savoir.
• Ne jamais diviser le groupe en clans hostiles.
• Ne pas critiquer ou railler ses compagnons de route.

Ce qu'il faut faire

• Aplanir les difficultés qui surgissent inévitablement à l'intérieur d'un groupe.
• Avoir des attentions pour ses voisins.
• Faire preuve de bonne humeur chaque fois que survient une difficulté ou un incident de parcours.
• Fuir la vulgarité.

Vous serez jugée en premier lieu sur votre aspect extérieur : si vous avez un bas filé, des ongles écaillés, le talon de votre chaussure éculé, le cheveu terne, si vous portez un chemisier froissé, des bijoux clinquants, un parfum provocant,... vous risquez de passer pour une personne peu soignée ou peu raffinée. De même, le choix de vos vêtements reflète votre personnalité : ambitieuse, vous vous habillerez de rouge et de noir, romantique, de blanc et de gris, infantile, de rose et de bleu; coquette, vous arborerez des jupes fendues jusqu'à mi-cuisses, irrespectueuse, des décolletés où le regard se noie. Mais si vous êtes vraiment élégante, on ne saura jamais décrire ce que vous portez parce que le raffinement de chaque détail viendra de sa discrétion. On vous jugera également à vos manières : vos gestes, votre façon de parler sont immédiatement éloquents. La vulgarité est le seul défaut qu'aucune qualité, si exceptionnelle soit-elle, ne puisse rendre supportable. Mais la vulgarité n'est pas une fatalité : souvenez-vous du Pygmalion de Bernard Shaw qui transforme une petite marchande de fleurs à l'horrible accent cokney en une femme dont le port, le maintien, l'intonation sont ceux d'une reine.

Il y a des gens qui naissent, vivent et meurent dans la vulgarité, d'autres qui ont l'intelligence et la volonté de s'en défaire, et quelques-uns qui s'appliquent à se rendre vulgaires pour se faire pardonner une éducation qu'ils jugent trop stricte ou trop sévère ; ils prennent en somme une revanche provisoire sur leurs parents. À chacun de mesurer ce qu'implique son choix.

On peut perdre son nom, on peut perdre sa fortune, on peut perdre son rang ou son statut social mais il est une marque indélébile dont rien ni personne ne peut nous priver, c'est une bonne éducation.

À quoi reconnaît-on, au premier coup d'œil, une personne « bien élevée ? »

- Au ton de sa voix et à sa manière de s'exprimer.
- À sa tenue.
- À sa manière d'être.
- À la discrétion dont elle fait preuve, en toutes circonstances.
- À sa courtoisie, sa prévenance.
- À son self-control.
- À son égalité d'humeur.
- Et enfin, et surtout, au respect qu'elle témoigne à elle-même et aux autres.

Voyager, c'est aller ailleurs, à la recherche d'exotisme, de paysages nouveaux, mais aussi de cultures et de traditions nouvelles ; voyager, c'est se dépayser. Dans ses bagages, on emporte des livres d'histoire et des guides de tourisme, mais surtout son savoir-vivre afin de respecter les règles, les usages, les particularismes des autres, et leurs susceptibilités.

À un Écossais, ne parlons pas de l'Angleterre, mais de la Grande-Bretagne, en Afrique noire ne disons pas que c'est Picasso qui a découvert l'Art nègre ; au Vatican, ne parlons pas des guerres de religion, en Espagne de l'Inquisition et, au Maroc, ne soyons pas le premier à critiquer la royauté.

Dans chacun des pays que vous visiterez, ne restez pas un étranger, mêlez-vous à la population, partagez ses fêtes, ses rites, ses habitudes ; comme le conseillait déjà Montaigne, « Limez votre cervelle à celle d'autrui. »

On vous a mille fois posé cette question : « Si vous partiez dans une île lointaine, qu'emporteriez-vous ? »

Je ne connais qu'un seul bagage indispensable : la courtoisie.

Nous avons fait le tour du monde, parcouru les grandes capitales et sur chaque continent nous avons contemplé des merveilles ; nous avons enrichi notre culture et notre imaginaire ; nous nous sommes fait partout des amis ; et, si loin que nous sommes allés, de quoi ces étrangers nous ont-ils parlé ? De Notre-Dame, des châteaux de la Loire, de Saint-Paul-de-Vence, du Mont Saint-Michel, de la cathédrale de Reims, de la pyramide du Louvre, de la Tour Eiffel...

Les Italiens se sont étonnés : « Vous avez visité les catacombes de Rome mais pas les grottes de Lascaux ? »

Les Thaïlandais nous ont dit : « Vous vous êtes promenés sur tous les canaux de Bangkok mais pas dans les gorges du Verdon ? »

Les Tibétains ont ri : « Vous connaissez les monastères de Lhassa mais pas l'abbaye de Vézelay ? »

Et tous de s'exclamer :

« Alors que vous avez la chance de vivre en France ! »

Et si, écoutant la voix de l'étranger, nous partions demain à la découverte de notre pays ?

TABLE

Nadine de Rothschild

Crédits photographiques

P. 1 : Cynthia Hampton – P. 2 : Tops Socquet Photo, Megève – P. 3 haut et bas : Tops Socquet Photo, Megève – P. 4 haut et bas : Collection Nadine de Rothschild – P. 5 haut : Collection Nadine de Rothschild, bas : Tops Socquet Photo, Megève – P. 6 haut et bas : Collection Nadine de Rothschild – P. 7 haut : Pascal Hinous / Agence Top, bas : Collection Nadine de Rothschild – P. 8 haut : J.-C. Amiel, bas : Collection Nadine de Rothschild.

Cet ouvrage a été réalisé par

FIRMIN DIDOT

GROUPE CPI

Mesnil-sur-l'Estrée

en septembre 2002

Édition exclusivement réservée aux adhérents du club
Le Grand Livre du Mois
15, rue des Sablons
75116 Paris
réalisée avec l'aimable autorisation des éditions Robert Laffont

Imprimé en France
Dépôt légal : novembre 2001
N° d'impression : 61075
ISBN : 2-7028-6903-3